"互联网+"
背景下我国制造业高质量发展之路

陈伟 ◎ 著

知识产权出版社
全国百佳图书出版单位
—北京—

图书在版编目（CIP）数据

"互联网＋"背景下我国制造业高质量发展之路/陈伟著. —北京：知识产权出版社，2023.3

ISBN 978－7－5130－8458－1

Ⅰ.①互… Ⅱ.①陈… Ⅲ.①制造工业—产业发展—研究—中国 Ⅳ.①F426.4

中国版本图书馆 CIP 数据核字（2022）第 217204 号

策划编辑：蔡　虹　　　　　　　　　　责任校对：潘凤越
责任编辑：王海霞　　　　　　　　　　责任印制：孙婷婷
封面设计：回归线（北京）文化传媒有限公司

"互联网＋"背景下我国制造业高质量发展之路

陈　伟　著

出版发行：	知识产权出版社 有限责任公司	网　　址：	http://www.ipph.cn
社　　址：	北京市海淀区气象路50号院	邮　　编：	100081
责编电话：	010－82000860 转 8790	责编邮箱：	93760636@qq.com
发行电话：	010－82000860 转 8101/8102	发行传真：	010－82000893/82005070/82000270
印　　刷：	北京九州迅驰传媒文化有限公司	经　　销：	新华书店、各大网上书店及相关专业书店
开　　本：	720mm×1000mm　1/16	印　　张：	16
版　　次：	2023年3月第1版	印　　次：	2023年3月第1次印刷
字　　数：	240 千字	定　　价：	79.00 元
ISBN 978－7－5130－8458－1			

出版权专有　侵权必究

如有印装质量问题，本社负责调换。

前 言

近年来,以"互联网+"为代表的新一代信息技术不断发展,我国国民经济运行与人民日常生活都受到了其带来的技术和理念上的冲击,使得我国制造业发展在信息时代面临许多新的问题与挑战。特别是原有以牺牲资源和环境为代价,通过规模化生产获取发展成果的模式随着我国经济主动"降温、降速"而逐步退出历史舞台,迫切需要寻找一条能支撑我国制造业长期稳定、高质量发展的新道路。鉴于此,以习近平同志为核心的党中央高瞻远瞩,做出了"我国经济已由高速增长阶段转向高质量发展阶段"的重大判断。制造业高质量发展的两个关键环节是提升科技创新水平、促进产业结构优化升级,这也为推动我国制造业从高速发展向高质量发展指明了方向,坚定了我国建设制造强国的信心。事实上,推动区域经济发展,提升制造业发展质量,势必需要经历从"增量"到"提质"的过程,而产业集聚发展不仅可以有效解决制造业"增量"环节的储备工作,也可以通过其所带来的经济外部性强化产业"提质"的储备工作。制造业产业集聚对其高质量发展的促进作用也可以从部分发达国家提升制造业发展层次的成功经验中得以佐证。因此,可以认为"推动产业集聚发展—促进产业创新能力提升—加快产业结构优化升级"是一条推动我国制造业高质量发展的技术路径。

遵循上述推动制造业高质量发展的技术路径,本书在信息经济学、新经济地理学、产业创新理论、产业结构优化升级理论的基础上,利用数理经济学与系统动力学等方法分别探析了"互联网+"对制造业产业集聚发展的影响机制、制造业产业集聚对产业创新水平的提升机制、制造业产业创新对产业结构优化升级的促进机制。同时，利用面板数据模型、空间计量模型等计量经济学方法对"互联网+"背景下制造业产业集聚、产业创新、产业升级之间的关系进行了深入分析，以期厘清推动制造业高质量发展技术路径中产业集聚、产业创新、产业升级三个关键节点之间的内在联系。

  本书共有7章，主要内容为：绪论；文献综述与理论基础；"互联网+"背景下制造业产业集聚、产业创新、产业升级的内涵与联系；"互联网+"对制造业产业集聚的影响机制；"互联网+"背景下制造业产业集聚对产业创新水平的提升机制；"互联网+"背景下制造业产业创新对产业升级的促进机制；研究的主要结论与展望。

  本书的完成并出版，得到了江西理工大学商学院各位领导的大力支持，也获得了江西理工大学学术著作出版专项基金、江西理工大学高层次人才科研启动项目"以创新驱动为引领赋能'中国制造'高质量发展"的资助，在此深表感谢。限于作者水平，书中难免存在不妥之处，诚挚地希望各位读者给予批评指正！

目 录

第1章 绪 论 …………………………………………………… 1
  1.1 研究背景与意义 ………………………………………… 1
    1.1.1 研究背景 …………………………………………… 1
    1.1.2 研究意义 …………………………………………… 3
  1.2 研究的主要框架 ………………………………………… 4
    1.2.1 研究内容 …………………………………………… 4
    1.2.2 研究方法 …………………………………………… 7
    1.2.3 技术路线图 ………………………………………… 8
    1.2.4 主要创新之处 ……………………………………… 10

第2章 文献综述与理论基础 ……………………………………… 12
  2.1 文献综述 ………………………………………………… 12
    2.1.1 制造业发展的研究 ………………………………… 12
    2.1.2 "互联网＋"发展的研究 ………………………… 16
    2.1.3 产业集聚的相关研究 ……………………………… 19
    2.1.4 产业创新的相关研究 ……………………………… 25
    2.1.5 产业升级的相关研究 ……………………………… 31
    2.1.6 文献评述 …………………………………………… 33
  2.2 理论基础 ………………………………………………… 35
    2.2.1 集聚外部性理论 …………………………………… 35
    2.2.2 工业区位理论 ……………………………………… 36
    2.2.3 产业集群理论 ……………………………………… 37
    2.2.4 新经济地理学理论 ………………………………… 37

  2.2.5 产业创新理论 ……………………………………………… 39
  2.2.6 内生经济增长理论 …………………………………………… 40

第3章 "互联网+"背景下制造业产业集聚、产业创新、产业升级的内涵与联系 …………………………………… 42

 3.1 "互联网+"的概念界定与发展特征 ……………………………… 42
  3.1.1 "互联网+"的概念界定 ……………………………………… 42
  3.1.2 "互联网+"的发展特征 ……………………………………… 45
 3.2 制造业产业集聚的概念界定与发展特征 ………………………… 48
  3.2.1 制造业产业集聚的概念界定 ………………………………… 48
  3.2.2 制造业产业集聚的发展特征 ………………………………… 49
 3.3 制造业产业创新的概念界定与发展特征 ………………………… 52
  3.3.1 制造业产业创新的概念界定 ………………………………… 52
  3.3.2 制造业产业创新的发展特征 ………………………………… 54
 3.4 制造业产业升级的概念界定与发展特征 ………………………… 55
  3.4.1 制造业产业升级的概念界定 ………………………………… 55
  3.4.2 制造业产业升级的发展特征 ………………………………… 56
 3.5 制造业产业集聚、产业创新与产业升级的内在关联 …………… 57
  3.5.1 新时期我国制造业发展的必然要求：高质量发展 ……… 57
  3.5.2 制造业高质量发展的影响因素 ……………………………… 58
  3.5.3 制造业高质量发展的主要路径 ……………………………… 60
 3.6 本章小结 …………………………………………………………… 63

第4章 "互联网+"对制造业产业集聚的影响机制 ……………… 64

 4.1 "互联网+"对制造业产业集聚的作用机制 …………………… 64
  4.1.1 "互联网+"背景下产业集聚的影响因素 ………………… 64
  4.1.2 "互联网+"技术对产业集聚的作用路径 ………………… 66
 4.2 "互联网+"影响产业集聚发展的机理解析 …………………… 73
  4.2.1 模型假设与设定 ……………………………………………… 73
  4.2.2 模型均衡分析 ………………………………………………… 78
 4.3 "互联网+"对制造业产业集聚影响的实证分析 ……………… 80
  4.3.1 "互联网+"及制造业产业集聚水平的测度 ……………… 80

4.3.2 行业异质性视角下"互联网+"对产业
　　　　　集聚影响的实证分析 ……………………………… 94
　　4.3.3 空间异质性视角下"互联网+"对产业
　　　　　集聚影响的实证分析 ……………………………… 106
　　4.3.4 集聚模式异质性视角下"互联网+"对产业
　　　　　集聚影响的实证分析 ……………………………… 111
　4.4 本章小结 …………………………………………………… 116

第5章 "互联网+"背景下制造业产业集聚对产业创新水平的提升机制 ……………………………………………………… 118
　5.1 制造业产业集聚对产业创新的作用机制 ………………… 118
　　5.1.1 制造业产业创新的影响因素 ……………………… 118
　　5.1.2 制造业产业集聚对产业创新的作用路径 ………… 121
　5.2 制造业产业集聚提升产业创新水平的机理解析 ………… 138
　　5.2.1 模型假设与设定 …………………………………… 138
　　5.2.2 模型结论分析 ……………………………………… 145
　5.3 "互联网+"背景下产业集聚对产业创新影响的
　　　实证分析 …………………………………………………… 149
　　5.3.1 制造业产业创新水平的测度 ……………………… 149
　　5.3.2 制造业整体视角下产业集聚对产业创新影响的
　　　　　实证分析 …………………………………………… 159
　　5.3.3 空间异质性视角下产业集聚对产业创新影响的
　　　　　实证分析 …………………………………………… 171
　　5.3.4 行业异质性视角下产业集聚对产业创新影响的
　　　　　实证分析 …………………………………………… 174
　5.4 本章小结 …………………………………………………… 182

第6章 "互联网+"背景下制造业产业创新对产业升级的促进机制 ……………………………………………………… 184
　6.1 制造业产业创新对产业升级的作用机制 ………………… 184
　　6.1.1 制造业产业升级的影响因素 ……………………… 184
　　6.1.2 产业创新推动产业升级的作用路径 ……………… 186

  6.2 制造业产业创新促进产业升级的机理解析 …………………… 189
    6.2.1 模型前提与假定 ……………………………………… 190
    6.2.2 模型内容与结论 ……………………………………… 190
  6.3 "互联网+"背景下产业创新对产业升级影响的
    实证分析 …………………………………………………… 194
    6.3.1 制造业产业创新推动产业升级的空间关联性分析 …… 194
    6.3.2 "收敛型"产业创新促进制造业产业结构高度化的
      实证分析 ……………………………………………… 196
    6.3.3 "发散型"产业创新促进制造业产业结构合理化的
      实证分析 ……………………………………………… 209
  6.4 本章小结 …………………………………………………… 222

第7章 研究的主要结论与展望 ……………………………………… 224
  7.1 研究的主要结论 …………………………………………… 224
  7.2 相关政策建议 ……………………………………………… 226
    7.2.1 促进"互联网+"与制造业融合发展的政策建议 …… 226
    7.2.2 "互联网+"背景下推动制造业集聚发展的
      政策建议 ……………………………………………… 227
    7.2.3 "互联网+"背景下制造业集聚促进产业创新的
      政策建议 ……………………………………………… 228
    7.2.4 "互联网+"背景下制造业创新促进产业升级的
      政策建议 ……………………………………………… 229
  7.3 研究的不足与展望 ………………………………………… 230
    7.3.1 研究的不足之处 ……………………………………… 230
    7.3.2 研究的展望 …………………………………………… 230

参考文献 …………………………………………………………… 232

第1章 绪 论

1.1 研究背景与意义

1.1.1 研究背景

党的十九大报告指出,"明确坚持和发展中国特色社会主义,总任务是实现社会主义现代化和中华民族伟大复兴,……建成富强民主文明和谐美丽的社会主义现代化强国"。作为推动我国现代化建设的基础和保障,2018年我国制造业增加值约为26.48万亿元,约为同期我国GDP总量的29.4%❶。制造业的快速、健康发展,对保证国民经济的高质、稳定运行具有积极而深远的影响。特别是"嫦娥四号"的月背着陆、北斗系统的全球组网等高端制造业领域取得的成就,令全国人民对我国通过制造强国战略实现中华民族伟大复兴充满了信心与期盼。

然而,随着近年来以"互联网+"为代表的新一代信息技术的不断发展,我国国民经济运行与人民日常生活都受到了其带来的技术与理念的冲击,这也使我国制造业发展在信息时代面临许多新的问题与挑战。特别是原有以牺牲环境和资源为代价,通过规模化生产获取发展成果的模式随着我国经济主动"降温、降速"而逐步退出历史舞台,迫切需要寻找一条能支撑我国制造业长期稳定、高质量发展的新道路。

---

❶ 国家统计局. 2018年国民经济和社会发展统计公报 [EB/OL]. (2019-02-28). www.stats.gov.cn/tjsj/zxfb/201902/t20190228_1651265.html.

鉴于此，以习近平同志为核心的党中央高瞻远瞩，做出了"我国经济已由高速增长阶段转向高质量发展阶段"❶的重大判断。制造业高质量发展的两个关键环节是提升科技创新能力、促进产业结构优化升级，这也为如何推动我国制造业从高速发展向高质量发展指明了方向，坚定了我国建设制造强国的信心。事实上，推动区域经济发展，提升制造业发展质量，势必需要经历从"增量"到"提质"的转换过程，而产业集聚发展不仅可以有效解决制造业"增量"环节的储备工作，也可以通过其带来的经济外部性强化产业"提质"的储备工作。制造业产业集聚对于其高质量发展的促进作用也可以从国外部分发达国家成功实现制造业高质量发展的经验中得以佐证，如德国在产业集聚区鲁尔工业区利用产业创新实现制造业整体转型升级；美国以硅谷高科技产业集聚发展为基础鼓励相关产业创新，进而推动整个加利福尼亚州的智能制造业发展等。因此，可以认为"推动产业集聚发展—促进产业创新能力提升—加快产业结构优化升级"（以下简称"产业集聚—产业创新—产业升级"），是一条推动我国制造业高质量发展的完整技术路径。

从党的十九大提出"制造业高质量发展"以来，如何推动制造业高质量发展已经成为当前国内外学者关注的重点，主要研究集中在推动制造业"提质"的两个关键环节，即"产业创新"与"产业升级"。在熊彼特创新理论的背景下，多数学者从"产业创新"与"产业升级"两者自身的发展模式、推动路径、影响因素、水平测度和互动关系等角度，进行了丰富的理论与实证研究。然而，一个不争的事实是，关于制造业高质量发展"增量"环节中产业集聚的研究相对独立，忽略了产业集聚对"产业创新"与"产业升级"的联动影响，导致对前述"推动产业集聚发展—促进产业技术创新能力提升—加快产业结构优化升级"完整技术路径的整体性研究产生脱节。此外，以"互联网+"为代表的新一代信息技术对制造业产业发展的影响无处不在，是推动制造业

---

❶ 习近平. 决胜全面建成小康社会　夺取新时代中国特色社会主义伟大胜利：在中国共产党第十九次全国代表大会上的报告［M］. 北京：人民出版社，2017.

高质量发展过程中无法避免的现实因素。而当前学界缺乏将"互联网+"发展因素纳入推动制造业高质量发展完整技术路径的相关理论与实证研究，未能充分反映出当前经济社会发展的信息化这一显著特征。

1.1.2 研究意义

制造业是立国之本、强国之基，从根本上决定了一个国家和地区的综合实力。一方面，作为向国民经济运行与人民日常社会劳动提供各种装备、工具、材料的核心生产部门，制造业的现代化发展直接决定了整个经济社会的现代化发展进程。另一方面，随着"互联网+"技术的不断发展，经济社会发展已不再是原有的孤立发展模式，由新一代信息技术带来的"经济全球化""万物互联化"每时每刻都影响着个人、组织、产业、区域乃至国家的发展路径和模式。可以说，实现我国全面建成社会主义现代化强国这一目标的关键就在于推动我国制造业与新一代信息技术有机融合，探索出一条符合我国基本国情的制造业高质量发展道路。因此，在以"互联网+"为代表的新一代信息技术快速发展的背景下，分析当前新一代信息技术与制造业发展现状，明晰"产业集聚—产业创新—产业升级"这一推动制造业高质量发展的技术路径的形成过程，探究"产业集聚""产业创新""产业升级"这三个关键环节之间的作用机理，对加快我国国民经济转型、缩短经济增长速度换档周期、提升国民经济发展水平具有重要的理论与现实意义。

1. 理论意义

① 总结"互联网+"信息技术与制造业产业集聚发展特征，探究"互联网+"信息技术促进产业集聚发展的作用路径，在新经济地理学的分析框架下解析"互联网+"信息技术对制造业产业集聚发展的作用机理，有利于深化信息经济、区域产业集聚、区域产业发展的相关理论研究。

② 明晰在产业集聚基础上形成的产业创新内涵与特征，总结基于产业集聚形成的制造业产业创新的影响因素，在分析产业集聚对产业创新影响路径的基础上，解析产业集聚对产业创新的具体作用机理。基于集聚外部性理论，纳入互联网信息技术的影响因素，探究制造业

产业集聚对产业创新的作用机制,有利于丰富区域产业创新理论。

③ 在详细分析产业创新影响产业结构优化升级具体路径的基础上,明晰产业创新对产业结构优化升级的作用机制。基于D—S垄断竞争模型,解析产业创新对产业结构优化升级的内在作用机理,可以促进产业结构优化升级路径选择的研究。

2. 现实意义

① 在信息经济的大背景下,构建我国"互联网+"发展水平的评价指标体系,明晰我国各省市"互联网+"与制造业集聚发展水平,并在空间异质性视角、行业异质性视角以及集聚模式异质性视角下详细分析"互联网+"技术促进制造业产业集聚的具体作用关系,为相关部门利用"互联网+"技术促进我国制造业产业集聚发展提供参考。

② 通过三阶段数据包络分析(DEA)方法,在空间与行业两个维度上,明晰我国各省市产业创新综合效率、产业创新规模效率、产业创新纯技术效率水平。利用空间计量方法,从行业与空间两个维度,分别就不同产业集聚方式与产业创新效率不同方面的作用关系进行详细分析,为强化产业集聚推动产业创新作用的政策制定提供依据。

③ 明晰产业集聚引致的产业集群创新中"收敛型"与"发散型"两种创新水平强度,利用空间计量方法分析"收敛型"和"发散型"两种创新类型与产业结构高度化和合理化之间的作用关系,为有关部门合理选择产业结构优化升级路径提供理论借鉴。

1.2 研究的主要框架

1.2.1 研究内容

本书围绕当前"互联网+"背景下"产业集聚—产业创新—产业升级"这一推动制造业高质量发展的技术路径,在信息经济学、新经济地理学、产业创新理论、产业升级理论的基础上,利用数理经济学与系统动力学等方法,从"互联网+"对制造业产业集聚发展的影响机制、产业集聚对产业创新水平的提升机制、产业创新对产业结构优化升级的促进机制三个方面展开详细研究。同时，利用面板数据模型、空间计量模型等计量经济学方法对"互联网+"背景下，"互联网+"与"产业集聚"之间、"产业集聚"与"产业创新"之间、"产业创新"与"产业升级"之间的作用关系进行了深入分析，最后根据上述分析结论，提出了强化信息网络建设以及推动上述三大机制的相关政策建议。研究总体思路如图1-1所示。

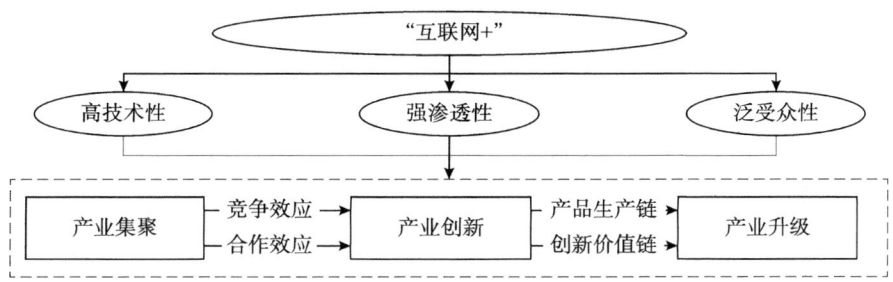

图1-1 研究总体思路

本书研究内容主要从五个方面展开，研究内容框架如图1-2所示。

本书分7章对上述五方面的研究内容展开深入分析，以下是具体章节安排。

第1章主要介绍"互联网+"背景下，推动制造业高质量发展的主要技术路径中的各节点，即制造业产业集聚、产业创新、产业升级相关理论分析的研究背景和意义，本书主题的研究现状，本书研究的主要内容和方法、技术路线图和主要创新之处。

第2章主要对当前关于"互联网+"信息技术、产业集聚、产业创新、产业升级等方面的研究文献进行跟踪梳理，并且就"互联网+"对制造业产业集聚影响机制、制造业产业集聚对产业创新水平提升机制、产业创新对产业结构优化升级促进机制研究中涉及的相关基础性理论进行梳理总结。

第3章对"互联网+"、制造业产业集聚、产业创新、产业升级等核心概念进行界定，并分析其相应特征。通过对新时期制造业高质量发展必要性的阐述，明晰"产业集聚—产业创新—产业升级"这一推动制造业高质量发展的技术路径。

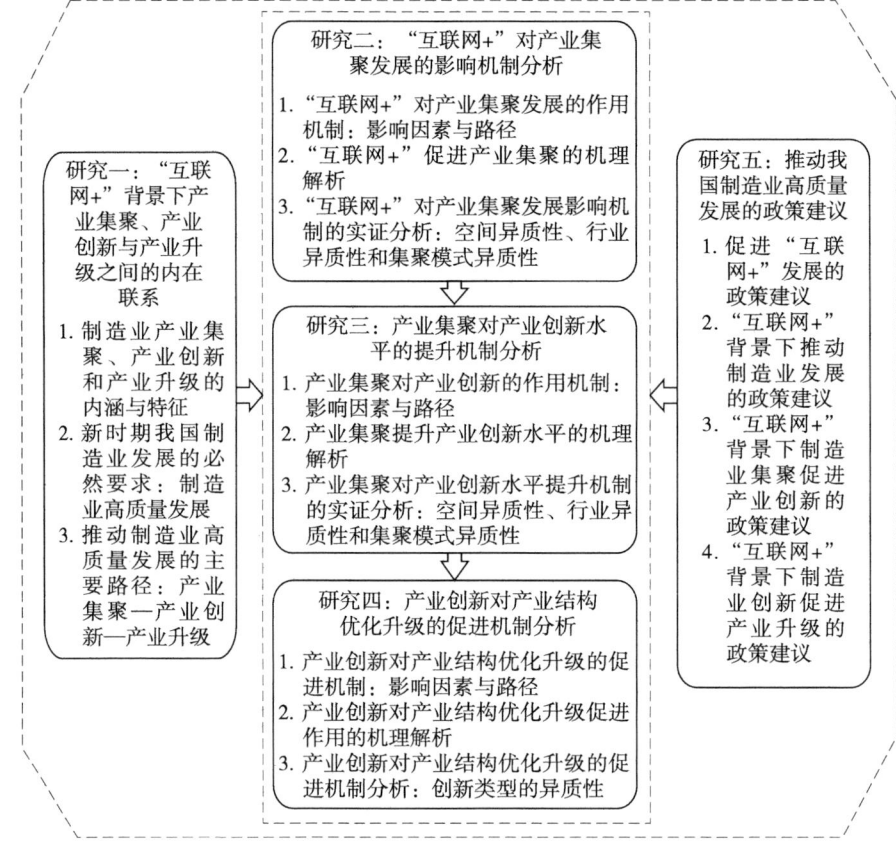

图 1-2 研究内容框架

第 4 章分析了"互联网+"对制造业产业集聚的影响机制。将"互联网+"因素纳入经典 C—P 模型,解析了"互联网+"影响制造业产业集聚的内在机理。构建了我国"互联网+"发展水平评价指标体系,并对其进行测度。基于面板数据模型,利用我国 30 个省份与制造业 29 个子行业数据,从产业异质性、空间异质性、集聚模式异质性三个角度对"互联网+"影响产业集聚发展的作用关系进行实证分析。

第 5 章利用系统动力学分析产业集聚对产业创新的影响路径,并基于此分析了产业集聚对产业创新水平的提升机制。通过构建含有"互联网+"信息技术距离的空间权重矩阵,在利用三阶段 DEA 方法测度并分解当前我国不同省份以及不同制造业子行业创新效率的基础上，运用空间计量方法，从空间异质性和行业异质性两个维度出发，对制造业不同产业集聚模式与产业创新效率之间的作用关系进行实证分析。

第6章在明晰制造业产业创新对产业结构优化升级作用路径的基础上，将"互联网＋"纳入D—S垄断竞争模型，运用数理经济学方法解析了制造业产业创新对产业结构优化升级的促进机制。在构建含有空间距离、人力资本距离、"互联网＋"信息技术距离等要素的复合空间权重矩阵的基础上，利用空间计量模型对同质产业中发展演进的"收敛型"创新与产业结构优化升级高度化的关系以及异质产业中发展演进的"发散型"创新与产业结构优化升级合理化的关系进行详细分析。

第7章在上述三大机制实证分析的基础上，提出了强化信息网络建设，在"互联网＋"背景下促进产业集聚发展、产业集聚提升产业创新水平、产业创新促进产业结构优化升级的政策建议。

1.2.2 研究方法

1. 文献研究法

通过查阅相关图书、国内外期刊、报告文献、学位论文等，结合本书研究目标，对"互联网＋"信息技术、制造业高质量发展、产业集聚、产业创新、产业升级的内涵、概念以及彼此之间的关联性进行梳理与总结。同时，通过上述文献追踪方法，对利用信息技术促进产业集聚、创新、升级发展的政策建议进行总结与归类。

2. 数理建模法

将"互联网＋"因素纳入新经济地理学中的两部门两区域经典模型，通过引入信息服务部门，将其改造为"工业—农业—信息服务"三部门两区域数理模型，在明晰信息技术对制造业产业发展作用路径的基础上，解析"互联网＋"对产业集聚发展的影响机理。在D—S垄断竞争模型下，将"互联网＋"因素纳入产业创新影响产业升级发展的数理模型中，对传统D—S框架进行拓展，解析产业创新对产业升级发展的促进机理。

3. 比较研究法

通过横向、纵向比较的方式,明晰了当前我国"互联网+"与产业集聚发展的状况。立足行业异质性、空间异质性、集聚模式异质性的视角,对不同行业之间、不同区域之间、不同集聚模式之间"互联网+"信息技术对产业集聚的影响进行比较分析。比较了传统 DEA 方法与三阶段 DEA 方法对于不同行业、不同区域的创新效率测度与分析结果。基于空间异质性与行业异质性,比较分析不同区域、不同行业产业集聚的模式对产业创新效率的影响。

4. 规范与实证研究

利用面板数据模型,在空间异质性、行业异质性、集聚模式异质性三个不同视角下,详细分析"互联网+"对制造业产业集聚的具体影响。通过构建含有"互联网+"信息技术距离的空间权重矩阵,利用空间杜宾模型(SDM)分析不同产业集聚方式与产业创新综合效率、产业创新规模效率、产业创新纯技术效率的作用关系,并在空间异质性与行业异质性视角下进一步分析其具体内在影响。通过空间探索性数据分析(ESDA)和改进的引力模型,测算了我国省域间制造业产业创新驱动产业升级的引力矩阵;通过对网络关联度的测算,分析了制造业产业创新推动产业结构优化升级的空间关联性。构建含有空间距离、人力资本距离、"互联网+"信息技术距离等要素的复合空间权重矩阵。利用 SDM 分析在同质产业中发展演进的"收敛型"创新与产业结构优化升级高度化之间的关系;利用空间自回归(SAR)模型分析在异质产业中发展演进的"发散型"创新与产业结构优化升级合理化之间的关系。

1.2.3 技术路线图

在经济高质量发展理念的指导下,本书首先通过对制造业产业集聚、产业创新、产业升级内涵及概念的界定,以及其对制造业产业高质量发展的作用的梳理,明晰三者之间的内在联系,并在"互联网+"背景下,将三者纳入推动制造业高质量发展的完整体系中。然后从这个体系出发,以串联形式,依照"产业集聚—产业创新—产业升级"

这一推动制造业高质量发展的主要技术路径,依次研究"互联网+"对制造业产业集聚的影响机制、制造业产业集聚对产业创新水平的提升机制、制造业产业创新对产业升级的促进机制。最后,基于上述理论与实证分析结果,从强化信息网络建设,在"互联网+"背景下促进产业集聚发展、产业集聚提升产业创新水平、产业创新促进产业结构优化升级等方面提出推动制造业高质量发展的政策建议。研究技术路线如图 1-3 所示。

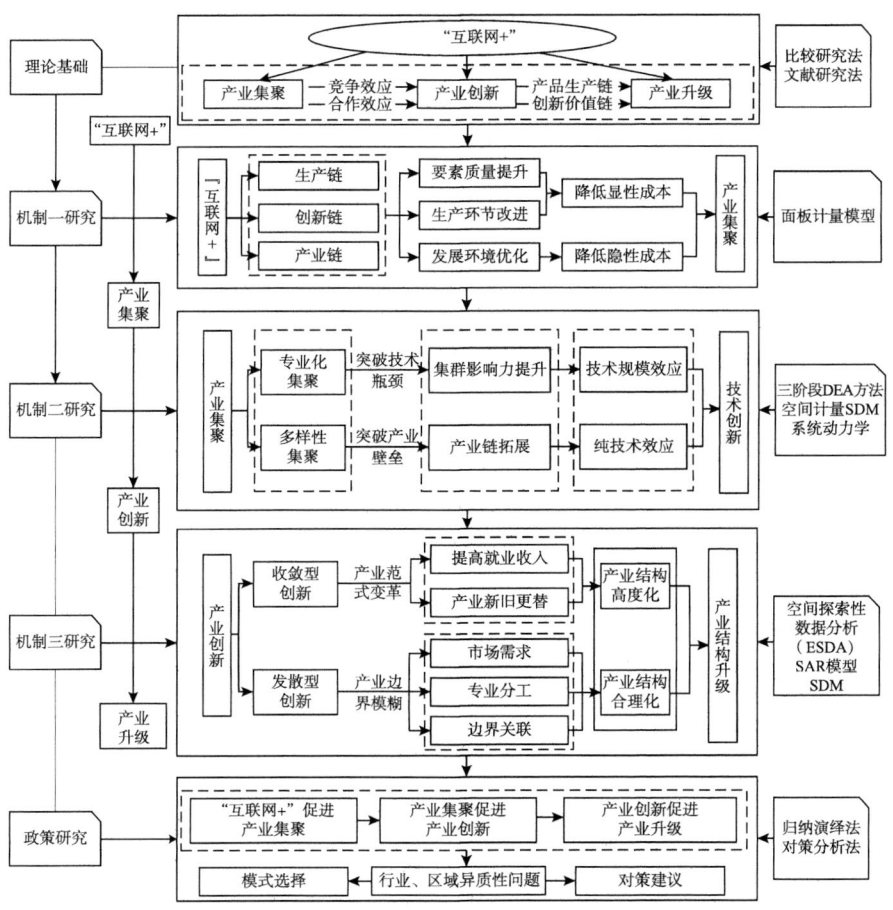

图 1-3 研究技术路线

1.2.4 主要创新之处

① 将"互联网+"因素纳入新经济地理学的理论框架,利用修正的多部门数理模型,解析"互联网+"技术对制造业产业集聚的影响机制。从互联网产业发展、互联网应用、互联网建设等多个维度构建了我国"互联网+"发展水平测度指标体系,对我国各省份"互联网+"技术发展水平进行测度,明晰了当前我国"互联网+"的发展状况。从行业异质性、空间异质性、集聚模式异质性三个维度出发,就"互联网+"技术对我国制造业产业集聚的影响与作用进行详细分析,发现从整体上看,"互联网+"技术对制造业产业集聚具有明显的促进作用,但就不同行业、区域及集聚模式而言,该作用趋势存在"先抑制后促进""持续促进""先促进后抑制"等多种类型,"互联网+"技术的"网络效应"以及"沉没成本"可能是造成上述差异的原因。

② 将"互联网+"因素纳入改进的C—P模型,探讨了产业创新发展所需的产业集聚的动态均衡条件,以此解析"互联网+"背景下产业集聚提升产业创新水平的作用机理。由于产业集聚与产业创新有显著的空间关联性,将"互联网+"技术发展水平纳入空间权重矩阵的设定,借鉴Jaffe技术距离矩阵设定思路,创新性地构建包含"互联网+"信息技术距离的空间权重矩阵,以此反映"互联网+"在产业集聚提升产业创新水平过程中的全面影响。利用改进的三阶段DEA方法,从地区与行业两个角度出发,测算了我国各省份以及制造业各子行业的创新综合效率、创新规模效率、创新纯技术效率,以此明晰当前我国制造业的创新水平。研究发现同类产业集聚带来的专业化集聚对由规模变动引致的创新规模效率影响更大,不同类产业集聚带来的多样化集聚则更侧重于影响由生产管理技术改进引致的创新纯技术效率,并且上述作用存在显著的行业差异与空间差异。

③ 依据产业技术创新在同质产业与异质产业中演进方式的不同,将产业创新划分为"收敛型"创新与"发散型"创新,并分别测算了当前我国各省份以及制造业各子行业两类创新的发展水平。利用空间探索性数据分析方法和改进的引力模型,测算了省域间制造业产业创

新促进产业升级的引力矩阵,并通过对网络关联度的测算,分析了制造业产业创新推动产业结构优化升级的空间关联性。在 Jaffe 技术距离的基础上,构建了包含地理距离、人力资本距离、"互联网+"信息技术距离等要素的复合空间权重矩阵,运用空间计量方法分别对"收敛型"创新与产业结构高度化发展、"发散型"创新与产业结构合理化发展的影响关系展开实证分析。研究发现"收敛型"创新对产业结构高度化、"发散型"创新对产业结构合理化都有明显的正向促进作用,并且这种作用存在明显的空间效应。由于要素"回流效应"的存在,"收敛型"创新将抑制本地区以外的其他地区产业升级的高度化进程,而"发散型"创新对其他地区的产业升级合理化进程则有正向促进作用。

第2章 文献综述与理论基础

2.1 文献综述

为了深入分析"互联网+"背景下制造业产业集聚、产业创新、产业升级之间的内在联系与相互促进机制，必须对三者各自当前的发展状况进行详细梳理，总结和分析其内在发展特点及作用，以此作为构建彼此间内在联系的理论基础。此外，随着我国经济转型"阵痛期"的到来以及经济由"高速发展"阶段向"高质量发展"阶段转变，制造业高质量发展成为新时代对制造业发展提出的新要求。作为制造业高质量发展路径中的三个关键环节，厘清三者各自的发展特点与作用，对分析彼此之间的内在联系具有重要意义。因此，本书的文献梳理以制造业的发展、"互联网+"的发展、产业集聚、产业创新、产业升级五大块理论为中心，分别探析各自当前的发展状况。其中，制造业发展的研究围绕新时期制造业的发展现状、高质量发展对制造业提出的新要求等展开；"互联网+"发展的研究主要围绕其内涵与特征、对经济发展的作用等方面展开；产业集聚、产业创新、产业升级的研究则按照传统理论知识的梳理流程进行，包括各自的内涵、影响因素、作用、测度等。

2.1.1 制造业发展的研究

1. 制造业发展现状

现有关于制造业发展现状的研究主要体现在制造业取得的成就、

面临的困境及应对措施三个方面。目前，我国已跃升为世界第一制造大国，创新能力持续增强，制成品出口量和吸引外资额居世界前列，世界级企业不断涌现（李平、李晓华，2015）。尽管我国制造业发展规模不断扩张，从总量上看已成为名副其实的制造业大国，但就发展过程而言，依然存在发展模式不够新、产业结构不够合理、区域发展不够均衡、科技含量不够高等"短板"。特别是在进入新世纪以后，我国制造业产业的全要素生产率（TFP）及其对经济的贡献率增速呈现下滑态势（江飞涛等，2014；蔡昉、王德文，2014）。20世纪90年代中期，在美国生产率增速显著加快的同时，欧盟国家的生产率增速有所放缓，主要是因为欧盟制造业部门 TFP 增速下降和信息通信技术投资收益不佳（Timmer et al.，2011）。制造业对国民经济发展的重要作用逐步被西方发达国家所认可，各国为此纷纷制定和出台了提升本国制造业发展水平的中长期规划，如德国的"工业4.0"、美国的"制造业回归"、英国的"工业2050"等（朱高峰、王迪，2015；余菲菲、高霞，2018）。我国同样面临制造业转型升级的问题，因此我国政府和企业要充分吸收与学习发达工业国家在工业化过程中的普遍制度、政策安排和共性创新实践，构建并不断提升自身独特的制造业核心能力（黄群慧、贺俊，2015）。

近年来，诸多学者从不同视角对我国制造业发展现状进行了实证分析。一是从空间视角出发，分析我国制造业的空间布局和效应。刘明和王思文（2018）基于巴罗（Barro）和萨拉－伊－马丁（Sala－I－Martin）的思想构建了包含空间因素的两组收敛模型以考察中国制造业的收敛性。张虎等（2017）从产业空间分布的产业地理集中与产业集聚角度测度了制造业与生产性服务业协同集聚指数。胡安俊等（2014）借助产业转移理论模型提出了"核心区产业转移""空间模式转移"等假说，并利用中国地级行政单元的三位数制造业数据对上述假说进行了检验。二是从国际视角出发，将我国制造业与国际制造业对比。王岚（2014）通过测算发现，2000—2008年中国制造业的国际分工地位呈现先降后升的"V"形态势。赵玉林和谷军健（2018）首次基于全要素生产率、全球价值链与产业增加值，利用技术复杂度测度比较中国与美国制造业发展质量。贺正楚等（2018）采用典型相关分析模型探讨了制造业发展质量和国际竞争力系统之间、系统内部互动的影响因子及影响程度。

2. 新时期制造业发展的新要求

随着"互联网+"信息技术的不断普及，经济社会发展和人民日常生活都受到了信息技术的影响，经济发展模式与人们生活习惯都发生了较大的转变。特别是在当前我国资源环境制约日益严重、经济发展阶段由"量"向"质"转变的内在要求下，利用新一代信息技术"高科技、高渗透、泛受众"的特性，对制造业产业生产端、管理端、销售端进行改进，优化资源配置效率，解放与发展潜在生产力，推动制造业高质量发展成为当前制造业产业发展的主要方向。以"互联网+"为首的信息技术对产业生产端与销售端两方面的创新性改进，成为当前国内外学者就制造业发展趋势进行研究的两个热点。

在制造业生产端技术智能化改进上，Tso等（2000）从服务科学的角度出发，认为智能制造服务包含产品服务和生产性服务两部分。Frankowiak等（2005）发现，企业生产过程的智能化是将分布式数控系统、无线传感器网络等设备和智能技术应用到生产过程中。Ruiz等（2014）首次提出在生产过程中引入多主体系统（Multi-agent Systems）进行仿真模拟，发现了智能制造生产环境提出的新标准。国内学者大多是在借鉴国外先进经验的基础上，针对智能制造的模式、发展路径以及影响因素展开相应的研究。孟炯、郭春霞（2017）基于传统集中智能制造参照模式提出了全价值链整体解决方案下的3D打印分布式智能制造创新模式。

通过制造业与服务业融合，机制业产品的销售模式发生了很大变革。Chase和Garvin（1989）认为，制造业的价值创造是由"有形产品"向"无形服务"转变，其实质是将产品和服务视为有形产品主导向无形服务主导的连续性序列。制造业逐步向服务化转型已成为全球性发展趋势，由单一"制造"发展模式变为"制造+服务"的发展模式所带来的潜在价值随着制造业服务化进程的推进而呈现上升趋势，并逐步超过产品所创造的价值（刘斌等，2016）。针对制造业服务化转型发展的影响因素、路径以及发展模式，当前学者多是基于经典理论模型加以论述，如 Hobo 等（2006）提出包含商业发展环境中制造商、渠道拓展商、消费者等主要参与主体的双螺旋轨迹模型对制造业服务化的发展有激发和促进作用。简兆权和伍卓深（2011）通过研究价值链发现，制造业服务化可以通过"微笑曲线"理论加以解释。

3. 制造业高质量发展的主要路径

"推动制造业高质量发展"自提出以来就被众多学者所关注，但由于研究视角不同，并没有形成统一的认识。现有研究认为，推动制造业高质量发展的路径主要包括以下三条：一是以传统制造业为基础推动制造业发展。制造业高质量发展是企业从生产低价值产品（劳动密集型产品）向生产高价值产品（资本或技术密集型产品）转变的过程，应该巩固传统制造业的竞争优势，充分利用基础设施与产业配套方面的优势，降低交易成本，通过承接、发展技术密集型制造业与传统服务业来实现（Poon，2004）发展目标。制造业与技术密集型信息产业的融合，赋予传统制造业新的成长驱动力。二是完备产业链。国家价值链（NVC）是我国制造业实现转型升级的突破口，在其与全球价值链（GVC）的交互影响下实现制造业转型升级并获取核心竞争力是制造业高质量发展的必由路径（Currie and Kerrin，2003）。戴翔（2015）指出我国在全球产业链布局中的现实地位及其进一步发展基本上是"依托低端，挺进中端，遥望高端"。以我国制造业产业的中间品贸易特征来定位产业链国际化布局的区位布局，有利于推动我国制造业转型升级。三是通过科技创新推动制造业发展。创新是驱动我国制造业发展的主要动力，是实现行业转型升级的根本出路。需要尽快提高绿色全要素生产率，放弃以牺牲环境为代价的传统粗放式发展道路，转向以新经济、新动能为导向，以提高全要素生产率为主要动力，注重环境保护的资源节约型发展道路（李廉水等，2015）。战略性新兴产业的高端化发展关系到经济发展方式的转变，是推动产业转型升级的主导力量。互联网等产业的兴起，为我国制造业提质增效、创新驱动发展提供了崭新的途径，加速推动我国从制造业大国向制造业强国转型升级（王可、李连燕，2018）。

事实上,要实现制造业高质量发展,最主要的是实现制造业发展"模式变革""动力变革""效率变革"。通过产业创新实现新产品、新技术、新组织的形成,可有效促进产业发展模式从原有依靠牺牲资源环境换取发展的模式,转变为依靠技术推动劳动生产率提升进而促进产业发展的模式。产业创新可以实现产业内涵式发展,进而推动产业高度化进程。产业升级中的合理化发展,则可以有效促进各类资源的合理配置,发挥各自的最大效用,促进经济高质量发展。因此,产业创新与产业升级是制造业高质量发展的主要环节,是实现制造业发展"模式变革""动力变革""效率变革"的关键所在。而产业集聚则可以通过其带来的规模效应与技术溢出效应,促进产业发展各类要素的有效组合,进而促进产业发展转变为由产业创新所引领的内涵式发展模式。显然,从制造业产业集聚到产业创新再到产业升级是推动制造业高质量发展的一条有效途径。

上述文献研究表明,随着以"互联网+"为代表的新一代信息技术的不断发展,以及经济社会由"高速增长"向"高质量增长"的转变,对制造业的发展提出了新的要求。因此,在经济发展主动"降速、提质"的大战略背景下,高质量发展成为今后我国制造业发展的主要趋势。但现有文献主要集中于产业创新、产业升级对制造业高质量发展促进作用的研究,忽略了在制造业发展质量实现"质变"之前的"量变"储备过程,即忽视了产业集聚发展带来的外部性可能对产业创新起到的积极作用。因此,目前学界缺乏将制造业产业集聚纳入推动制造业高质量发展完整技术路径的相关研究。

2.1.2 "互联网+"发展的研究

1. "互联网+"的内涵与特征

2015年3月,李克强总理在《政府工作报告》中提出了制定"互联网+"行动计划;与此同时,全国人大代表马化腾在全国两会上提交了《关于以"互联网+"为驱动,推进我国经济社会创新发展的建议》的议案。自此,"互联网+"这一新兴的技术性名词成为近年来互联网以及电子信息行业中的热门词汇。事实上,"互联网+"不仅是一种技术范式,更是一种包容性的思维,一种新孕育的先进生产力。作为一种新兴发展动力,它推动了整个国民经济形态的不断演进和发展,为经济社会发展的参与实体注入了新的活力,进而为整个国民经济系统的改革、创新提供了广阔的发展平台。从字面上看,"互联网+"指的是互联网技术在不同经济发展领域的应用,但事实上这并不是简单的字面叠加。从内涵上看,"互联网+"是通过新一代信息技术与数字化、智能化平台,将互联网通信技术与不同行业进行深度融合的过程,同时也是通过技术上、模式上的创新,形成产业发展的新业态,继而推动社会资源集成优化的过程。

就"互联网+"的内在特征而言,Eng 和 Spickett(2009)指出,互联网经济具有时空性、递增性、普惠性、数据性和综合性等特点。Ceccobelli 等(2012)指出互联网经济具有极强的外部性。Liu 和 Kim(2018)指出,互联网经济具有规模经济性与网络外部性。赵振(2015)认为,"互联网+"连接一切的关系网络,是一个无边界或跨界社群。朱富强(2016)强调,互联网经济的基本特点是产业集中化和产品主流化。李雪锋、丛威、徐东(2016)指出,互联网经济具有生产消费信息化、业态界线模糊化、市场主体多元化、销售网络平台化与市场驱动终端化的特征。方燕(2017)总结出互联网产品具有创新性产品、信息产品、系统产品和耐用品四重身份。

2. "互联网+"对经济发展的作用

"互联网经济"是指一切基于互联网所产生的经济活动的总和,是当前出现的一种典型经济现象。互联网经济具有其自身的特点,现已成为新经济发展的引擎,创造了新的经济发展模式,同时对传统的经济模式和产业起到了革新改造的作用。

首先,"互联网+"创新了经济运行模式。Allee(2008)研究了互联网对约旦过渡经济发展模式的影响。Richter 和 Slowinski(2019)提出了一种可行的自我监管方式,以便在不断增强的数据共享经济中提供更高的透明度和公平性。Teigland 等(2019)概述了互联网经济与电子商务的发展趋势,探讨了物联网和区块链技术如何有利于共享经济的应用。程立茹(2013)认为,互联网发展过程中存在一定的正反馈机制，包括软硬件之间的正反馈机制、企业创新与行业地位之间的正反馈机制、节点创新与网络价值之间的正反馈机制等，同时探讨了互联网经济下企业价值网络制度创新模式、架构与路径。田光宁、王德（2014）分析了互联网经济的金融创新问题。何勤、程雅馨、邹建刚（2015）探讨了互联网经济创新了企业劳动雇佣关系，企业需要构建"人力资本价值共创、共享、共治"的管理新模式。郑小碧（2017）阐述了"互联网+"对分工结构的聚变和裂变效应，并采用超边际法分析了各行各业中"互联网+"的分化和聚合效应。

其次，"互联网+"改造了原有的传统经济模式。Tiwana（2013）指出，随着消费者、企业和政府增加网络活动，互联网已经进一步融入农村经济。Emiliano（2018）提到在信息化社会，要不断倡导"互联网+"思维，推动传统产业转型升级，促进更多产业在互联网领域的创造性发展。赵立昌（2015）探讨依托互联网经济促进我国产业转型升级的机制和路径，进而提出促进产业结构转型升级的政策建议。张雷、史倩姿、李雪锋（2017）从管理体制和运营机制的角度提出能源企业体制机制创新思路，并从业务层面、能源企业层面和国家层面对能源企业体制机制创新实现路径提出改革建议。朱富强（2017）指出百度、淘宝、京东、支付宝、360等互联网公司的产生机制，并强调了"互联网+"在其中的决定性作用。辛晖（2017）认为，在"互联网+"的带动下，将加速实现农业现代化、产业化发展。

3. "互联网+"发展水平的测度

近几年，随着互联网信息技术的深入发展，众多学者开始关注互联网与制造业之间关系的研究，但多数集中在理论层面，通过对两者融合的一些关键问题进行深入思考，并提出相应的建议和思路（邵安菊，2017；黄群慧、余泳泽、张松林，2019）。在数理分析和定量测度上，相关文献则非常少，而且多停留在信息化与制造业融合的层面，鲜有对"互联网+"技术与制造业发展之间关系的定量研究。如潘文文（2011）从企业信息化质量、信息化动力、业务信息化、商务信息化四个角度构建制造业信息化评价指标体系，采用网络德尔菲法确定其测评指标，并用AHP法计算指标权重，对江苏省制造业信息化水平进行综合评价。张劼圻、郑建明（2013）强调，信息资源、信息生产、信息消费构建"两化"融合测度指标体系。杜传忠（2015）运用协调发展模型具体测度了我国 2001—2013 年的信息化与工业化融合水平。测算结果表明，这十几年间，我国工业化、信息化发展较快，二者的融合水平在不断提升，但与发达国家相比，进一步促进"两化"融合的空间还较大。事实上，当前文献主要强调信息化与制造业相融合，而契合当前"互联网+"的发展与应用特点，着重研究"互联网+"对制造业发展影响的文献则相对较少。郭家堂、骆品亮（2016）从互联网技术、平台、思维、网络效应四个维度分析了互联网对我国全要素生产率的作用。纪玉俊、张彦彦（2017）在对"互联网+"背景下制造业升级相关机理进行阐释的基础上，利用我国省际面板数据，分析了"互联网+"对制造业升级的影响，结果表明，总体而言，"互联网+"对制造业升级具有显著的正向促进作用。

通过上述文献梳理可以发现，当前学界对于"互联网+"概念的界定尚未统一，相关研究多是关于"互联网+"发展特征、模式、影响因素等的理论分析。而关于"互联网+"对制造业发展的影响的分析则相对较少，且多为关于"互联网+"如何应用于制造业生产流程的宽泛介绍，缺乏关于"互联网+"作用于制造业发展的详细机制分析。此外，在关于"互联网+"发展水平测度的研究中，指标体系的设定多和原有信息化评价指标体系重合，无法体现现有"互联网+"的发展特征。

2.1.3 产业集聚的相关研究

1. 产业集聚的内涵与影响因素

早在 1890 年，新古典经济学家阿尔弗雷德·马歇尔（Alfred Marshall）就关注到经济发展中产业在部分区域内集中发展的现象，并提出了产业地方化的概念，认为形成产业地方化的原因是自然禀赋与宫廷奖赏。Weber（1909）从工业以及企业区位分布的角度分析产业地方化，第一次提出了产业集聚的概念，认为产业集聚是一种优势，这种优势或者是廉价生产，或者是吸引到特定地方的市场生产。随后，

Thompson（1968）、Storper 和 Walker（1989）等经济学家与地理学家注意到，集聚经济或者地方化经济可能是产业定位与外部规模经济的一种形式。经济学的中心外围模型认为，先天存在的外在因素并不能很好地解释部分区位禀赋相同或者接近的地区形成差别较大的生产结构的原因，并依托古典理论的一般均衡分析框架加入"冰山成本"构建了中心外围模型，指出运输成本、规模经济等是影响产业集聚的主要原因。但是，随着研究的逐渐深入，许多学者发现运输成本与产业空间集聚发展之间并不是简单的线性关系，于是诸多学者为探析其他影响产业集聚的潜在因素做了很多研究。如 Okada 等（2001）考虑劳动力异质性偏好的模型，发现劳动力偏好异质性的分散作用可以影响产业运输成本与空间集聚的关系，同时也证明了土地租金与交通成本也是影响产业集聚的重要因素。在国内学术界，关于我国产业集聚的影响因素与动力机制的相关研究也存在较大分歧，部分学者依托传统地理学理论寻找我国产业集聚的根源，认为东部地区凭借对外贸易传统地理学上的优势成为产业集聚区，并且这种优势不断得到加强。此外，地区工业基础、要素禀赋、地方需求、市场关联、区域性政策等都可以显著影响区域产业集聚发展（梁琦，2007；严含、葛伟民，2017；阎川、雷婕，2019）。

2. 产业集聚与经济增长

（1）集聚能够促进区域的经济增长

依据数据的可获取性原则，国外最早的相关研究通过测算区域的劳动生产率来衡量其经济增长水平，进而研究集聚对区域经济增长的影响。Ciccone 和 Hall（1996）以地区的就业密度为解释变量，衡量集聚水平，将劳动生产率作为被解释变量，衡量经济增长水平，研究发现地区就业密度每提高100%，会推动劳动生产率增长6%。Ottaviano 和 Pinelli（2006）则采用芬兰的人口密度作为解释变量，衡量集聚水平，发现集聚能够提升区域的收入水平。随着数据可获取性的增强，Braunerhjelm 和 Borgman（2006）通过 $E-G$ 指数方法测度了产业内部集聚及产业之间集聚对区域劳动生产率的影响。还有学者在上述研究的基础上，采用新的方法对集聚进行处理，并通过构建来自20个国家的行政区面板数据后进行回归,得到了与之前不同的结论。研究发现,集聚水平每提高100%,劳动生产率将增长13%。

(2)集聚也能抑制区域的经济发展

现有大部分关于集聚与经济增长之间关系的研究都认为集聚能够促进经济增长,但也有文献指出,当通过市场规模(城市规模)衡量集聚水平时,集聚也可能抑制区域的经济发展。早期的国外学者Carlino(1979)就利用人口规模来衡量区域的集聚水平,研究发现集聚不经济的情况存在,即集聚抑制了区域的经济增长。还有学者研究了城市规模与经济增长之间的关系。Henderson(1986)指出,随着城市化进程的推进,城市规模不断扩大,导致集聚带来的边际收益正在不断降低,甚至会逐步消失。接着,他采用动态面板估计方法对城市规模与经济增长的关系进行了实证研究,发现只有在基础收入水平低的国家,集聚才促进经济增长,否则集聚对经济增长的作用并不明显(Henderson,2003)。

(3)集聚对经济增长的影响存在门槛效应

集聚对经济增长的影响并不是一成不变(线性)的,而是往往存在非线性效应。Futagami和Ohkusa(2003)基于厂商生产理论,重新构建了一个新的包含产品差异化的固定替代弹性(CES)生产函数模型,并采用蒙特卡罗方法对其进行模拟,发现市场规模过大或过小都不能够有效地促进区域的经济发展。Au和Henderson(2006)则指出,中国城市规模与人均实际工资之间存在倒"U"形的非线性关系,只有在倒"U"形曲线的顶点,城市规模扩张才能够有效地刺激经济发展,城市规模扩张过快或者过慢都是不利于区域经济发展的。同时,研究还显示,绝大多数中国城市的规模并没有达到有效点并产生集聚经济。

(4)集聚的外部性能够提高区域的劳动生产率

Chen和Gursoy(2001)利用土耳其的工业产品截面数据研究集聚与区域劳动生产率之间的关系,发现集聚的外部性(地方化经济和城市化经济)能够促进区域食品、纺织等行业生产率的提高,而木制品行业的生产率则只会受到地方化经济的影响。而在芬兰,Mukkala(2004)利用

83个第四级行政区划制造业细分行业的数据研究了集聚与区域劳动生产率之间的关系,发现专业化外部性比多样化外部性对区域生产率的正向影响作用更强。Crozet和Koenig(2005)利用欧盟数据探讨了空间集聚与经济发展之间的关系,并提出空间集聚对区域经济发展具有明显的影响,区域生产活动在空间层面的分布越分散,其联系就越强,对经济发展的正向作用也越显著。Arup和Hajime(2006)则利用日本县级制造业细分行业数据对集聚与技术效率之间的作用机制进行了研究,结果显示,集聚规模经济的外部性对技术效率的提升具有促进作用。

3. 产业集聚与产业创新

产业集聚主要通过其外部性产生作用,产业集聚外部性主要有MAR外部性、Jacobs外部性和Porter外部性。多年来,学界对于产业集聚所产生的外部性与产业创新之间的关系进行了诸多有益的研究,主要集中在以下三个方面。

(1) MAR外部性对创新的促进作用

关于MAR外部性对创新的促进作用目前主要是以制造业为对象进行研究。Henderson(2003)对美国制造业细分行业数据进行研究并发现,MAR外部性对传统机械部门的正向作用并不明显,但其对高科技行业的正向作用却十分显著。还有学者利用英国1975—1982年的248家制造业企业细分行业数据对MAR外部性与创新之间的关系进行了研究,指出区域的专业化集聚对区域的创新水平具有正向影响,而多样化集聚则效果不佳(Baptista and Swann,1998)。除此之外,基于专利数据的可获取性,Panne和Beers(2006)则是以荷兰的43种衡量企业创新的新产品公告数据为研究主题,指出MAR外部性对企业新产品的发布数量具有显著的正向影响,而Jacobs外部性的影响不大,Porter外部性更是会抑制企业创新。

(2) Jacobs外部性对创新的促进作用

已有关于Jacobs外部性的研究成果较为丰硕。Glaeser等(1992)为了研究Jacob外部性对工业企业创新绩效的影响,对美国1956—1987年城市的工业部门数据进行了实证研究,结果显示相对于专业化外部性，区域本土的竞争和多样化外部性更能促进工业企业的创新。还有学者利用美国创新企业数据库中的5946个工业企业数据，研究了企业集聚所带来的外部性与企业创新绩效之间的关系，结果显示专业化外部性对企业创新的作用不大，而多样化外部性对企业创新的影响显著。这也说明与MAR外部性相比较，Jacobs外部性更能够促进区域的创新，提高其创新水平。

（3）在某种程度上，产业集聚的动态外部性均能够显著地提高创新水平

早期的学者Paci和Usai（1999）通过对欧盟区域进行实证研究，指出MAR外部性和Jacobs外部性都能够显著地促进区域内部企业的创新活动。之后他们还更换了研究对象，通过对意大利784个劳工系统的创新产出数据库进行实证研究，也指出了MAR外部性和Jacobs外部性对区域创新的正向作用。在此基础上，Frank（2011）通过对瑞士国内制造业在1974—2004年产业生命周期内不同阶段的发展特征进行详细研究，发现在产业发展的初期阶段，Jacobs外部性的作用最为明显；在产业发展的成熟阶段，MAR外部性的影响最为显著；而随着产业的不断成熟，两者的作用都呈现出边际递减态势，最终趋近于零。

4. 产业集聚的测度

20世纪90年代新经济地理学和现代新新经济地理学的发展，将产业集聚成功地汇入主流经济学的洪流中，实现了理论上的重大突破。但与此同时，现有关于产业集聚的测度还没有一个标准的、统一的理论和方法。

现有关于产业集聚水平的测度主要是通过对产业发展集中度、区位熵、赫芬达尔-赫希曼指数的测算进行度量。由于国内外不同学者对于产业集聚内涵的理解不尽相同，所以在不同的研究视角下，指标的具体测算方法与结果都会有所区别。早期的国外学者将区位熵作为衡量产业集聚水平的唯一标准，而Rosenfeld（1997）则认为区位熵指标并未将产业发展的空间划分合理地纳入考虑，并不能合理、有效地诠释不同区域以及不同产业之间的供需关系，因此区位熵并不是测度

产业集聚程度的最优指标。随后有学者提出改进方法，并用 EG 指数和 $K(L)$ 函数对产业集聚程度进行测度。但事实上，上述方法也只是部分解释而并不能完整解释造成产业间供需差异的真正原因。尽管如此，区位熵仍是当前衡量产业集聚水平的主要测度指标。而反映空间不均衡发展程度的空间基尼系数以及反映产业协调发展程度的 EG 指数的应用也十分普遍。例如，新经济地理学创始人 Krugman（1991）就利用空间基尼系数测算了美国不同区域的 106 个制造业行业的集聚水平，并研究了其与区域经济发展之间的关系。我国不少学者则是从空间、产业的视角出发，利用上述关于产业集聚的测度方法测量了不同区域中不同行业的产业集聚程度，并得出我国产业发展存在明显的空间集聚现象的结论。

Ellison 和 Glaeser（1999）通过对多产业协同现象的持续跟踪分析，构建了产业协同集聚指数，为后续学者对不同产业协同集聚程度的研究提供了定量分析的基础。通过将测算方法与我国现实国情相结合，国内学者利用产业协同集聚指数对不同产业的协同集聚发展进行了定量分析。陈建军、陈菁菁（2011）基于 CPVL 模型对浙江省 69 个城市的产业协同集聚发展进行了研究，发现产业协同集聚现象是当前产业发展中的普适性现象，并且不同产业之间的相互作用与城市规模有一定的相关性。王硕等（2013）则通过选取长江三角洲地区 27 个城市的产业数据进行相关研究，证实了产业集聚现象的存在。江曼琦、席敏强（2015）基于投入产出的方法，通过对上海市不同产业发展数据的定量分析，认为上海市产业集聚与产业发展存在一定的相关性，且两者存在协同发展的关系。豆建民、刘叶（2016）通过对产业协同集聚影响因素与内在机理进行剖析，利用我国不同省份的样本数据，实证检验了不同区域的产业协同集聚发展状况。

通过上述文献梳理可以发现，随着经济社会的不断演进和发展，对产业集聚赋予了越来越多的内涵，其影响因素也不断呈现多样化趋势。此外，产业集聚通过其产生的外部性对工业经济增长、产业创新均有明显的促进作用。但将当前"互联网+"纳入产业集聚影响因素的相关分析相对缺乏，无法完整地体现当前经济社会发展的技术范式与技术特征。而且现有关于产业集聚作用于产业创新的文献多为理论路径、模式探究，相关的数理研究与实证分析相对较少。

2.1.4 产业创新的相关研究

1. 产业创新的内涵

20世纪初，Schumpeter（1912）首创了技术创新理论，指出创新的核心在于新的生产要素和生产条件的有机结合。在此基础上，不同学者从各个方面对创新理论展开了全面探索。产业创新作为创新理论的重要分支，源于对产业革命的研究，并随着创新理论的发展而发展。Cunningham（1960）在研究中首次使用了"产业创新"一词，产业创新理论开始逐步进入公众视野。Freeman（1974）首次对产业创新进行了系统性描述，认为产业创新涵盖了技术、产品、工艺、组织及市场五个方面，这为产业创新理论的发展奠定了基础。部分学者以系统理论为基础，从创新活动整体视角出发，提出产业创新系统的概念，以期探讨不同因素对于产业创新整体所起的作用及其路径（Breschi and Malerba，1997）。

在系统阐释产业创新理论的基础上，有学者针对其概念，从产业创新的过程、网络与需求三方面做了进一步延伸，丰富了产业创新的内涵。

（1）产业创新过程

有学者认为，创新过程可以看作在创新目标下，创新要素的流动和实现过程。Turkenburg（2002）认为，尽管创新活动复杂多变，但就其过程来看，大致可以分为研发、示范与扩散三个阶段。Foxon（2003）在此基础上，进一步将上述三个阶段具体划分为技术研发、技术与市场示范、市场积累、技术扩散等细分环节，并且这些细分环节彼此之间存在正、负反馈机制。国内有学者将创新投入产出界定为"二阶段"过程，主要包括技术研发阶段与转化阶段（余泳泽、武鹏、林建兵，2010；姜南，2014）。在此基础上，也有学者依据创新活动在产业链中的演进方向，进一步将其过程划分为技术创新、研发创新和产品创新三个阶段，并利用相关的定量方法对不同阶段的创新活动进行分析评价(余泳泽、刘大勇,2014;王黎萤、王佳敏、虞微佳,2017)。

(2)产业创新网络

也有学者提出,在当前的信息化时代,产业创新是技术发展数据化、信息化、网络化的过程,需要拥有技术、信息、资本等互补性资源的主体进行协同合作。Freeman(1991)最早定义了创新网络,他认为创新网络是一种制度安排下的系统性创新。高霞、陈凯华(2015)系统研究了我国的创新网络,并将其特性概括为规模化、小世界与无标度。有学者研究了创新网络的演化过程,如王月琴、许治(2012)探讨了创新网络演化过程中无标度网络的特性与作用。彭华涛(2014)系统研究了开放式创新网络演化过程中战略网络动态变化的规律与方向。此外,诸多学者对创新网络与创新绩效之间的关系进行了有益的探讨。于明洁、郭鹏、张果(2013)发现,创新网络中的连接机制、开放性和结构特征对创新效率的提高具有一定的推动作用。曹霞、刘国巍(2015)认为,创新网络中创新能力相对较强的网络节点具有较强的对外输出作用,强化该类节点的合作将有利于整体创新绩效的提升。

(3)产业创新需求

随着创新活动的复杂化与综合化,创新过程中的创新需求也日益突出。多数学者均认为,保持企业核心竞争力的关键在于从服务、资源、用户等方面对服务需求进行不断改进,包括市场需求、技术供给、金融支持等,并需要对需求进行分解与重构(洪志生、薛澜、周源,2015;李玥、王宏起、王雪,2015)。王静等(2018)将创新需求要素划分为市场、技术和资本三类,并认为这些要素在产业创新过程中至关重要。李佳等(2018)提出,随着大数据等新型信息技术的不断发展,科技创新需求的多样化、个性化趋势将更加显著,因此,对一体化、综合性的创新服务体系的需求也会逐步加大。

2. 产业创新的影响因素

(1)内部因素

国内外学者一致认为,人力、资本、知识以及研发能力等要素是产业技术创新的内部重要推动力。Furman 等（2002）研究发现，决定经济合作与发展组织（OECD）国家创新能力的根本因素在于各国的科学研究与试验发展（R&D）投入。此外，与创新相关的基础设施建设和环境建设也是决定创新能力的重要因素。Cowan 和 Zinovyeva（2013）研究表明，高等学校与科研机构数量的增加，会有效增强区域高技术产业的创新能力。也有诸多学者研究发现，企业异质性和市场结构与产业创新能力之间具有显著的正相关关系（曹勇、苏凤娇，2012；周喜君等，2017）[108-109]。陶永等（2016）提出，新一代信息技术将使制造业生产组织管理模式向扁平化、专业化、分散化、协同化方向发展，并由此提出了"互联网+"的制造业全生命周期设计、制造、服务一体化发展的路径。邱东、王维才、谢宗晓（2016）认为，政策引导对产业创新能力的提升有显著影响，应充分发挥政策的激励效应，积极引导企业研发投入向高技术产业倾斜。俞立平、章美娇、王作功（2018）通过实证研究发现，研发经费投入对产业创新能力与效率具有显著的正向影响，且这种影响存在明显的空间效应。

（2）外部因素

外部因素是产业创新影响因素的研究热点，现有学者主要是从产业集聚、地区环境差异和区际知识溢出等方面加以分析。

① 产业集聚。Marshall（1980）最早提出了技术外部性理论，他认为，产业集聚对技术创新具有正向作用。在此基础上，Arrow（1962）和 Romer（1986）进行了拓展研究，表明产业的集聚可以缩短技术信息的传播距离，增强企业间的知识溢出效应，提升区域的创新水平。之后，Geo（2003）进一步分析发现，产业集聚也会增加人才之间的交流机会，有利于隐性知识的传播与学习。Dogan（2010）通过分析土耳其不同行业的数据后得出，集聚带来的技术溢出与劳动生产率之间存在显著的正相关关系。此外，诸多学者均认为，创新活动通常发生在产业集群内，一个地区的"自然优势"，如教育、经济发展和独特的文化，会促进一些工业企业开展创新活动，最终将导致形成不同程度的创新极（Boix, Hervas, and Miguel - Molina, 2015; Drivas, Economidou, and Karkalakos, 2014; Jang, Kim, and Von Zedtwitz, 2017; Neves and

Sequeira，2018）。国内学者通过理论分析和实证检验，也大多支持产业集聚存在技术溢出效应，并且能够推动产业创新的观点（刘军、李廉水、王忠，2010；王丽丽，2012；杨浩昌、李廉水、刘军，2016）。当然，也有学者分析发现，产业集聚对产业创新的作用并不是完全正向的，只有达到一定条件才能产生促进作用。Martin 等（2011）通过对法国地区产业集聚和生产率关系进行实证分析，发现集聚程度的增加并没有促进企业生产率的提高。王亮（2015）对我国新能源装备行业进行了实证研究，发现由于缺少基础性创新，产业集聚的影响效应曲线呈倒"U"形，与技术创新并非完全的正向关系。

② 地区环境差异。也有研究考虑到不同地区的产业创新环境存在异质性，且要素的流动性也会使区际因素对本区域产业创新产生影响。Cheshrough（2007）从系统开放理论出发提出了开放式创新的概念，认为成功的创新活动不仅吸收了企业内部创新理念，也是对外部创新理念的成功吸收。此后，有学者开始将开放式创新的关注焦点放在中小型企业上，因为中小型企业在企业资源和创新能力上有所欠缺，不足以支撑其凭借自身完成技术的开发与利用，所以应该合理地利用外部合作来弥补其创新能力的不足（Vrande，et al.，2009；Lee，et al.，2010）。国内学者更加注重区域政策制度环境对产业创新能力的影响。例如，刘继兵、王琪、马环宇（2015）系统地分析了我国战略性新兴产业的分布与发展，认为整体而言，地区制度环境对产业创新能力具有正向的影响。肖远飞、李瑨、侯璐萍（2017）通过实证研究发现，制造业发展呈现出全球化生产网络特征，对于不同区域制造业生产过程的嵌入将造成不同区域制造业创新能力的变化，这种变化具有显著的区域性特征。

③ 区际知识溢出。Sampson（2007）实证分析了技术合作与产业创新能力的关系，指出不同的合作形式对创新绩效的影响存在异质性，且当合作方的知识与自身存在互补性时，企业才能拥有最大的创新绩效。Nooteboom 等（2012）指出，认知距离与创新绩效存在倒"U"形关系，并认为在不同的合作关系中，认知距离对创新水平的影响存在显著的差异，因此企业需要寻求处于最佳认知距离的合作伙伴。国内

也有学者通过实证研究发现，知识溢出与产业创新能力之间存在显著的正向关系（沙文兵、李桂香，2011）。此外，孙晓华和李传杰（2010）通过对航空业市场需求与航空制造业产业发展数据进行实证研究发现，市场有效需求规模与航空业产业创新能力之间存在双向因果关系。潘菁和张家榕（2012）则认为，跨国公司研发投资对我国高技术产业创新能力具有双向影响。

3. 产业创新的作用

（1）调整产业结构

有学者认为，产业创新对产业结构的合理化具有重要作用。龚轶、王铮、顾高翔（2015）借助一个具有微观基础及内生创新机制的产业进化模型，研究发现产品创新和过程创新规模的上升会推动产业结构的合理化，其中过程创新的作用更为明显。林春艳和孔凡超（2016）研究发现，短期来看，产业创新与本地产业结构的合理化存在正相关关系；而长期来看，技术创新还与产业结构的发展程度相关。但 Baksi（2014）认为，中国企业需要通过技术研发投入来促进产业结构调整。Wahab 和 Lawal（2011）认为，政府的研发补贴、差别化税率等优惠政策有利于产业结构的合理化，且对产业良性发展有着极大的促进作用。

（2）推动产业升级

国外学者多从产业价值链的角度入手进行分析，认为产业创新有利于形成产品的核心竞争力，促进产品结构的动态调整，进而实现从产品到企业再到产业的优化升级（Montobbio，2002；Humphrey，2005）。Li 和 Zahra（2010）则认为，产业创新与产业升级存在耦合发展的动态关系，二者相互促进、相互协调、共同发展。近年来，国内学者也开始关注和研究产业创新与产业升级之间的互动关系。葛秋萍和李梅（2013）认为，产业创新与产业升级的良性互动有利于二者的协调发展。刘志彪（2018）则从价值链的角度提出，产业创新为产业升级带来了新的动力。

（3）促进经济发展

关于技术创新对经济增长的影响的研究，最早见于 Solow（1956）建立的"索罗模型"（Solow Growth Model），该模型首次将技术进步因素纳入生产函数,并将其视为经济增长的决定性因素。近年来,Cumbers 等(2002)借助经济地理学这一新视角,再次论证了在知识经济时代,创新能力对区域经济发展的核心作用。此外,也有学者研究发现,产业创新政策对经济增长具有重要的促进作用(Morales,2004;Chen,2009)。Iyigun(2017)的研究则进一步表明,创新与知识的协调发展可以带动生产能力不断增强,进而推动区域经济增长。国内学者也普遍认为,产业创新与我国经济增长之间存在长期稳定的正相关关系,尤其是在创新要素较为丰富、知识水平较高的区域,这种促进作用更加明显(戴魁早,2008;徐维祥、方亮,2015)。芮明杰(2018)认为,产业创新是突破结构陷阱的唯一逻辑,是新兴产业发展的核心,对我国经济发展具有极其重要的作用。

4. 产业创新的测度

现有研究主要从创新投入、产出和支撑三个方面测度与评价产业创新水平(Wang,2007;范德成、杜明月,2017)。此外,Jung 和 Seo(2010)借助网络分析方法,将研发项目的评估引入产业创新水平的测度中。Calik 和 Bardudeen(2016)则借助量表定量分析特定企业的产业创新能力。吴忠涛等(2014)运用多元统计方法,系统测度了西安战略性新兴产业的创新水平。王洪庆和侯毅(2017)从创新活动的投入端与产出端出发,从上述两个角度构建不同产业创新能力的评价体系,并利用改进的熵权法对我国高技术产业创新能力进行测度评价。张治河等(2015)基于对传统创新投入产出能力系统的认知,将对创新活动的评价延伸为对研发能力、产品创新能力、营销创新能力、创新产出和创新环境等多个维度的评价;同时,建立相关测评指标体系,运用灰色模糊评判法和内核密度分析法对我国战略性新兴产业创新能力进行测度评价。

在利用计量模型测度产业创新效率方面,国内外学者常用随机前沿分析(SFA)、数据包络分析(DEA)模型等参数或非参数方法测度产业创新能力。如 Wang(2007)运用 SFA 测度了欧洲国家的创新效率,并发现各国产业创新能力的差异性较大。Hu(2014)等则运用 SFA,对 24 个国家在 1998—2005 年的研发投入效率展开分析,研究表明，技术合作、政府参与、产业集聚等都提高了国家的产业创新效率。

通过上述文献梳理，可以发现，当前关于产业创新的研究十分丰富，涵盖了产业技术创新的概念、特征、影响因素、路径、测度等多个方面。但当前产业创新的概念随着经济社会的发展不断变迁，处于不断扩展更新的状态。特别是现有的产业创新与以往单独个体的创新活动已经有所不同。对于这种基于产业集聚形成的集群式创新与原有产业创新的区别，学界关注得相对较少。此外，尽管产业创新与产业结构优化升级之间存在的相关关系为学界所认同，但相关研究仍多属于概念性的理论分析与探讨，仅有少数关于产业集聚对产业创新影响的实证研究，而且其多从整体层面进行分析，缺乏关于行业、空间等因素差异可能给产业集聚与产业创新之间关系造成影响的深入研究。

2.1.5 产业升级的相关研究

1. 产业升级的内涵

Porter（1990）从生产要素的角度对产业结构进行了解释，生产要素由劳动密集型产业向资本密集型产业和技术密集型产业转移的过程即产业结构高级化。Hirschman（1958）认为产业升级是一国或区域范围内专业化程度的提高、本地产品附加值的增加以及前向或后向一体化程度的提高，主要来自学习能力、吸收能力和创新能力的提高。

学界对于产业升级内涵的阐释，主要有以下几种观点。

① 从产业结构演进的角度看，产业转型升级实际上是产业结构合理化和高度化的不断升华（韩永辉、黄亮雄、王贤彬，2017）。

② 从产业的要素密集度变化角度看，产业结构内生于要素禀赋结构，产业结构升级是劳动密集型产业逐步由资本密集型和技术密集型产业逐步取代的动态过程（徐朝阳、林毅夫，2010）。

③ 从产业国际贸易的角度看，产业转型是指进出口贸易结构由加工贸易向一般贸易、从原料及一般制成品出口向高技术产品出口的转变，进而使得进出口贸易中一般贸易与高技术产品出口贸易的比重逐步提升的过程（刘国晖、张如庆，2014）。

④ 从全球价值链的角度看，产业升级就是区域中企业或产业在产品

价值链中所处位置逐步从中低端向中高端攀升，也即低端价值链向高端价值链转化的动态过程（Gereffi，1999；戴翔、李洲，2017）。而在这个转换过程中，产业升级将逐步演变为工艺升级、产品升级、功能升级和跨产业升级四种类型（Humphrey and Schmitz，2002）。

2. 产业升级的影响因素

国外学者Jean（2014）认为，技术创新是产业创新的重要影响因素。企业可以通过技术创新提升产品设计、生产、销售、服务全过程的运营质量，使其产品内在价值大幅提升，强化企业在产品终端市场中的竞争力。外部企业也可以通过模仿学习，进一步推动整个产业创新发展。Zouhair（2013）认为，企业技术创新能力的提升具有显著的溢出效应，企业个体创新能力的提升不仅可以使企业自身实力得到提升，也可以促进其所在行业整体实现转型升级。国内有学者认为，技术选择对产业结构升级存在显著影响，为产业结构升级提供了动力，合适的技术选择将较大程度地推进产业转型升级（薛继亮，2013）。吴爱东和王娟（2019）认为，实现经济高质量发展的关键就在于产业创新与产业升级，并对两者之间的互动机制进行了详细研究。此外，也有许多学者对制约产业升级的因素展开相关研究，丁莹莹和李铮（2019）采用Grey–DEMATEL方法对产业升级的制约因素进行了识别，发现企业对国家和地方政府产业发展政策的理解存在偏差是制约产业升级的主要原因。赵云鹏和叶娇（2018）研究发现，对外直接投资显著地促进了产业结构升级，且存在显著的滞后效应，其对相邻区域的产业结构升级也存在显著的促进作用。李勇刚和罗海艳（2017）研究发现，土地资源错配进一步强化了以中低端制造业为主导的产业结构刚性，这抑制了产业结构从低级形态向高级形态的转变。苏杭等（2017）认为，相对于资本投入和研发投入，劳动力投入是考察期内我国制造业产业升级的主要影响因素。符瑛（2016）从全球价值链视角对产业升级的影响因素展开研究，提出人力资本供给质量、服务化水平、价值链治理强度、政策支持力度对转型升级具有显著的正向影响。

3. 产业升级的测度

基于对产业升级内涵理解的不同，众多学者从不同角度对产业升级进行了测度，相应的度量指标也各有千秋。Giuliani 等（2012）用产业效率衡量产业升级水平。Marrocu 等（2013）用地区产业类型倾向衡量地区的产业升级水平。Kaplinsky 和 Readman（2005）认为，产品附加值可以表征产业升级水平。Pavlínek 和 Ženka（2011）将生产要素贡献率变动作为衡量产业升级的标准。而国内现有关于产业升级的测度方法主要是从价值链视角和产业结构视角进行构建，基于价值链视角的测度方法主要有数学模型法和综合指标评价法，基于产业结构视角的测度方法主要是单指标法。周茂等（2018）围绕技术进步构建了衡量城市产业升级的新指标，并基于我国城市数据对各城市产业结构的初始值及相对全国产业发展整体的预测值，构建了产业升级的合成工具变量，进行了相关的实证分析。马洪福、郝寿义（2017）利用超前系数与 Lilien 指数法，分别对我国长江中游城市群中各城市三次产业与工业产业细分行业的转型速度进行了测度，研究得出长江中游城市群的产业转型升级整体上呈缓慢变化的趋势，第二产业仍是其主要方向。夏业领、何刚（2018）基于复合系统协同度模型，实证分析了 2000—2015 年中国科技创新—产业升级相同基期和相邻基期的协同度。

从上述文献梳理可知，当前关于产业结构优化升级的理论研究已经较为成熟，关于产业结构优化升级路径、模式、作用、测度的相关研究十分丰富。但相比之下，将"互联网＋"发展因素融入产业结构优化升级的相关研究尚十分少见。同时，尽管对于产业创新是产业结构优化升级主要原因的论述在多数研究中获得肯定，但具体解析两者通过何种方式产生联系的相关理论与实证研究则显得十分匮乏。

2.1.6 文献评述

通过梳理国内外文献可以发现，学术界关于产业集聚、产业创新、产业升级的研究多在于对各自内涵、发展特征、影响因素与发展模式的探讨；也有部分学者基于对产业集聚、产业创新以及产业升级相关内涵特征的理解，分别针对各个概念构建了不同的评价指标体系，利用多种多样的测度方法对产业集聚水平、产业创新水平以及产业结构优化升级水平进行了测度，并且基于这些测度结果，利用实证分析方法，研究了产业集聚、产业创新、产业结构优化升级对经济社会发展的其他方面所产生的影响，这些都为本书的研究奠定了深厚的理论基础。但同时也发现，现有研究成果具有以下几点不足：一是随着以"互联网+"为代表的新一代信息技术的快速发展，"互联网+"因素对制造业发展的各个方面都将产生全面而系统的影响，而当前文献关于"互联网+"自身定义、评价标准，以及其对制造业产业集聚、产业创新和产业结构优化升级的作用的研究相对较少；二是尽管当前关于制造业产业集聚、产业创新和产业结构优化升级三者存在内在联系已为多数学者所认可，但三者相关的理论研究却彼此较为独立，学界缺乏将三者纳入同一个研究体系进行系统性分析的研究；三是现有文献多从区域经济发展或者产业整体层面研究产业集聚、产业创新和产业结构优化升级的形成机理、作用路径及发展模式，较少有文献从区域、行业异质性层面对相关概念展开研究；四是关于制造业产业集聚、产业创新、产业结构优化升级内在关联及作用机理的分析多以宏观分析、定性分析为主，相比之下，基于生产链、创新链等产业内在微观因素的分析，以及对于三者内在联系机理的数理解析和定量分析则相对较少。

  然而，上述几点不足恰恰是在当前经济发展的大环境下，深入研究制造业高质量发展所不可避免的关键环节。首先，作为影响我国经济社会发展的新型要素，"互联网+"对我国制造业产业的影响是全面而深入的，要明晰制造业高质量发展的推进路径势必无法忽视"互联网+"对制造业产业集聚、产业创新、产业结构优化升级等关键节点的影响。其次，通过产业集聚，利用集聚带来的外部性促进产业创新，进而使产业结构优化升级，是实现制造业从"增量"向"提质"转换的关键所在，也是推动我国制造业高质量发展的核心环节。因此，将产业集聚、产业创新和产业结构优化升级纳入统一的研究体系，详细分析三者之间的内在联系，有其特殊的必要性。最后，基于空间与行业的异质性探讨制造业产业集聚、产业创新、产业结构优化升级三者的内在作用关系，定量分析三者的发展现状与影响机制，是深入剖析、准确掌握我国"互联网+"背景下制造业产业集聚、产业创新与产结构优化升级内在联系的关键所在。

鉴于此，本书一方面通过构建较为全面的"互联网+"评价指标体系，并对其进行测度，分析当前我国"互联网+"技术的发展水平；另一方面将"互联网+"纳入产业高质量发展的"产业集聚—产业创新—产业升级"这一完整路径内进行分析，探究当前"互联网+"背景下产业集聚、产业创新、产业升级之间的内在机理。同时，基于空间异质性、行业异质性等多个视角，利用计量方法定量分析三者之间的作用关系，以期为后续研究提供理论借鉴。

2.2 理论基础

2.2.1 集聚外部性理论

早在1890年，新古典经济学家马歇尔（Marshall）就关注到经济发展中产业在部分区域内集中发展的现象，并对经济活动在地理空间中的这种集聚现象进行了详细分析。通过研究，他将该现象的出现归结为以下几个原因：一是大量企业的集聚可以增强部分产业生产中间品的共享概率与程度，降低非贸易成本，如货物运输成本等生产性投入。二是可以降低生产要素成本。"要素蓄水池"效应，是指大量企业集聚区域的要素会形成一个巨大的"蓄水池"，有利于其中的企业与要素提供者精确匹配，降低企业生产经营成本。当然，在马歇尔早期的研究中，要素主要为劳动力要素，企业在"蓄水池"效应中降低的主要成本为劳动力投入成本。三是生产技术和工艺的相互传递与影响。各企业在空间上临近可以使生产工艺与生产知识在彼此间更为有效地传递，这种传递一般通过企业集聚带来劳动力正式与非正式接触而形成信息交互，通过这种信息交互来提升整个区域的生产率。

马歇尔外部性理论对产业集聚发展理论具有开创性的贡献，尽管当时他并没有提出较为严谨的经济学数理模型以及进行相关的实证研究，但其对经济活动中存在的集聚发展现象进行的较为深刻与精辟的论述，为后人深入研究产业集聚发展提供了理论基础。

2.2.2 工业区位理论

马歇尔虽然利用经济外部性理论在一定程度上解释了产业集聚的原因，但他忽略了不同区域自然禀赋与产业发展过程中不可避免的货物运输成本对产业集聚发展带来的影响。德国经济学家韦伯（Weber）在经济学家冯·杜能（Von Thunen）所提出的农业区位理论的启发下，通过对不同区位经济活动进行观察与研究，提出了工业区位理论。韦伯从微观角度详细地分析了企业区位选择的原因，并认为企业之所以选择集聚发展，是因为集聚发展所带来的效益要高于迁移发展所带来的效益。影响这种效益的主要原因可以归结为两类：一是不同区域的特异性"区域因素"直接影响了相关的工业经济活动，使经济活动呈现集聚发展现象；二是隐含的"集聚因素"，即由工业经济活动集聚引致的潜在因素。

韦伯认为，经济活动的集聚发展与自然条件的关联度不大，影响经济集聚的第一类因素主要包括产业运输成本与劳动力成本。这两种成本分别形成两种成本指向，即运输成本指向与劳动力成本指向，制造业将逐步向运输成本和劳动力成本较低的地方发展。两种成本指向下的产业集聚可能会随着两种成本的调整而发生变化。例如，当劳动力成本迅速下降并覆盖运输成本的增加值时，就会使运输成本指向下的产业集聚发生变化。同样，当运输成本下降并覆盖劳动力成本增量的时候，劳动力指向下的产业集聚也会发生变化。相比第一类显性成本带来的变化使产业集聚发展状况发生变化，由第二类集聚因素带来的影响可能更为重要。多个厂商集聚可以给彼此带来更多的收益或成本节约，这种改变主要基于产业发展过程中所呈现的规模递增效应与成本递减效应。产业集聚存在一个较为适中的规模，过大或过小的集聚规模都无法使上述规模递增或者成本递减效率达到最优状态。在韦伯的工业区位理论的基础上，Hirschman（1958）对区位选择下产业集聚的形成过程进行了详细分析，他认为区域经济活动所表现的集聚与扩散现象都来源于经济活动内在向心力与离心力的相互平衡。而经济活动中存在的上述两种"力"，则主要是由经济集聚过程中各个中心极所产生的极化作用造成的。他通过理论延伸发现，经济集聚与经济增长具有密切的内在联系。首先，经济增长在早期主要出现在经济集聚区域中某些特定的"极点"上，并且随着产业集聚的不断发展，经济增长现象逐步向"极点"周围区域进行随机扩散，主要表现为产业发展所需的劳动力、资本、技术等生产要素对"极点"周边地区的不断辐射。其次，在经济扩散的同时，由各类生产要素追逐规模效应所带来的"回流"效应也时常出现。这两种方向相反的效应相伴相生，进而推动了产业集聚的不断演化。

2.2.3 产业集群理论

迈克·E. 波特（Michael E. Porter）从竞争优势与竞争力的视角对产业集聚问题进行了相关研究，并提出了产业集群理论。1990年，波特的《论国家的竞争优势》在《哈佛商业评论》上发表，他在其中提出产业集群的概念并对此进行了研究。波特将竞争力内涵引入区域经济与国家经济发展理论中，认为产业集聚可以有效地提升区域经济与国家经济发展竞争力。企业战略选择、终端市场需求、产业发展环境、生产要素状况是构成上述区域经济与国家经济发展竞争力的关键所在。由这四个方面组成的菱形结构就是著名的"钻石模型"。波特认为，一个国家或者区域的竞争力主要来源于其产业优势，而产业优势则主要来源于彼此关联的产业集群。产业集群可以通过以下几个方面获取竞争力：一是产业集群内的各类产业容易按照产业链形成上下游关联企业或者配套的关联企业，从而形成集群的优势，这种优势将大于各个企业所具有的优势的简单叠加。也就是说，产业集聚将获取一定的优势隐性扩增。二是产业集聚形成的产业集群有利于技术的累积、传递与扩散，隐性知识的溢出有益于整个产业集群与区域的创新能力的提升。三是集聚形成的竞争与合作氛围有利于企业成长，从而可获取更多的竞争优势。

2.2.4 新经济地理学理论

古典经济学理论对产业集聚的研究大多是在规模报酬不变和完全

竞争的假设前提下进行的。而产业经济、区域经济的发展在很多情况下存在规模报酬可变以及不完全竞争的事实，因此，Dixit 和 Stiglitz（1977）提出了著名的 D—S 模型，将垄断竞争和规模报酬可变的条件引入产业区位选择的研究框架之内，为后人对产业集聚的研究开启了新方向。

1980 年开始，保罗·R. 克鲁格曼（Paul R. Krugman）意识到垄断竞争与规模报酬可变在研究产业集聚问题上的重要性，并指出空间结构、产品特异性、贸易以及规模经济之间存在关联。同时，他将垄断竞争和规模报酬可变与区位理论中运输成本对产业集聚的影响相结合，在 D-S 模型的基础上构建了"中心—外围"模型，从数理模型上说明了垄断竞争、规模报酬、运输成本之间存在的内在联系。在经济垄断竞争与规模报酬递增的分析框架中纳入地理空间因素，标志着新经济地理学的诞生。克鲁格曼认为，产业集聚不仅使相关企业形成了空间上的关联，也强化了彼此之间的经济关联，从而使这种集中发展可以有效地节约生产成本，并随着企业规模的不断扩大而形成规模经济效应，实现企业发展收益的递增。产业集聚与产业发展收益递增可以形成发展的良性互动，从而强化该区域对于其他企业的吸引力。但是，市场的集聚也会产生一种排他性，即由竞争导致的市场挤出效应。基于上述分析，克鲁格曼认为，集聚主要受上述三种效应的综合作用的影响，前两者可以形成促进产业集聚的"向心力"，后者则是产业集聚的"离心力"，这两种力量的动态平衡过程正是产业集聚与扩散现象演进的过程。此外，克鲁格曼还认为，最初的产业集聚应当源于某次"历史的偶然"，这个"历史的偶然"使产业集聚区域呈现出最初的发展优势，进而通过不断累积使这种发展路径得以"锁定"。也就是说，产业集聚优势的形成路径可能存在"路径依赖"，一旦发展优势得以确定，即可通过自身循环累积的作用强化这种优势的存在。

对新经济地理学研究框架下经济理论的探讨，其核心就是围绕产业发展成本的深入探讨。新经济地理学中对于"成本"概念的界定，不仅仅是传统经济理论中货物空间地理变化所带来的"运输成本"或者突破贸易壁垒所带来的"贸易成本"的简单替代，还应囊括由虚拟空间差异所带来的"信息成本"以及文化、制度等软性交易环境差异所带来的"隐性成本"。总体而言，随着新信息技术的不断发展，经济学中"成本"的定义将逐步发生变化。由信息交流和匹配导致的"信息成本"以及制度交易中的"隐性成本"逐步为学界所重视。

2.2.5 产业创新理论

经济发展的核心驱动要素一直以来都是众多学者所关注和研究的重要对象。经济学家熊彼特认为，创新是决定经济发展的核心要素，并提出了创新的相关概念界定，对创新发展模式、创新影响因素、创新主体特征以及创新与经济社会发展之间的关系进行了详细论述。熊彼特认为，创新是通过企业家活动完成的，而技术则是外生经济变量。作为一种新的生产范式，其内在为传统生产函数的变换，其主要目标在于通过生产范式的变革形成经济发展主体的新的潜在利润。这种生产函数的转换主要由以下几种方式推动：一是新产品的研发生产；二是生产方式的转换；三是新市场的开拓；四是新组织结构的形成；五是新生产资料的运用。

熊彼特认为，创新是产业发展与区域经济发展的核心所在，这种行为不需要考虑现有资源的增加与否，通过采用不同方式利用现有资源，突破原有的使用范式，形成新的作用方式，是区域经济获取额外发展动能的关键所在。经济社会的发展同时伴随着经济制度与生产技术的变革，通过知识的积累和增加可以有效促进经济快速增长。从更为细致的角度分析，所谓创新，主要是依靠制度创新和技术创新提升资源利用效率与产业生产率，进而促进经济增长。实际上，制度变革与技术创新是统一的整体，两者在形成过程中相伴而生。一方面，根据马克思主义政治经济学原理，作为上层建筑的制度必然在一定时期内与生产力发展水平保持相应的关系，它不能游离于当时的社会生产力而独立存在，也不能脱离生产力现实的发展轨迹；另一方面，制度创新是新生产力孕育发展的重要保障，经济参与主体在社会日常交流中往往具有一定的惯性，需要新的发展环境、行为准则、法律规定等推动原有惯性的突破。

2.2.6　内生经济增长理论

古典经济学理论认为，经济社会发展主要由居民储蓄与投资所决定。也就是说，经济社会的发展在很大程度上由物质资本所决定。如亚当·斯密（Adam Smith）在《国富论》中详细地分析了物质资本对于社会进步的重要作用。一方面，资本储蓄与劳动分工之间具有一定的关联，储蓄的大幅增加可以使劳动分工更为精细，进而促进与之匹配的生产资料获得更多的产出；另一方面，资本增加后，不仅可以雇用更多的劳动者从事相关的社会化分工活动，也可以通过购买机器设备来提升生产率。

但是，物质资本边际收益递减规律与经济总体增长趋势的事实相违背。在经历经济繁荣与危机的轮回后，引发了诸多学者对经济增长理论的深入研究与重新思考。哈罗德－多马（Harrod-Domar）认为，投资具有需求与供给两种不同的产出效应，凯恩斯短期静态分析缺乏时间因素的动态调整。在上述模型中考虑时间因素的动态调整，可以得出经济增长与储蓄率成正比而与资本产出率成反比的结论。但是，哈罗德－多马模型得出的经济增长路径在现实中非常狭窄，无法将技术外生化引入，从而将经济增长路径解释得更具普适性。1957年，索洛模型在学界掀起讨论热潮，并最终得到认可。该模型主要提出三个基本假设：①生产活动中单一生产要素的投入具有显著的产出递减效应；②生产不仅需要传统的劳动力生产要素，也需要资本要素的推动，且这两种要素之间可以相互替代；③技术进步希克斯中性。正是由于上述假设，该模型认为经济自然增长必然呈现一定的收敛趋势，即经济不可能无限加速增长，在要素边际产出递减规律的作用下，其最终会收敛于一条增长率相对稳定的路径。技术进步可以有效减缓传统生产要素边际递减"拐点"的来临，平衡其所带来的社会产出下降。因此，该模型的重要贡献就在于引入了技术进步函数外生化，突破了古典经济学认为经济增长最终会因要素边际递减而停滞的限定。

此后，20世纪80年代，Romer（1989）对原新古典增长模型中的技术外生化、规模报酬不变、要素边际递减等假定做出修订，根据市场假定的区别，提出了完全竞争条件下的新经济增长理论与垄断竞争条件下的新增长理论。完全竞争条件下的新经济增长理论可以更具体地分为基于马歇尔经济外部性构建的内生增长模型和基于严格的凸性生产技术条件构建的内生增长模型。然而，无论是哪种经济内生增长理论，其适用性都是有限的，并不适用于大多数收益递增的现象。鉴于此，阿维纳什·迪克西特（Avinash Dixit）与斯蒂格利茨（Stiglitz）将垄断竞争框架引入经济内生增长模型，并基于D—S垄断竞争模型形成了产品种类增加与质量提升两种形式的内生经济增长模型。例如，罗默（Romer）通过将人力资本与研发部门并入模型，发现技术进步降低了企业的创新成本，提升了企业的生产率；产品多样化有助于提升企业的生产率，促进企业在规模收益递增的情况下进行生产。格罗斯曼则认为，技术进步有助于提升产品质量的层次，进而促进企业创新以获取超额利润。

第3章 "互联网+"背景下制造业产业集聚、产业创新、产业升级的内涵与联系

通过第2章对国内外关于制造业产业集聚、产业创新以及产业升级的文献的梳理,可以对三者的相关概念、影响因素和可能产生的作用有一个初步的认识。本章首先将在第2章文献梳理的基础上,结合当前经济社会发展实际和本书研究视角,对相关概念进行界定,并简要分析各自的发展特征。然后,基于本书对制造业产业集聚、产业创新、产业升级概念的界定,简要分析三者存在的内在联系,通过"制造业高质量发展"这一重要的研究背景,将三者纳入统一的研究框架,为后面章节详细分析其中存在的相关机制做出理论铺垫。

3.1 "互联网+"的概念界定与发展特征

3.1.1 "互联网+"的概念界定

"互联网+"的概念最早出现在易观国际集团董事长于扬在易观第五届移动互联网博览会上的报告中。他以化学表达式的基本范式为基础,提出一种将以"互联网+"为代表的新一代信息技术应用于未来各个行业领域产品与服务中的综合性经济理念的抽象范式,倡导将"互联网+"技术应用于产品设计、生产、销售、服务等各个环节,促进相关资源的优化与集成应用,提升国民经济发展效率。此后,不同的专家学者与科研机构对其给出了不同的定义,总体来说大致相同,

但就侧重点而言可归为两类：一类是以腾讯公司为代表，强调"互联网+"是跨界融合，是促进创新和产业升级的动力所在；"互联网+"是基于新一代通信技术所构建的数字化、虚拟化、集成化智能平台，通过将新一代信息技术与制造业、服务业等行业进行跨界融合，推动传统产业不断转型升级，进而衍生出新业务、新模式、新业态的行业发展模式。另一类则是以阿里巴巴公司为代表，其更多地强调"互联网+"是一种信息分享、流动与创新使用，也就是说，"互联网+"实际上是利用新信息技术"高技术、强渗透、泛受众"的特性，强化技术、组织、制度创新并促进各类生产要素的信息化、数字化流动、分享与创造。可以说，前者相对侧重于生产端，而后者相对侧重于消费端。但不管如何，"互联网+"推动企业发展中的创新应用，进而促进产业升级的积极作用，都得到了普遍认可。

由于"互联网+"对产业生产及居民生活方式有着全方位的影响，但究其根本，还是通过对制造业产业发展产生多维度综合性影响后，利用技术、产品、服务扩散来改造消费端人们的生活方式。而人们生活方式的变革，又反过来对产业生产具有巨大影响。因此，要准确地阐释"互联网+"的内涵，就必须着重分析其对产业生产所起到的不同于以往的新作用，以此为突破口阐释其不同于技术本身的内涵。

事实上，作为一种新型经济理念，"互联网+"来源于传统互联网技术，又不完全等同于互联网。这是一种新型的综合性经济理念，其不仅具备传统信息技术通过技术融合和产品衍生给国民经济生产带来技术改进、效率提升的作用，更具备打破固有生产模式、经营理念，进而促进企业生成熊彼特"新竞争手段"的创造性突破能力。传统互联网技术对企业的影响更多地体现在对企业生产端的改造，通过设计、生产、管理、销售的信息流网状互联，提升企业生产经营的整体效率，但从本质上看，其并不能使企业竞争力获得"新"和"质"的突破。而"互联网+"的提出使企业生产经营发生了以下几种变革：企业外部关系互联虚拟化、产业结构去中心化、生产经营泛数据化、供需对接多样化。

首先，"互联网+"使企业外部互联关系逐步虚拟化，导致产业发展更容易获得宽泛意义上的集群优势。基于互联网技术形成的数据平台使不同企业之间，特别是产业链上下游企业之间的互联关系逐步走向虚拟化空间，能更有效地将不同地理空间中的企业在信息空间中加以集聚，强化了彼此之间信息流交换的顺畅程度。由于互联网在时间和空间维度上的广泛性，上下游企业、企业和消费主体之间在产品生产、销售、购买、服务等环节的信息感知、链接、传输变得更为及时、有效和准确，这就使企业和产业都能更好地获取集群发展带来的规模化优势。

其次，"互联网+"不仅是企业日常生产经营中的一种"资源"，更是推动企业获取熊彼特"新竞争手段"的"创新型资源"。由于基于新一代信息技术形成的"互联网+"具备强大的数据整合与处理能力，使企业更易形成多样化的"新竞争手段"。一方面，由于"互联网+"的存在使不同企业信息流互换的时效与精确度得以提升，市场动态调节机制就会显得更为高效，产业内技术领先企业与追赶企业的动态博弈行为将更为合理；另一方面，由于"互联网+"对产业设计、研发、制造、管理、服务等诸多环节的深度渗透，使企业对于竞争对手及消费者需求信息的捕捉更为敏感，促使其通过创新形成更多的竞争优势。

最后，"互联网+"不仅是一种新的技术形态，更是一种新的发展范式。"互联网+"不仅是一种单一的技术形态，更是大数据、物联网、区块链等新一代信息技术的全面集成，是基于"云、网、端、台"结构的新兴信息化元模型。该信息化元模型可以有效地促进企业应对信息技术给产业发展带来的冲击，进而使企业组织模式、技术模式、发展模式都发生变革，通过融合创新的形式推动整体发展。具体而言，"互联网+"不仅是一种技术，更可以使实体产业的价值链各环节解构，并与"互联网+"价值链进行融合重组，推动产业升级发展，即通过"数据化—共享信息—资源优化—实体产业链与虚拟信息链重组—产业升级"的路径进行发展。

综上所述，"互联网+"对于制造业产业发展的影响全面而深刻，它不仅是一种新的信息通信技术，也是一种全新的经济范式。通过充分利用互联网信息技术在产业生产、制造、管理等环节中对各类生产要素配置的优化集成作用,推动新一代信息技术与传统产业的深度融合发展,促进产业生产技术、组织、制度不断变革,进而促进经济形态不断迈向"高端化、集成化、集约化"。

3.1.2 "互联网+"的发展特征

由前述关于"互联网+"作用的分析及定义可以看出,从某种程度上来说,"互联网+"的本质就在于信息化与社会经济生活的深度融合,通过大数据、云计算、区块链等新一代信息技术与传统生产部门在生产链、产业链、创新链、价值链上的不断渗透、融合、衍生,促进经济社会在产业生产模式、商业销售模式上实现不断变革。就技术本身而言,"互联网+"具有三个最为明显的特征,即"高技术性""强渗透性""泛受众性"。就字面意思理解,这三个特征都是显而易见的,"互联网+"本身是新一代信息技术的典型代表,必然是当前较为先进的生产技术,因此具备"高技术性"。"强渗透性"指的是"互联网+"可以利用信息技术本身具备的渗透性作用,通过技术衍生、产品衍生、服务衍生等方式将其嵌入各产业的生产过程中,使新技术在整个制造业领域的不同生产环节无所不在。"泛受众性"是指"互联网+"技术所作用的对象具有广泛性、普适性,"互联网+"不仅是一种技术,更是一种生活方式,因此其作用于当前经济社会的方方面面,不存在特定的作用对象。

除了上述作为技术本身所体现出的显著特征之外,"互联网+"还具备以下几个特征。

1. 信息传递数字化

人与人、人与社会的互动,从更宽泛的意义上讲,就是不同主体之间信息流的交互。信息流可以通过声音、图像、数据等不同方式进行传递,但就稳定性与多样性而言,数据传递具有编码性强、稳定性高、承载性广等天然优势。而"互联网+"的发展是基于电子信息通信技术的发展,因此信息传递互动的数字化特征在未来将越来越明显。随着经济社会的不断发展,"互联网+"万物互联的特性将人与人、人与社会的复杂化、精细化、多样化的行为转化为海量信息,并在不同节点之间不间断地进行传递。因此，在某种程度上，可以认为当今的"互联网+"社会是数字化社会，信息数据将逐步成为与土地、资本、技术类似的生产要素并参与到经济社会运行中。因为信息传递的数字化特征，数字压缩和还原需要一定的设备与技术基础，基于此发展而来的"互联网+"就具有明显的网络效应，即当信息互动量较少时，网络节点所承担的信息编码与解码成本相对较高，或者可以说，"互联网+"的优势体现得就不那么明显了。

2. 社会活动虚拟化

在"互联网+"社会中，社会活动多可以通过虚拟世界进行联动，这改变了行动参与主体原有现实联动的模式，使万物可以通过虚拟网络进行有机互联。将人、流程、场景通过互联网、传感器、软件以数据形式进行信息传递，可以丰富参与主体的体验，创新联动发展模式。例如，"互联网+"背景下不同企业的互动模式相较之前就出现了较大的变革，原有同类产业、上下游产业往往呈现地理上"抱团集聚"发展的现象，主要原因是通过集聚发展可以强化技术外溢与降低产品运输成本，使集群发展的优势得以发挥。但在"互联网+"背景下，虚拟网络的发展弱化了地理距离临近的部分现实优势，而使企业开始注重在虚拟世界中的临近优势，这就使原有产业互动模式产生了新的变化。

3. 生产销售社会化

传统生产销售模式下，生产者与消费者的边界相对清晰，企业与用户之间的定位相对固定。但随着"互联网+"的不断发展，两者的边界逐步模糊，生产端与消费端的信息有效性逐步增强，企业以消费者终端需求为导向，利用新一代信息技术进行定制化生产，促使商业模式逐步从企业对消费者（B2C）变为消费者对企业（C2B）。此时，用户也不完全是单纯的消费者，其可以利用"互联网+"技术，通过个性化定制服务，参与所需产品的设计、生产，成为产销合一的参与者。同时，通过在线回馈、售后调查等方式，将使用信息及时回馈给产品的生产者，可以及时、有效地改进产品部分功能，这也从某种程度上使消费者的身份变得多样化。另外，生产者也可以通过"互联网+"技术使其通过自组织的形式对复杂产品进行开源设计、生产,通过外包、共享等方式使生产主体多元化,打破了传统的科层式生产方式。

4. 产品制造集成化

利用"互联网+"形成的物理与虚拟信息系统,可以有效地将人、机器、资源进行有机结合,提升工业生产效益与效率。"互联网+"可以实现原料采购、产品设计、研发、生产、销售、售后的一系列数字化、标准化集成,通过对集成系统的控制,可以根据市场供需状况灵活地调整生产规模与进度,实现生产的高度智能化与柔性化,促进企业效益与效率提升。同时,生产链的集成化与智能化发展可以有效降低企业个性化定制产品的生产成本,一方面可以满足大规模个性化定制所带来的总量需求,另一方面也可以解决少量个性化定制需求所带来的边际成本过高的问题。因此,"互联网+"技术可以有效地提升企业对于市场需求变动的应对能力,强化企业的外在市场竞争力。

5. 产业边界模糊化

随着"互联网+"技术的不断发展,市场需求逐步呈现多元化发展特征,由此推动了多产业融合发展,以满足需求的多样性要求。因此,产业融合将逐步成为经济发展中的常见现象。这种融合发展不仅是产业内不同生产环节所涉及技术的融合,其更多地出现在不同产业之间,形成跨产业融合。传统产业间的融合,一般通过共性技术应用的融合使产品不断融合,最终使不同产业之间逐步实现全面融合,因此,传统产业间的融合往往呈现速度较慢、程度偏低、范围有限的特点。由于"互联网+"自带虚拟信息网络中"万物互联"的特性,使其成为不同产业互融的天然纽带,推动了多行业的无缝对接与融合发展。例如,利用"互联网+"技术,可以有效地将服务业与制造业融合,实现设备的远程智能监控与售后维护。在制造业内部,则可以通过"工业云"形成多行业的工业互联网,进而推动不同制造业之间的融合发展。在其他行业中,"智慧农业""智慧金融""智慧交通"比比皆是。而这些通过"互联网+"形成的跨界融合,往往会产生新兴产业业态,具有和市场需求极度贴近的优势,发展前景良好,这又为"互联网+"技术的进一步发展提供了推动力。

6. 产业生态开放化

"互联网+"改变了原有不同企业间技术、市场、服务的竞争格局,其技术自身所体现出的"泛受众性"使"共享""开放"的发展模式逐步成为潮流。通过"互联网+"连接的产业生态系统不同于以往传统产业紧凑连接的方式,"互联网+"背景下的生态系统建立在虚拟信息网络的基础上,其组织形式更为松散化,但内在复杂程度却比之前更甚。良好的生态环境建立在健康的数字网络基础之上,而由于网络本身具有网络效应,这就要求产品用户数量与互补品的丰富程度必须相对较高,也就必然会形成开放式的产业生态环境。例如,随着"互联网+"技术的不断发展,产品需求端与供给端有效整合的必要性不断增强,而开放式的共享经济通过"代码共享—内容共享—现实共享"不断演进,推动生产端与消费端的有效无缝对接,促进社会资源的高效利用。

3.2 制造业产业集聚的概念界定与发展特征

3.2.1 制造业产业集聚的概念界定

近年来,随着经济社会的不断发展,经济活动的区域性集聚发展现象日渐明显,这也使产业集聚发展成为当前学术界的研究热点。从现实来看,集聚体现为各行业中的企业为实现成本最低和利润最大化而集中性地选择在某个区域内进行布局生产的复杂经济现象。事实上,这种追求效益最大化的产业集聚现象可以从其形成模式上加以阐释。从产业集聚发展形成的模式来看,主要有以下两种形式:一种是由市场需求催生,由于某个区域范围内首先形成了专业化市场,这个市场既可能是要素市场,也可能是产品终端需求市场,其都为企业发展提供了重要的信息条件、交易条件和发展条件,促进企业集聚发展,进而逐步形成完整产业链上不同环节、不同类型企业的集聚发展;另一种是伴随着产业转移,部分大型企业出于某种要素成本或接近终端市场的考虑,变更企业区位选择,也会引起同类企业或相关伴生企业重新进行区位选择。而从集聚企业的相关关系来看,则主要包括同质产业基于经济规模外部性选择的行业内企业集聚发展、产业链上下游企业或其他基于需求对接的行业间企业集聚发展。但随着以"互联网+"为代表的新一代信息技术的不断发展,产业集聚的概念开始逐步扩展,企业在虚拟信息网络中基于对知识、信息、市场获取的便利性而形成的电子虚拟集聚,开始逐步成为一种新型集聚形式,该集聚形式有别于传统地理集聚,但又可以外化为传统地理集聚形式。例如,由企业知识互补或者价值互补形成的虚拟集聚并不以地理集聚为必要条件,但如果某地域拥有更有利于实现这种虚拟网络的必要基础,则虚拟集聚又可以外化为地理集聚。

综上所述,本书认为产业集聚是指众多功能相同或者能通过产业链、创新链彼此相互融通,具有相似功能的企业基于知识、信息、市场获取的便利性,进而追求经营成本的最小化而在地理上临近的一种现象,该地理临近不仅蕴含了企业为获取传统生产要素、市场需求便利性而形成的地理临近,也蕴含了"互联网+"背景下,信息网络发展带来企业虚拟集聚所需的技术以及其他软性条件的便利性而虚化形成的地理临近。

3.2.2 制造业产业集聚的发展特征

尽管在不同时期,不同学者对产业集聚概念的看法不尽相同,但就产业集聚发展所呈现出的特征而言,人们的认识相对统一,而在以"互联网+"为代表的新一代信息技术高度发展的今天,产业集聚普遍存在以下几个特征。

1. 地理空间的集中性

产业集聚发展最明显的特征就是产业内或产业间的诸多企业、机构、服务性组织在某特定地理空间范围内集中性发展。该地理空间区域并不是以行政区划为边界,而主要是根据区域内产业集聚程度的强弱而定。产业集聚区域的出现主要源于地理空间内企业、机构、服务性组织在追求规模经济外部性的过程中,通过竞争或者合作达到一种相对稳定的集聚状态。地理集聚使企业组织间的相对距离变小,从而有利于彼此之间快速获取资源、信息、市场,降低有形与无形的生产交易成本。因此,从某种意义上来说,空间集聚是产业集聚形成的先决条件。从地理空间集聚形成的认识上看,传统的区位理论从成本最小化的角度阐释了运输成本、劳动力成本相对较低的地方容易形成产业集聚区的原因。而在后期,为了接近市场,实现利润最大化也逐步成为产业地理空间集聚的重要原因。在以"互联网+"为代表的信息技术高速发展的今天,知识、信息、服务的可得性和稳定性也逐步成为产业地理空间集聚的重要原因。

2. 产业集聚的关联性

产业集聚的关联性是指空间集聚发展的企业和组织之间的联系并不是零散的、毫无关联的,而是各自具有一定的社会化分工。虽然地理区域内有不同的企业和组织,但终端产品或服务始终紧紧围绕着某类特定的产业。事实上,相互集聚的企业往往具有同质性和较强的专业化分工特性。这些企业所在的产业可以是围绕区域内核心产业的上下游产业,这样可以使不同产业间的产品形成紧密的供需对接,促进上下游产业的共同发展;也可以是同类企业相互集聚,进而提升其在原料、服务、销售市场上的话语权,强化规模经济的外部性;还可以是为核心产业或其上下游产业提供辅助的服务型组织机构。总而言之,空间地理上的临近,并不是产业集聚主体间形成紧密关系的必然条件,只有各主体的专业化分工,才是地理区域内企业、机构、组织之间紧密联系的基础条件。这是因为只有依靠不同主体间较强的专业分工和相互合作,才可以形成独有的产业文化氛围,使区域内的市场交易显得更为顺畅,降低有形和无形的交易成本,形成较强的产业规模效应。

3. 集聚联动的网络性

产业集聚区域内的企业、机构、组织往往通过社会化分工与合作形成稳定的正式或非正式的社会网络,这是保证区域内产业集聚稳定持续的关键所在。在这个复杂的社会网络结构中,其节点主要包括生产厂商、供应商、代理商、客户、中介机构、服务机构、政府组织、科研机构等。但不管是正式的还是非正式的社会网络,都会由于各自节点的不断互动、交易和合作,使彼此的需求信息在网络中流动得更为顺畅和精确，这一方面更易使该网络结构中的节点形成共同发展的意愿，另一方面也降低了各网络节点获取资源、信息的成本。而信息技术的发展，使这种无形的社会网络节点的联系频率和精确度得到提升，强化了网络节点之间彼此连接的黏性。综上所述，产业集聚体现了集聚主体间较强的互动网络特性，而以"互联网+"为代表的信息技术应用又强化了这种网络结构主体间的黏性，进而推动了整个集聚系统的不断发展。

4. 经济行为的根植性

产业集聚区域内各经济主体之间的相互联系不仅存在于经济层面，还体现在社会、文化、政治等多个领域。在同一个地理集聚区域中，往往存在同样的经济社会背景以及相同的交易规则，这促进了相关集聚主体的经常性联系与互动，增强了彼此的认同感，进而外化为同一个集聚区域内的相关企业经济行为会有一定的相似性，这就是产业集聚发展所带来的集聚个体经济行为的社会根植性。

5. 集聚效应的创新性

集聚所带来的创新性是指区域内所有集聚主体与劳动力、资本、技术共同产生的整体效应。一方面，产业集聚发展有利于劳动力、资本等传统生产要素充分发挥规模效应，促进信息、技术等新型生产要素的流动，并优化彼此之间的配置结构，提升知识共享与技术溢出水平，增强区域与行业创新能力；另一方面，区域内产业集聚发展可以强化集聚主体的有效交流，使集聚主体的"追赶意识"或"领先意识"更为强烈，进而促进企业不断推动产品和技术创新，营造区域内集聚主体良性竞争互动的格局。此外，科研机构、服务中介机构与产业协同集聚发展，完善了知识溢出和转移机制，促进了区域知识传播和技术共享，进而促进了区域整体创新能力的提升。

这里需要强调的是，产业集聚对经济发展产生的影响一般通过其所带来的外部性进行传递，而不同的外部性则是由集聚的不同方式所形成的。即同质企业集聚所带来的外部性与不同类型企业集聚所产生的外部性的作用效果是不一样的。

3.3 制造业产业创新的概念界定与发展特征

3.3.1 制造业产业创新的概念界定

在经济学领域,创新是指将现有的知识和物质,通过一定的方式进行重组或创造进而形成新的事物,并能产生一定经济效益的行为。其突出体现为以下三个方面:知识创新、技术创新、制度创新。由于本书研究的目标为制造业产业内或产业间个体或组织的创新关系,为简化分析,本书将创新概念的范畴限定为更能体现产业发展内在技术关系的技术创新。由于技术是产业之源,技术创新势必建立在合理的科学理论之上,而技术创新可以通过与外在环境因素的协同融合,促进产业创新的实现。因此,本书后续出现的产业创新概念主要是指技术创新。

在当前经济社会快速发展变革的浪潮下,单个个体、企业、行业的创新已无法满足经济社会高质量发展的要求,因此,当前的产业创新势必是一种群体行为,与以往多数研究将创新概念限定于特定的个体不同,本书所指的产业创新是从专业化分工协作的角度分析在地理位置上集中或靠近的相关产业的创新集聚效应所形成的,是一种宽泛概念的集群创新。所谓集群创新,是指建立在特定区域内众多相同产业或不同产业与该区域内的高校、科研机构、中介机构、地方政府形成的适应性复杂网络系统基础上的创新。因此,该复杂网络系统成为连接产业集聚与产业创新的重要"桥梁"。

对于承载产业集群创新的复杂网络而言,从产业集聚引起的产业集群内各行为主体对于技术创新的具体作用来看,其主要分为三个层面,每个层面对于产业创新所产生的动力机制有所不同。第一层是由生产企业、上下游企业(经销商和供应商)、竞争型企业、互补型企业组成的核心层。这些企业是参与市场和科技创新的主体,具有贴近市场、信息交互程度高、创新意愿强等特征,这是产业集聚得以发展起来并推动技术创新的核心主体。第二层是由中介机构、科研机构、金融机构、服务机构等构成的中间层。这部分参与主体主要为核心层企业的创新活动提供技术、信息、资本支撑，是核心层企业参与创新活动的重要辅助。第三层是由政府主导形成的延伸层，主要由核心层企业所处的政策、人文、法规、市场环境所组成，通过政府及市场两股内在力量结合推动的方式，为核心层企业改善经营管理水平、提升技术创新能力、强化产业集群竞争力提供重要的外部动力。由上述核心层、中间层、延伸层的各参与主体形成的，作为产业集聚与产业创新之间桥梁的创新复杂网络系统，不仅在其内部存在源源不断的物质、信息、能量的交换；作为一个整体，其与外界环境之间也进行着持续性的物质、信息、能量交换。通过内部参与主体之间所构成的竞争与合作机制，实现系统从无序发展到有序稳态，推动产业集聚向产业创新不断迈进，形成产业发展"质"的跨越。

综上所述，本书将产业创新界定为基于特定区域内众多相同产业或不同产业与该区域内高校、科研机构、中介机构、服务机构、地方政府形成的适应性复杂网络系统的集群技术创新。基于产业集聚形成的集群创新复杂网络如图3-1所示。

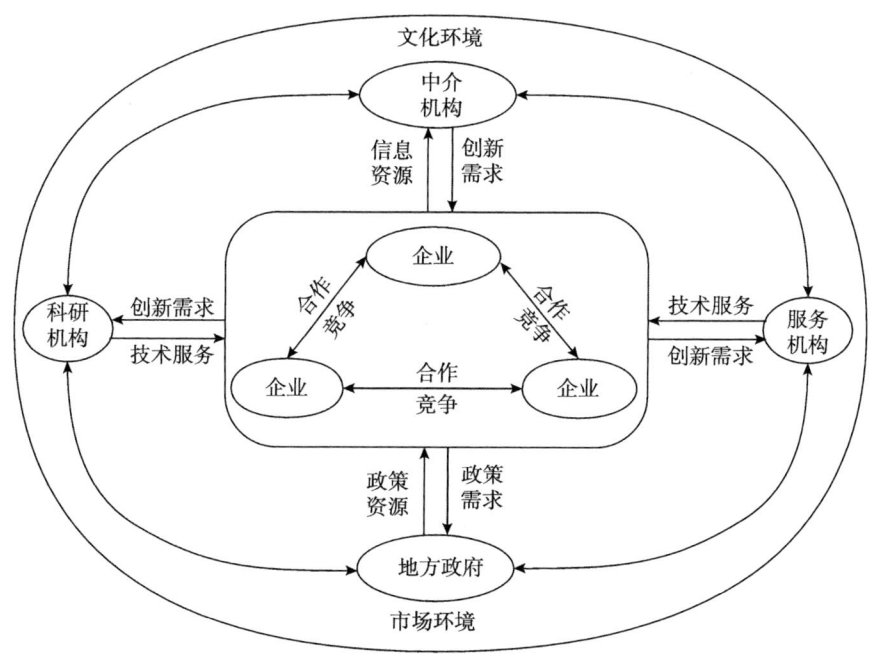

图3-1 基于产业集聚形成的集群创新复杂网络

3.3.2 制造业产业创新的发展特征

在产业集聚基础上形成的产业创新具有明显的群体性与方向性,而这主要由产业集聚的不同类型所导致。技术创新在产业内与产业间的传递可以依赖于产业生产链中不同工序所涉及的生产工艺、设备和相关技术性服务的专业化水平的提升,也可以依赖于产品创新链中要素整合、研发创造等环节所涉及的技术融合、扩散,还可以通过产业链上下游企业以及互补型产业链中企业对于产品、技术、服务的交互而实现(Ruizn, et al., 2014)。因此,根据其在产业中演进方向的不同,技术创新可以划分为在同质企业生产链中不断演进的"收敛型"创新,以及在异质企业即通过产业链或创新链虚拟连接的不同产业内企业形成的集聚体中演进的"发散型"创新,两者在产业中的具体演进扩散路径如图3-2所示。

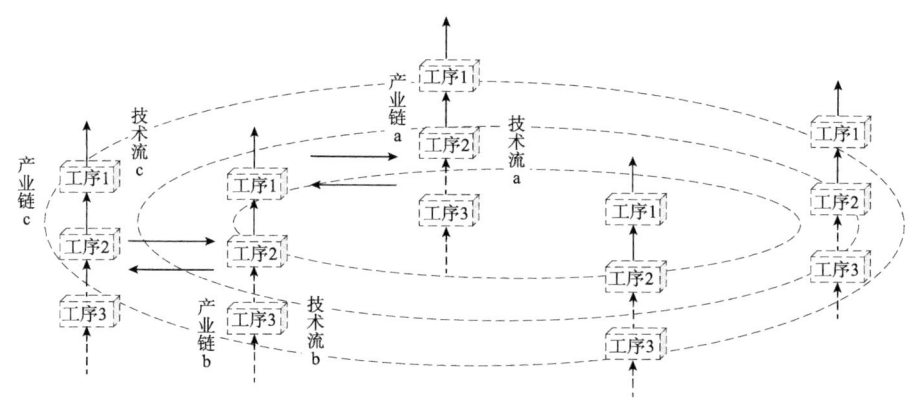

图3-2 "收敛型"创新与"发散型"创新在产业中的具体演进扩散路径

由图3-2可以看出,同类产业技术创新的演进过程呈现典型的"收敛型"特征,即创新所蕴含的信息流、技术流嵌套于产业链自身之中,在同类产业中沿着产业生产链在不同工序与流程之间进行传递,这种创新所蕴含的信息流、技术流专注于自身生产链中不同工序内生产工艺、技术的改进,该类型的产业创新显示出围绕生产链收敛而促进产业技术向上发展的特征,从抽象形态上看,属于沿着产业生产链纵向演进。而"发散型"创新则可以通过产品功能拓展、服务延伸、设备共享等方式在不同产业之间进行融合扩散，即该类型的产业创新的信息流与技术流可以通过产业链、创新链的延伸，突破行业之间的天然壁垒以及可能存在的潜在技术壁垒，从而在不同产业之间扩散，从抽象形态上看，属于通过产业融合、技术嫁接在不同产业之间横向扩散。

由于"收敛型"技术创新专注于产业内生产链中各环节所涉及的生产技术、产品和专业化服务技能的不断创新，所以可以使自身产业专业化技术能力得到有效提升，进而改变自身产业价值链的所处位置。而"发散型"创新则是通过产业创新链或产业链中的产品或者服务与相关产业的交叉融合进行扩散演进，可以有效提升不同产业链与创新链的黏性，通过产业间不同资源配置的重构，推动整个产业集聚体创新能力的提升。

3.4 制造业产业升级的概念界定与发展特征

3.4.1 制造业产业升级的概念界定

当前学界对于制造业产业结构优化升级的确切内涵的界定并不统一。一般而言，产业升级主要是指特定区域内产业发展的专业化程度逐步提升、产品价值链不断攀升、产业上下游之间的一体化进程不断推进。产业升级的内在动力主要源于特定区域内产业主体对内部知识的吸收、对外部知识的学习以及整体应用能力的提升。要实现传统产业的转型，势必需要从以下几个方面推进：①产业发展由资源密集型向技术密集型转变；②产业结构由传统产业向新兴产业转变；③产品内在价值由低附加值向高附加值转变。

面对当前我国经济发展已经逐步由"数量型"向"质量型"转变的现实，产业转型升级也应适应经济社会的发展规律，既要考虑产业转型带来的产业经济效益在数量上的增加，也应考虑产业转型所带来的产业内在发展质量的提升。因此，本书将产业升级界定为产业结构内在资源配置与产业外部发展环境持续合理匹配的过程,随着这个过程的不断推进,产业生产效率、产品内涵价值都将不断提升。就产业升级的内在本质而言,其可以包含两个方面:①由产业内在生产效率提升而获得,进而促进产业价值链不断升级而形成的"质量提升",也就是所谓的产业结构高度化进程;②不同产业间通过变换配置比例,进而促进整个经济社会资源配置比例协调化发展而形成的"质量提升",即产业结构合理化进程。

3.4.2 制造业产业升级的发展特征

产业结构优化升级是产业结构高级化与合理化进程不断共生演进的过程,也是生产要素配置结构、市场供需结构、产业组织结构与其动态匹配的过程。为此,产业结构升级具有以下几个特征。

1. 创新性

从本质上看,产业结构优化升级主要来源于由技术创新所引起的各类生产范式与模式的变革。新技术在产业链中各主要环节的应用、融合、衍生、扩散推动了传统产业的不断更迭、改造、提升以及新兴产业的孕育、壮大、发展。

2. 高效性

产业结构优化升级的终端表现形式之一就在于产业发展各环节内参与要素的组合效率与运行效率不断提升。因此,从某种意义上来说,产业结构可以作为产业资源组合的一种外化转换器,而产业结构优化升级则是基于该转换器不断优化而来的。

3. 聚合性

经济社会高质量发展的关键不仅在于产业创新与生产效率的提升,更在于不同经济部门彼此之间的紧密协同共进。当前,随着新信息技术的不断发展,经济增长已不再取决于任何部门的"单打独斗",而是在于不同部门之间彼此的关联组合。只有通过不同部门与资源的聚合,才能最大限度地发挥资源配置以及技术创新的正向效用,提升经济社会发展的内在质量。

3.5 制造业产业集聚、产业创新与产业升级的内在关联

3.5.1 新时期我国制造业发展的必然要求：高质量发展

改革开放之后，我国的国民经济和社会发展经历了长时间的高速增长，取得了举世瞩目的辉煌成就。但这种高速增长在一定程度上是以对自然资源的消耗以及对环境的破坏为代价所换来的，这种以长期利益交换短期效益的发展模式势必无法一直持续下去。特别是随着以"互联网+"为代表的新一代信息技术的发展，在世界范围内，工业经济增长、人民生活方式发生了翻天覆地的变化，如果仍然采用传统的发展模式，势必会造成巨大的资源浪费与环境破坏。因此，利用新的先进技术改造传统发展模式，转换原有经济增长动力，提升发展效率和可持续性，成为当前我国经济发展的唯一选择。当前，我国制造业发展主要面临以下困境。

1. 资源与环境的约束不断增强

当前制造业发展持续面临资源有限性、环境承载能力下降等外在条件约束。原有高耗能、高污染的粗放型生产模式已经不再适应当前经济发展的现实需求。特别是近年来，技术创新所带来的生产率提升的边际效应逐步递减，使探寻新的经济发展方式变得更为迫切。

2. 终端消费需求多样化、个性化、尖端化

制造业的持续高质量发展，离不开产品与终端消费市场的有效对接。随着"互联网+"技术的快速发展，消费终端市场需求变得更为多样化、个性化与尖端化。原有生产技术、生产模式所带来的规模化、同质化生产已经无法有效地适应市场变化，这使企业必须通过不断接近消费者，并配以快速的市场反应能力与产品生产能力，才可以在市场中"生存"。从某种意义上来说，经济发展已经逐步由以生产者为主体变为以消费者为主体。

3. 商业模式日新月异

互联网、大数据、区块链等新一代信息技术的快速发展，特别是其与传统产业的融合应用，形成了多产业"共融共进"的发展模式，这造就了许多原来并不存在的新商业模式。企业、产业、区域甚至国家如何调整现有资源配置，适应新产生的商业模式、商业业态，将在很大程度上决定新信息技术时代企业、产业、区域和国家的竞争发展格局。

鉴于此，夯实新技术发展基础，利用以"互联网＋"为代表的新一代信息技术推动我国制造业高质量发展，强化经济发展的"模式变革、动力变革、效率变革"，成为新时期我国制造业发展的必然选择。

3.5.2　制造业高质量发展的影响因素

制造业高质量发展是一种新的发展范式，其建立在对我国现实发展国情、社会演变规律、科学发展理念全面认识的基础上。从制造业产业的微观构成，即企业的成长环境出发，本小节将详细分析当前影响我国制造业高质量发展的主要因素。

事实上，由产业发展理论与经济内生增长理论可知，创新是在当前经济社会发展的客观要求下，制造业企业获得市场竞争优势的主要驱动因素，是企业成长和发展的动力源。基于此，可以发现，当前影响我国制造业产业高质量发展的主要因素如下。

1. 市场需求

市场需求是影响企业生存、产业发展、区域经济增长的重要因素。市场需求不仅是产业发展的"被动"接受者，也是产业发展的"主动"缔造者。一方面，市场需求势必受整个产业技术发展大趋势的影响。例如，在特定时期内，消费终端市场需求必然受到当时技术发展的限制。随着技术的不断更新和变革，消费者的消费习惯、消费模式发生变化，进而衍生出许多新的消费诉求，这就使市场需求呈现多样化趋势。另一方面，多样化的市场需求通过市场机制传导，迫使企业改变生产工艺、提升产品内在质量、变革产品销售模式，以适应终端消费市场的变动（韩峰、柯善咨，2012；张慧明、蔡银寅，2015）。在这一不断调整的过程中，不仅使生产者的生产效率提升、经济效益增加，也使消费者的多样化需求得以满足、社会效用增强，从而促进整个经济社会的高质量发展。

2. 技术应用

从现实发展来看，以"互联网+"为代表的新一代信息技术使我国制造业发展产生了巨大的变革。通过新信息技术与传统制造业生产工艺、流程、技术的结合，催生了许多新兴的生产技术形态与发展模式。这种新的技术范式不仅推动了制造业企业生产效率的提升，也使产品蕴含的附加值不断攀升。此外，新技术的应用还使企业组织形态发生了巨大变革。例如，新信息技术的应用使原有行业地理空间逐步被网络虚拟空间所替代，拉近了产业生产者与市场消费者之间的现实距离，从而促进了新的组织形态产生即组织创新，这又反过来进一步保障与促进了技术的持续创新。可以说，技术因素在一定程度上决定了制造业产业高质量发展的高度。

3. 市场结构

企业生产经营不仅受自身各类生产要素组合以及企业经营者主观决策偏好的影响，也受到企业所处外部发展环境的影响。区域市场结构是区域内企业生存发展的重要外在环境，对企业日常生产经营将产生重要影响。不同市场结构下，企业对于技术创新的态度明显不同。例如，在完全竞争市场中，一方面，企业受到终端消费市场的"倒逼"作用，强化其技术创新意识；另一方面，激烈的市场竞争使其承受巨大的财务压力，也可能会削弱其技术研发投入。因此，市场结构将对制造业企业技术创新产生复杂的影响，进而影响整个产业的高质量发展。

4. 组织结构

企业组织结构可以有效地影响企业内在资源配置的效率，进而对企业经济收益产生相应的影响。企业人员构建、知识储备、资本流动等都是重要的资源，如何通过跨层次、跨类型的有效组织，最大化地发挥各类资源对资源创新的促进作用，提升企业经济效益，成为企业应对外部环境变化、提升市场竞争力，进而实现高质量发展的关键所在。

3.5.3 制造业高质量发展的主要路径

由上述关于影响制造业高质量发展的主要因素的分析可知,产业创新是推动当前我国制造业高质量发展的核心所在。

首先,产业创新可以有效推动产业结构优化升级的高度化进程,从而推动制造业高质量发展。一方面,产业创新可以推动"互联网+"等新一代信息技术的应用,促进新一代信息技术在制造业产业生产链各环节中的应用融合,促进产业生产中设计、研发、销售、服务等环节"内在技术含量"的不断提升,促进各类生产资源的优化组合,进而提高产业生产效率;另一方面,产业创新促进了新的生产工艺或生产技术通过产品创新链、价值链的延伸拓展,利用产品功能与服务嫁接融合,突破行业发展壁垒,在产业内或产业间进行应用(童有好,2015)。上述两方面形成的合力,不仅可以有效推动产业从传统资源依赖型发展模式向技术密集型发展模式转变,促进产业发展内在技术层次的提升,使制造业产业整体结构从以传统产业为主逐步向以高技术产业为主进行转变,从而使制造业的整体发展质量得以提升,而且可以有效优化各生产资源与创新资源的配置结构,充分发挥各类资源在产业生产、管理、销售等各个环节中的效用,提升产业生产效率,降低单位产品生产成本,增加产业发展的经济效益,促进产业高质量发展。

其次,产业技术创新可以有效推动产业结构优化升级的合理化进程。具体而言,产业创新一方面可以通过在不同产业的产业链、创新链中不断扩散和演进,从而影响产业生产中各类生产要素的使用结构与价格,推动产业链与创新链上不同产业中各类生产资源的不断重构,提升各产业生产效率与效益,最终使产业结构更加合理与优化。另一方面,产业创新可以通过影响居民收入与产品、要素市场供需状况,促使市场消费结构转变,从而使产业结构朝着满足市场需求的方向转变,利用市场机制促进产业结构的合理重组,进而推动制造业产业高质量发展(郭朝先,2019;辛国斌,2019)。例如,产业创新可以降低单位产品生产消耗成本,促进居民相对收入的增加;居民收入的增加又会带来高端消费品消费的扩张,从而使具有高技术含量的产业得到市场的充分认可并获得成长，这可以有效推动产业结构逐步由低端化行业朝着高端化行业转变，促进制造业产业整体结构合理化程度的提升。通过产业创新推动产业结构优化升级中的高度化与合理化进程，进而实现产业结构与资源供给结构、技术发展结构、市场需求结构相适应，最终使制造业迈向高质量发展阶段。

但上述只是推动制造业高质量发展中的"质变"过程，在此之前，产业发展的"量变"准备阶段也不容忽视。区域产业发展理论与产业发展周期理论均告诉我们，区域产业高层次发展必然会经历"从无到有，从有到强"的变化过程。因此，制造业产业集聚发展对推动制造业高质量发展具有重要作用（赵冉冉、沈春苗，2019）。事实上，制造业产业集聚对于其高质量发展的作用也可以从国外部分发达国家成功实现制造业高质量发展的经验中得以佐证，例如：德国在产业集聚区鲁尔地区利用产业创新实现制造业整体转型升级；美国基于硅谷高科技产业集聚发展鼓励相关产业创新，进而推动整个加利福尼亚州的智能制造业发展等。

在当前"互联网+"信息技术高速发展的大环境下，其"高技术性、强渗透性、泛受众性"使当前产业生产呈现出社会活动虚拟化、生产销售社会化、产品制造集成化、产业边界模糊化、产业生态开放化等新的特征。而这些特征主要体现为"互联网+"技术对于制造业产业发展所需生产要素的渗透性改造、产业生产链中各环节的技术性改造、产业发展外部环境的融合性改造。通过这些改造，使产业发展所需生产要素的匹配性得以加强，生产链中设计、生产、管理等环节的运行效率得以提升，产业发展外部环境得以改善，从而使企业生产运营过程中的显性与隐性成本得以降低，最终影响企业发展的区位选择，促进产业集聚现象的出现。而产业集聚的出现，带来了许多影响产业发展的外部效应，包括规模效应、溢出效应、合作效应等。一方面，这些外部效应直接影响产业发展中涉及创新活动的各类要素的配置，以及产业创新网络组织结构中各节点的运行效率，引起产业创新水平发生改变；另一方面，这些外部效应使产业组织结构与市场需求结构产生变动，进而间接影响产业创新水平的提升。也就是说，以"互联网+"为代表的新一代信息技术可以有效促进产业集聚发展，而产业集聚所带来的规模效应、溢出效应、合作效应等外部性可以有效作用于产业创新，为整个制造业的高质量发展奠定了产业发展"量变"的储备基础。

综上所述，可以发现，从"互联网+"促进产业集聚发展开始，到通过产业集聚的外部性影响产业创新，进而影响产业结构优化升级中的高度化与合理化进程这一完整的"量变"—"质变"阶段演变，产业集聚、产业创新、产业升级成为推动制造业产业高质量发展主要路径中的关键环节。制造业高质量发展推进路径如图3-3所示。

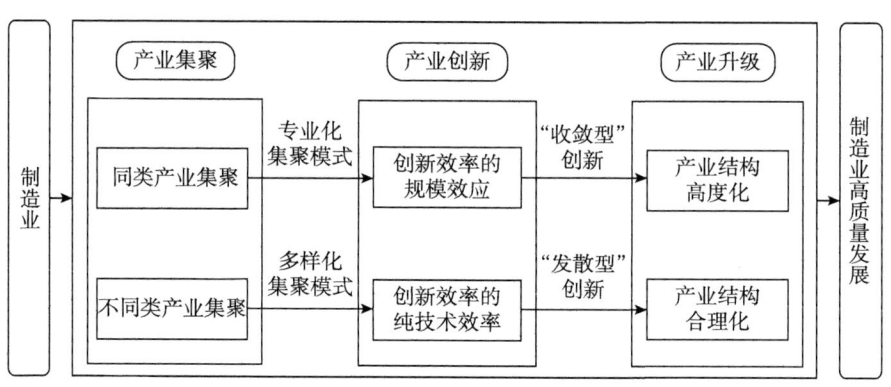

图 3-3　制造业高质量发展推进路径

由图3-3可知，同类产业在地理空间上的临近集聚发展，可以形成产业发展的规模效应，通过集中议价、批量出货等方式降低产业发展中原材料采购、物流运输、中介代理等的生产经营成本，提升产业发展中各类资源的组合效率与生产的产出效率，推动区域产业生产经营效益的提升。而生产经营效益的提升又必然会强化该区域产业发展的吸引力，使其他区域的企业继续向该区域集聚发展，区域产业的规模效应逐步增强，提升了区域产业对于各类生产要素与创新要素的聚合能力，由此带动区域产业创新能力的提升。而这种同类行业中的创新能力主要体现在产业发展过程中，生产链各环节所涉及的生产工艺、设备操作、咨询服务等各类专业化技术能力的提升，可以有效地增加产业自身的内在技术含量，推动产业结构优化升级中的高度化进程。不同类型产业的集聚，指的是产业链上下游具有关联性的相关产业或者与产业所生产产品或服务的创新链各个环节所配套的相关产业的集聚。行业的多样化集聚，将有效推动新技术应用于产品功能的拓展，使不同行业的产品与服务可以有效对接，以此突破行业发展的天然壁垒，形成融合式发展模式。而产品功能的拓展延伸，需要产业生产技术创新在生产工艺、管理水平、组织模式上实现纯技术性突破，实现原有产业发展技术轨道的跳跃，这类纯技术性突破带来的创新能力的提升，可以有效地增强不同产业发展的黏性，带动不同产业按照一定比例进行聚合，形成一个宽泛意义上的聚合体，这有效地促进了产业结构优化升级的合理化进程。

由上述不难发现，在当前以"互联网＋"为代表的新一代信息技术高速发展的背景下，产业集聚、产业创新、产业升级之间存在紧密的相互联系，通过产业集聚提升产业创新水平，以此促进产业结构优化升级，是促进制造业产业"发展模式、发展动力、发展效率"变革的主要方式，即上述过程是实现制造业高质量发展的有效路径。

3.6 本章小结

本章首先对本书所涉及的核心概念"互联网＋"、产业集聚、产业创新、产业升级的内涵进行明确。然后对每个核心概念的特征、作用、模式等基础理念进行梳理、总结、分析。再通过分析产业集聚、产业创新、产业升级对制造业发展的作用，以及当前经济转型背景下制造业高质量发展的必要性，详细地阐释了"产业集聚—产业创新—产业升级"这一推动制造业高质量发展的技术路径。最后得到如下结论：产业集聚会产生经济的外部性，不同的集聚方式所产生的外部性的作用路径不尽相同。基于产业集聚形成的集群式产业创新与传统意义上的单个企业创新有所区别，根据其在异质性企业中演化推进路径的区别，产业创新可以分为"收敛型"创新与"发散型"创新，其中"收敛型"创新主要专注于产业内技术的改进，而"发散型"创新则可以通过产业链与创新链在不同产业之间进行扩散。因此，制造业产业通过"集聚—创新—升级"的链式路径，可以有效提升其内在发展质量。

第4章 "互联网+"对制造业产业集聚的影响机制

通过第3章的分析可知,在"互联网+"技术高速发展的背景下,通过产业集聚提升产业创新水平,进而促进产业结构优化升级,是促进制造业产业高质量发展的重要路径。从本章开始的后续三个章节将对上述路径中关键节点之间存在的作用关系进行分析。由于"互联网+"技术所具有的"高技术性、强渗透性、泛受众性",使当前产业生产呈现出社会活动虚拟化、生产销售社会化、产品制造集成化、产业边界模糊化、产业生态开放化等新的特征,可以有效地影响制造业产业发展过程中的显性与隐性成本,进而影响产业区位的选择。因此,本章主要对"互联网+"对产业集聚的影响机制展开详细分析。

4.1 "互联网+"对制造业产业集聚的作用机制

4.1.1 "互联网+"背景下产业集聚的影响因素

一般而言,产业集聚发展的核心影响因素是产业发展所面临的各类成本。当企业盈利能更好地覆盖区域内生产的各项成本时,将促进企业在区域内的生产经营活动,使区域产业发展的向心力得到加强,从而吸引更多其他区域的企业向该区域迁移,造成产业集聚现象。反之,当该区域生产环境变动所引起的企业经营成本上升,使其利润水平显著下降,区域产业发展的离心力加强时,则会导致该区域内的企业外迁。影响产业集聚的传统因素主要有产业生产过程中各类要素消耗的支付成本，如劳动力工资支付成本、生产原料购置成本、企业物流运输成本、销售成本以及产品运输过程中产生的无形损耗"冰山成本"等（梁琦、李晓萍、吕大国，2012；范剑勇、冯猛、李方文，2014；李世杰、胡国柳、高健，2014）。

随着"互联网+"技术的不断发展，尽管从核心上看，产业集聚的影响因素依然是产业发展所面临的各项成本，但就形式而言，其已经有了更为丰富的含义。也就是说，随着"互联网+"技术的不断发展，产业集聚的传统影响因素已经有了新的特征。

1. "互联网+"影响产业集聚的运输与技术成本

物流运输成本是引起传统产业集聚现象的重要因素，产业之所以会形成地理空间集聚，是因为集聚能降低物流运输成本。传统地理空间的集聚主要是以制造业生产端为主，同类企业或者产业上下游以及设备、服务配套企业的集聚，一方面可以形成一定的规模效应，使产业集群对于物流运输行业具有较强的议价权，可以降低物流运输成本；另一方面，地理临近使产业生产端的原料与产品输出端的物理距离大大缩减，降低了运输成本。而在"互联网+"背景下的产业集聚，除了拥有上述传统产业集聚所具备的特点之外，虚拟网络空间可以突破地理空间界限的特性，使消费者也可以与生产者形成集聚，促进市场发展模式的变革，这从另一方面也促进了物流方式与运输成本的改变。在传统市场模式中，原材料和产品运输成本一般可以视作"冰山成本"的一部分，最终在产品终端销售的售价中得以体现。以"互联网+"为代表的新信息技术的运用，可以有效减少相关信息损失，减少流通环节，从而实现产品的精准物流，降低企业运输成本。

此外，"互联网+"信息技术的发展，使企业与企业、行业与行业之间的信息交互变得更加便捷，以往空间地理上的限制完全被虚拟网络"万物互联"的特性所覆盖，企业与企业之间的互动交流不再局限于地理空间，同一企业可以与多家企业进行交流互动，带动了相关产业生产技术的扩散，提升了整个区域或行业的生产效率（王如玉、梁琦、李广乾，2018）。"互联网+"信息技术还提升了不同企业乃至不同行业从业人员之间的正式与非正式互动，这也可以有效地促进技术的外溢，降低企业获取新技术的成本。

2. "互联网+"技术降低了产业集聚的交易成本

传统产业集聚有利于产业上下游企业或依赖于产品、服务而形成的互补型企业之间面对面交易机会的增加，从而降低以往非集聚状态下，由远距离交易所引致的成本上升与信息损失，使企业的整体交易成本下降。而"互联网+"的引入，则使这些企业从面对面的交易变成了随时随地的网络空间交易，进一步降低了企业交易成本，提升了市场整体交易效率（李广乾、陶涛，2018）。此外，虚拟空间内的集聚可以有效地形成大规模的产业集聚体，如以行业联盟或产业协会的方式形成的产业集聚体，可以有效地参与同产业发展相关的原料、设备、技术采购谈判，从而进一步降低产业发展的生产成本。另外，"互联网+"技术有利于企业交易数据的存储，这些数据有利于企业相互之间甚至是企业与其他企业之间实现信用交易，降低未来进行业务合作时可能存在的潜在风险。

3. "互联网+"技术降低了产业集聚的信息成本

产业集聚可以提高信息的有效匹配程度，降低决策的选择成本。通过应用以"互联网+"为代表的新一代信息技术，市场供需信息可以"快速、精准、有效"地匹配。通过对大数据的应用，厂商可以很快获知产品终端市场的细微变化趋势，准确地做出相关决策调整，进而通过调整产品结构、服务模式等方式，获取最大的经济效益。与此同时，消费者通过第三方数据平台，也可以快速筛选出满足自身需求的产品，减少信息传递损耗，降低信息筛选成本，提升消费者效益。另外，生产者利用"互联网+"技术可以有效地与政府部门的电子政务系统对接，降低生产中可能存在的政策导向风险与监管风险，提升产业对于政府监管部门数据申报的效率，消除、杜绝可能存在的"权力寻租"，降低生产经营中存在的潜在隐性成本。

4.1.2 "互联网+"技术对产业集聚的作用路径

"互联网+"作为一种新兴技术，对企业生产具有重要影响。一方面，作为一种信息传递技术，"互联网+"的普及应用有助于企业提升其内外部信息交流的有效性与准确性，减少由信息不通畅、不对称引起的效率低下与资源错配现象（余菲菲、高霞，2018）。另一方面，"互联网+"是一种包容性技术，可以与传统生产技术有效互融，提升生产链中每个环节的效率与质量，进而推动企业生产利润实现最大化。此外，"互联网+"作为一种技术，不仅影响企业内部生产端，也影响着消费者对产品的选择、支付以及体验、反馈等多个方面。作为整合多样化资源的综合性虚拟平台，其对企业日常经营中的设计、生产、组装、物流、服务等多个领域有着深刻的影响，基于"互联网+"的综合信息数据平台，可以及时地对企业日常运营的各种参数进行传输、汇总，并通过计算机系统的自动分析，有效地提升了各个生产环节的效率。同时，企业自身也可以属于外网中大型数据平台的某个节点，有利于企业与外部进行信息、数据、需求的有效互动，有效地改善了企业融合产业发展的生态环境。除此之外，"互联网+"更是一种综合性现代化思维，对企业而言，"互联网+"思维包括影响产品和服务体验的产品战略思维、关于经营理念和消费者服务理念的用户战略思维、关于商业模式和组织形态的平台战略思维、关于产业边界的跨界思维、关于企业日常运营维护的大数据思维等，这些思维将会影响企业日常经营的方方面面。对于消费者而言，"互联网+"思维则更多地是一种"开放、共享、时效、协作"的思维，消费者不仅是产品的消费者，也可以参与到产品的设计与生产过程中，模糊了生产者与消费者之间的具体边界，进而推动了市场终端需求的变革，以及市场产品、产业结构的变动。其次，"互联网+"对监管者和政策制定者也具有重大影响，它可以促进企业与政府部门进行有效、准确的沟通，为相关产业和市场政策的制定提供了依据，反过来又为企业发展营造了良好的政策环境，降低了企业的许多隐性交易成本。综上所述，"互联网+"作为一种技术、平台、思维，通过对企业内部生产链的具体作用以及对外部市场环境的作用综合影响企业运营成本与利润水平，进而影响企业生产的区位选择。本书认为，"互联网+"技术对产业集聚影响的整体效应如图4-1所示。

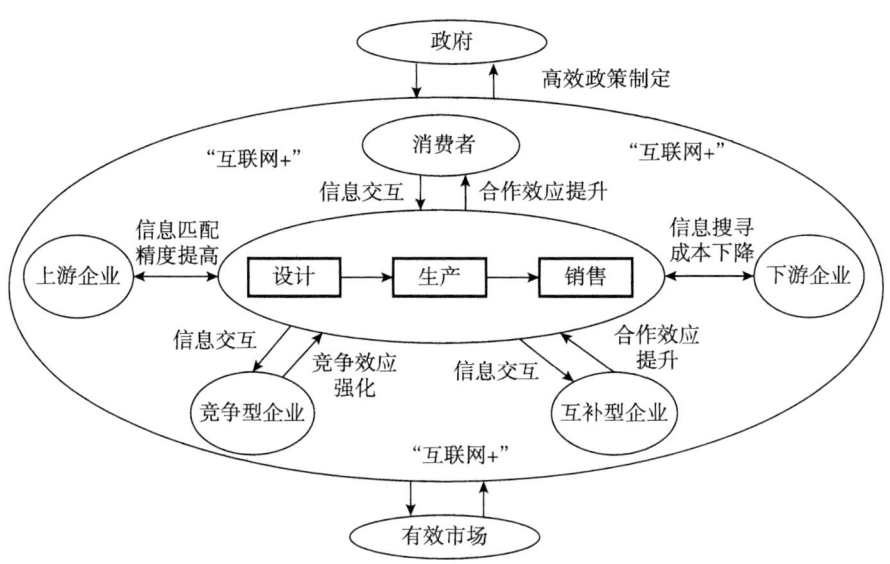

图 4-1 "互联网+"技术对产业集聚影响的整体效应

基于"互联网+"技术对于产业集聚影响的整体效应分析，本书认为，"互联网+"技术对于产业集聚发展的具体影响路径如下。

1. "互联网+"对生产要素的影响

（1）劳动力要素

区域"互联网+"发展水平的持续提升，可以促进该区域内劳动力整体素质的提升，特别是对于现代化、信息化生产设备应用能力的提升，这有助于企业通过信息化改造来提升生产效率。同时，"互联网+"作为一个综合性平台，可以有效地对接企业用工与劳动力市场的供需信息，通过在虚拟网络平台上发布信息或者在数字平台上进行面试，可以有效降低企业对于劳动力的获取成本。

（2）资本要素

区域"互联网+"发展水平的提升，可以增强资本深化与资本创新能力。首先，"互联网+"可以促使企业与资本市场进行充分的信息交换，资本的需求方与供给方能借助"互联网+"技术实现远程对接，充分地评估项目合作的可行性，有利于拓展企业融资渠道。其次，"互联网+"可以增强区域金融市场创新能力，推动新型资金计划的资金募集，特别是在网络上的募集，从而使资金来源突破行业与地域限制，满足企业融资需求。

（3）技术要素

作为新一代信息技术代表的"互联网+"技术，一方面，可以通过直接应用或者间接融合的方式改进和提升传统生产与管理技术，促进企业组织、生产、管理效率的提升；另一方面，可以有效地提高技术溢出能力，促进新技术在不同企业之间的流通应用，进而促进区域内产业生产管理能力的整体提升。

（4）信息要素

近年来，信息数据不再仅仅是一种技术系统或应用平台，而是逐步成为企业日常生产管理不可或缺的一种战略性新型生产要素（杨善林等，2016）。而"互联网+"技术的迅速发展，特别是应用于工业企业的各种信息云平台的使用，不仅为企业、市场、政府之间信息数据的交互提供了便利，也为信息数据的传递提供了安全保障，更为企业生产管理提供了集成化的技术支持。

2. "互联网+"对企业内部生产链的影响

（1）研发设计环节

"互联网+"的持续发展，主要从以下几个方面影响制造业研发与设计环节。一是区域"互联网+"的高水平发展为制造业产品研发设计环节提供了大量精通数字化、网络化工业设计的设计人员。基于网络虚拟平台或第三方金融机构募集而来的产业资本也会通过"互联网+"技术监控募集资金的流向，有利于保障制造业企业中研发设计环节资金的充足。二是"互联网+"为产品的研发设计提供了有力的技术保障。一方面，可以利用虚拟网络技术形成产业内企业的协同工作平台，通过多部门、多企业组织形成联合协同研发模式；另一方面，将以"互联网+"为代表的信息技术与传统设计方法相结合，形成数字化、区域化、模块化、关联化的现代化先进设计体系，提升了产品研发效率和质量。三是"互联网+"思维影响着制造业产品研发设计的模式。传统工业设计往往是企业按照自己的设计流程设计出大批产品，消费者在特定的型号中被动地进行选择，因此消费者所购产品不一定能完全满足其自身需求，而企业也很难预测消费者需求的变动以变更自身产品设计（崔向林、罗芳，2017）。在"互联网+"时代，企业与消费者之间的交互成本得到降低，精准度则得到提高。因此，消费者也可以通过虚拟网络加入企业产品设计研发环节中，利用大数据、物联网等信息技术，使产品研发设计中的标准化定制、个性化定制、众筹式定制、众包式定制成为可能。

（2）生产制造环节

将"互联网+"等新一代信息技术与传统产业生产技术相结合，通过智能化感知、人机交互、数字化决策执行，实现生产制造环节的智能化升级。"互联网+"对该环节的影响主要体现在以下三个层面。一是在制造设备层面，即机器层面。在数控技术的基础上，对制造业生产设备进行数字化升级，利用大量计算机辅助工程（CAE）、计算机辅助工艺规划（CAPP）和计算机辅助制造（CAM）软件，实现机器层面的智能化运行。二是在企业内部层面，在数字化基础之上，利用信息网络技术，通过计算机集成制造系统（CIMS）实现生产过程各环节的集成与优化运行，将车间内各独立的设备主体互联为一个完整的个体，实现制造过程中信息与生产现场的实时管理。三是在企业与外部互动层面，通过"互联网+"技术实现企业内部、企业与企业之间的网络化链接，应用工业互联网、物联网、工业云等技术，实现设备、人、流程、数据的联通集成，打通企业内部和企业之间的"信息孤岛"，实现现代产业生产的柔性化、定制化要求。

（3）物流采购环节

区域"互联网+"发展水平对企业物流采购环节的影响主要可以从企业内部与企业外部两个方面加以分析。从企业内部看，企业可以通过数据信息平台在物流采购领域的集成应用，对原料采买、成品库存、订单外运等多维数据进行实时监控管理。同时可以利用"互联网+"及大数据技术通过已得到的原料库存、采买及商品物流状态，预测未来整个供应链各环节的最优路径，实现企业供应链的优化管理。从企业外部看，区域"互联网+"的高水平发展，也会提升区域内专业化物流承接企业的专业化水平，进而提升区域内甲方制造业企业的物流采购效率，降低企业物流成本。

（4）营销服务环节

"互联网+"技术的应用对传统制造业企业营销服务环节的影响主要有三方面：一是互联网使企业营销更为贴近市场。传统制造业企业只要生产适销产品，就可以长时间占据市场主导地位，而"互联网+"的出现使市场信息的传递更为快捷、准确，更容易使其他企业获取适销产品信息，进而采取跟随策略，这也倒逼领先企业通过创新产品和销售方式巩固自身的领先地位。二是形成网络营销这种高效的线上营销模式。一方面，"互联网+"所孕育的各种新媒体、App等可以对广泛的消费群体产生较高的黏性，拥有较强的宣传和广告功能，打破了企业传统宣传的时空限制，有效地提升了产品知名度；另一方面，线上销售可以将产品直接销售给零售商和消费者，简化了销售流程，降低了销售成本。三是"互联网+"的思维改变了消费者的地位，使消费者变为企业新的资源机会，使消费者与企业之间的互动更为紧密，提高了互动营销的效率。

（5）运营维护环节

"互联网+"技术的高速发展给制造业企业的运营维护带来了许多新的影响。对于企业运营而言，"互联网+"有助于企业生产经营实现数字化平台管理，企业生产经营中各环节数据流的实时汇总、分析与管理，可以有效地提升企业运营效率，降低管理成本。对于产品的售后维护而言，"互联网+"可以有效地拉近企业与客户间的距离，通过开展远程售后维护、产品运行监测等方式，实现与其他企业的差异化竞争。同时，随着"互联网+"的深入发展，制造业企业可以进一步创新服务模式，向客户提供设计、生产制造、设备维护、人员培训等一体化服务，这样更容易对客户实现面向产品全生命周期的全方位服务，以强化自身竞争优势。

3. "互联网+"对企业外部生产环境的影响

（1）完善市场结构

互联网技术的发展，使信息传递的速度与精准度得到质的提升。一方面，"互联网+"技术对传统制造业产业渗透融合，延伸了制造业产业链，由此衍生出许多辅助性、配套性产业，丰富了行业的多样性。另一方面，区域"互联网+"技术的发展，降低了区域本地企业与外来企业的信息搜寻成本，促使与区域主导产业配套产业的企业不断集聚而来，形成新的产业生态链。而新的产业集聚又会带动其配套产业的发展，进而形成一个不断扩张的网状结构，完善了整个区域的市场结构（李君等，2019）。

（2）扩大市场需求

区域"互联网+"的发展，一方面，通过新技术与传统制造业的渗透、融合来催生出新的产业发展需求；另一方面，打破了传统的广告与交易方式，使消费受众面更广且不再受传统市场的时空限制，有效地扩大了市场需求规模。此外，新产业的出现以及"互联网+"通过促进制造业企业销售渠道扩张而引起的利润提升，会进一步促使企业扩大生产规模，导致其对劳动力、资本等生产要素的需求进一步提升，扩大了生产要素的市场需求。

（3）优化市场环境

"互联网+"不仅可以丰富区域内政府对区域产业发展的监管手段，提升监管效率，还可以精简政府部门在政策设计、政策制定、政策反馈上的流程，提升了产业政策实施的效率。因此，从制度环境上看，"互联网+"有助于区域制度结构的优化，进而降低企业与政府部门的沟通成本（吴阳芬，2016）。此外，区域"互联网+"的高度发展，数据化、网络化的生产交易都有助于企业减少传统生产对土地的需求，可以有效地削弱区域产业过度发展带来的拥塞效应，降低土地价格过高给企业带来的经营成本。总之，"互联网+"不仅可以完善区域政策层面的市场环境，还可以在一定程度上优化企业所处的地理市场环境。

综上所述，从产业生产要素、生产流程到所处的外部环境，"互联网+"对于产业集聚的影响是全方位的，而且不同产业、不同区域、不同类型企业的集聚又都具备生产要素、生产流程上的差异性。基于上述分析，本书提出"互联网+"对产业集聚影响的几个假定：①"互联网+"对产业集聚具有积极的促进影响；②"互联网+"对不同行业的产业集聚影响不同;③"互联网+"对不同区域的产业集聚影响不同;④"互联网+"对不同的产业集聚模式具有不同的影响。

4.2 "互联网+"影响产业集聚发展的机理解析

为了分析"互联网+"对产业集聚发展的作用机理,本书拟通过将"互联网+"因素纳入新经济地理学中的经典多部门模型,采用数理建模的方法进行解析。

4.2.1 模型假设与设定

1. 模型假设

假设经济体中存在两个空间区域:地区 A 和地区 B;"互联网+"发展水平为 θ,将两地区的"互联网+"发展水平标准化为1,假定地区 A 的"互联网+"发展水平 θ 高于地区 B,地区 B 的"互联网+"发展水平为 $1-\theta$。由于"互联网+"作为一种技术、平台与思维,可以有效地影响企业的生产成本与产品受众,因此对于两地区的有效市场人口而言,不失一般性地,将地区 A 和地区 B 的产品消费总人数标准化为1,假设地区 A 的有效消费人数为 μ, $\mu \in (0,1)$,则地区 B 的有效消费人数为 $1-\mu$。由于地区 A 的"互联网+"发展水平高于地区 B 的"互联网+"发展水平,则有 $\mu > \frac{1}{2}$,此时地区 A 属于相对大市场地区,地区 B 则属于相对小市场地区。假设每个经济体中的每个人拥有1个单位的资本和1个单位的劳动力,则可知经济体中的资本和劳动力数量都可以标准化为1。在模型中,假定资本可以跨地区流动,而人口不可以跨地区流动,只局限在本地区内劳动与消费。同时,经济体中有四个部门:工业部门 M、农业部门 T、信息化部门 N 和投资部门 I。假定农业部门在劳动生产中仅以劳动为生产要素,部门的生产具有规模报酬不变的特性,且所在市场属于完全竞争市场,区域内和区域间的贸易无贸易成本。农产品在两地区内及区域间的销售价格相等,劳动力工资相同。设定农产品价格标准化为1,劳动者工资 $w_A =$

$w_B = 1$；工业部门使用资本和劳动要素连续生产差异化产品，假定工业部门每生产一种产品需要 1 个单位的资本，同时工业部门存在垄断竞争，且存在规模报酬递增效应，产品在本地区销售不存在贸易成本。而如果跨区域销售，则由于"冰山成本"的存在，假定每个单位的产品跨区域销售存在 τ（$\tau > 0$）个单位的贸易成本。投资部门不使用任何生产要素，仅作为居民与企业生产资本的交换中介，居民将资本交于投资部门，投资部门将其投资于工业企业，工业企业获取利润后将其作为投资回报，返还给投资部门，再经过投资部门分配给居民。信息化部门也同样不生产和使用任何要素，但其通过信息化水平可以影响工业生产部门的劳动生产率。即在区域信息化水平高的地方，工业技术水平偏高，劳动生产率相对较高，外化为劳动力要素的消耗量相对较少；在区域信息化水平低的地方，工业技术水平偏低，劳动生产率相对较低，外化的劳动力要素消耗量相对较高。假设两地区除"互联网+"技术水平有区别外，其他要素禀赋、偏好和技术完全相同。

2. 模型设定

（1）消费者行为

假定消费者同时消费农产品和工业品，且所有消费者具有相同的偏好，消费者效用函数为

$$U_i = Q_{iT}^{1-\alpha} Q_{iM}^{\alpha} \tag{4-1}$$

式中，$i = A, B$，分别表示地区 A 和地区 B；α（$0 < \alpha < 1$）为整个经济体中消费者用于工业品消费的比例，则消费者用于农业产品消费的比例为 $1 - \alpha$；Q_{iT} 为 i 地区农业产品的消费量；Q_{iM} 为 i 地区工业品的消费量。因为工业部门生产连续的差异化产品，则设地区 A 和地区 B 的工业品种类分别为 M_A 和 M_B，采用不变替代函数（Constant Elasticity of Substitution，CES）描述工业部门工业品的消费，具体计算公式为

$$Q_{iM} = \left(\int_0^{M_i} q_{ij}^{\frac{\delta-1}{\delta}} dj \right)^{\frac{\delta}{\delta-1}} \tag{4-2}$$

式中，q_{ij} 为 i 地区对于工业品 j 的消费量；δ 表示差异化产品之间的替代弹性。令 ρ 为差异化产品需求弹性的倒数，当 ρ 下降时，表明市场中消费者的多样性需求上升。整体消费者效用为

$$U_i = Q_{iT}^{1-\alpha} \left[\left(\int_0^{M_i} q_{ij}^{\frac{\delta-1}{\delta}} \mathrm{d}j \right)^{\frac{\delta}{\delta-1}} \right]^{\alpha} \quad (4-3)$$

此时，i 地区消费者的预算约束为

$$\int_0^{M_i} p_{ij} q_{ij} \mathrm{d}j + p_{iT} q_{iT} = y_i \quad (4-4)$$

式中，p_{ij} 为 i 地区工业品 j 的价格；p_{iT} 为 i 地区农业产品的价格；y_i 为 i 地区消费者的收入水平。区域 i 的价格指数 P_i 依然采用 CES 函数形式，可以表示为

$$P_i = \left(\int_0^{M_i} p_{ij}^{1-\delta} \mathrm{d}j \right)^{\frac{1}{1-\delta}} \quad (4-5)$$

众所周知，在 CES 函数中，替代弹性 δ 与表征消费者多样化需求弹性之间有如下关系

$$\delta = \frac{1}{1-\rho} \quad (4-6)$$

为便于计算需求量 Q_{iM}，设 $q(1)$ 和 $q(2)$ 分别为工业部门中产品 1 和产品 2 的需求量，对于工业部门而言，因为差异化产品 1 对产品 2 的替代弹性为

$$\delta_{12} = \frac{\left[\ln \frac{q(2)}{q(1)} \right]}{\left[\ln MRS_{12} \right]} \quad (4-7)$$

结合 CES 函数中差异化产品之间替代弹性不变的特点可以得到

$$\left[\ln \frac{q(2)}{q(1)} \right] = \delta \left[\ln MRS_{12} \right] = \ln (MRS_{12})^{\delta} \quad (4-8)$$

所以有

$$\frac{q(2)}{q(1)} = (MRS_{12})^{\delta} \quad (4-9)$$

又由于

$$MRS_{12} = \frac{\frac{\partial U}{\partial q(1)}}{\frac{\partial U}{\partial q(2)}} = \frac{\partial q(2)}{\partial q(1)} \quad (4-10)$$

在消费者的预算约束条件下，边际替代率实际上是约束预算线的斜率，也就是差异化产品的价格之比，于是

$$MRS_{12} = \frac{\partial q(2)}{\partial q(1)} = \frac{p(1)}{p(2)} \quad (4-11)$$

故有

$$\frac{q(2)}{q(1)} = \left[\frac{p(1)}{p(2)}\right]^{\delta} \quad (4-12)$$

由于任意两种差异化产品的替代弹性相等，因此综上可知，地区 i 中第 j 种工业品需求量为

$$q_{ij} = p_{ij}^{-\delta} P_i^{\delta-1} \alpha y_i \quad (4-13)$$

（2）企业行为

假定区域中工业部门的企业分为两类：一类企业的生产技术水平相对较高，单位产品所需要的资源投入相对较少，即高生产率企业；另一类企业的生产技术水平相对较低，生产单位产品需要更多的资源投入，生产率较低，属于低生产率企业。借鉴梁琦等（2012）、吕大国等（2019）对于生产率异质性企业的设定，由于规模经济的存在，每个企业为追求规模经济，通常只专注于差异化产品中的一种进行生产，即产品种类与企业数量存在一一对应关系，同时企业不能跨区域生产，即不存在企业设立跨区分厂的现象。假定在没有互联网影响的情况下，生产技术水平较高的企业生产 1 个单位的工业品需要劳动 l_h，而低生产率企业需要 l_1，显然可以得出 $l_h < l_1$。由于"互联网+"作为新一代信息技术的代表，将影响企业的生产技术，进而影响企业成本，而这种影响与企业成本成反比例关系，且为 $m = \frac{k}{\theta}$，其中，θ 为地区"互联网+"发展水平；k 为影响系数，代表除"互联网+"因素以外，所有影响企业生产成本的因素的综合影响，该因素在 A、B 两个地区相同。所以对于高效率企业而言，其在地区 A 的生产成本为 $m_{hA} = \frac{k}{\theta} l_h$；在地区 B 的生产成本为 $m_{hB} = \frac{k}{1-\theta} l_h$。同理可知，对于低效率企业而言，其在 A、B 两地区的生产成本分别为 $m_{lA} = \frac{k}{\theta} l_1$ 和 $m_{lB} = \frac{k}{1-\theta} l_1$。显然有 $m_{hA} < m_{lA}$，$m_{hB} < m_{lB}$。由于工业企业所制造的工业品消费市场属于垄断竞争市场，消费者只能在本地区消费，因此企业可以在不同地区进行垄断

定价。

地区 A 高生产率企业的总产量为

$$q_A^h = \alpha y_A (p_{AA}^h)^{-\delta} P_A^{\delta-1} + \alpha y_B (p_{AA}^h \tau)^{-\delta} P_B^{\delta-1} \tau \quad (4-14)$$

地区 A 高生产率企业在该地区的销售利润为

$$\pi_{AA}^h = \mu \left(p_{AA}^h - \frac{k}{\theta} l_h \right) (p_{AA}^h)^{-\delta} P_A^{\delta-1} \alpha y_A \quad (4-15)$$

式中，p_{AA}^h 为地区 A 高生产率企业在该地区的销售价格，则有

$$p_{AA}^h = \frac{\delta}{\delta-1} \frac{k}{\theta} l_h \quad (4-16)$$

同理可知，地区 A 高生产率企业在地区 B 的销售价格为

$$p_{AB}^h = \frac{\delta}{\delta-1} \left(\frac{k}{\theta} l_h + \tau \right) \quad (4-17)$$

所以可知，地区 A 高生产率企业的利润为

$$\pi_A^h = \mu \delta^{-\delta} \left(\frac{1}{\delta-1} \frac{k}{\theta} l_h \right)^{1-\delta} P_A^{\delta-1} \alpha y_A + (1-\mu) \delta^{-\delta} \cdot$$

$$\left[\frac{1}{\delta-1} \left(\frac{k}{\theta} l_h + \tau \right) \right]^{1-\delta} P_B^{\delta-1} \alpha y_B \quad (4-18)$$

地区 B 高生产率企业的利润为

$$\pi_B^h = \mu \delta^{-\delta} \left[\frac{1}{\delta-1} \left(\frac{k}{1-\theta} l_h + \tau \right) \right]^{1-\delta} P_A^{\delta-1} \alpha y_A + (1-\mu) \delta^{-\delta} \cdot$$

$$\left(\frac{1}{\delta-1} \frac{k}{1-\theta} l_h \right)^{1-\delta} P_B^{\delta-1} \alpha y_B \quad (4-19)$$

地区 A 和地区 B 高生产率企业的利润差额为

$$\Delta \pi^h = \pi_A^h - \pi_B^h = \left\{ \mu \delta^{-\delta} \left(\frac{1}{\delta-1} \frac{k}{\theta} l_h \right)^{1-\delta} P_A^{\delta-1} \alpha y_A + (1-\mu) \delta^{-\delta} \right.$$

$$\left. \left[\frac{1}{\delta-1} \left(\frac{k}{\theta} l_h + \tau \right) \right]^{1-\delta} P_B^{\delta-1} \alpha y_B \right\} - \left\{ \mu \delta^{-\delta} \left[\frac{1}{\delta-1} \left(\frac{k}{1-\theta} l_h + \tau \right) \right]^{1-\delta} \cdot \right.$$

$$\left. P_A^{\delta-1} \alpha y_A + (1-\mu) \delta^{-\delta} \left(\frac{1}{\delta-1} \frac{k}{1-\theta} l_h \right)^{1-\delta} P_B^{\delta-1} \alpha y_B \right\} \quad (4-20)$$

化简后为

$$\Delta \pi^h = \left\{ \left[\frac{kl_h}{\theta(\delta-1)} \right]^{1-\delta} - \left[\frac{kl_h + \tau(1-\theta)}{(1-\theta)(\delta-1)} \right]^{1-\delta} \right\} \mu \delta^{-\delta} P_A^{\delta-1} \alpha y_A +$$

$$\left\{ \left[\frac{kl_h + \tau\theta}{\theta(\delta-1)} \right]^{1-\delta} - \left[\frac{k}{(1-\theta)(\delta-1)} \right]^{1-\delta} \right\} (1-\mu) \delta^{-\delta} P_B^{\delta-1} \alpha y_B$$

(4-21)

同理可知,地区 A 和地区 B 低生产率企业的利润差化简后为

$$\Delta \pi^l = \left\{ \left[\frac{kl_l}{\theta(\delta-1)} \right]^{1-\delta} - \left[\frac{kl_l + \tau(1-\theta)}{(1-\theta)(\delta-1)} \right]^{1-\delta} \right\} \mu \delta^{-\delta} P_A^{\delta-1} \alpha y_A +$$

$$\left\{ \left[\frac{kl_l + \tau\theta}{\theta(\delta-1)} \right]^{1-\delta} - \left[\frac{k}{(1-\theta)(\delta-1)} \right]^{1-\delta} \right\} (1-\mu) \delta^{-\delta} P_B^{\delta-1} \alpha y_B$$

(4-22)

4.2.2 模型均衡分析

由于理性企业都会选择在利润高的地方进行生产,所以利用两个地区高生产率企业的利润差及低生产率企业的利润差分别对互联网发展水平求导,可以看出两者的理论差值与互联网发展水平的相关关系。即如果企业在地区 A 和地区 B 的利润差与互联网发展水平呈正相关关系,则说明互联网发展水平可以促进企业向地区 A 集聚;如果呈负相关关系,则促进企业向地区 B 集聚。

首先,对于高生产率企业而言,由于

$$\Delta \pi^h = \left\{ \left[\frac{kl_h}{\theta(\delta-1)} \right]^{1-\delta} - \left[\frac{kl_h + \tau(1-\theta)}{(1-\theta)(\delta-1)} \right]^{1-\delta} \right\} \mu \delta^{-\delta} P_A^{\delta-1} \alpha y_A +$$

$$\left\{ \left[\frac{kl_h + \tau\theta}{\theta(\delta-1)} \right]^{1-\delta} - \left[\frac{k}{(1-\theta)(\delta-1)} \right]^{1-\delta} \right\} (1-\mu) \delta^{-\delta} P_B^{\delta-1} \alpha y_B$$

令 $E = \mu \delta^{-\delta} P_A^{\delta-1} \alpha y_A$, $F = (1-\mu) \delta^{-\delta} P_B^{\delta-1} \alpha y_B$,显然有 $E > 0$, $F > 0$,则 $\Delta \pi^h$ 可以化简为

$$\Delta \pi^h = \left\{ \left[\frac{kl_h}{\theta(\delta-1)} \right]^{1-\delta} - \left[\frac{kl_h + \tau(1-\theta)}{(1-\theta)(\delta-1)} \right]^{1-\delta} \right\} E +$$

$$\left\{ \left[\frac{kl_h + \tau\theta}{\theta(\delta-1)} \right]^{1-\delta} - \left[\frac{k}{(1-\theta)(\delta-1)} \right]^{1-\delta} \right\} F \quad (4-23)$$

对 θ 求导,得

$$\frac{\partial \Delta \pi^h}{\partial \theta} = \mu \delta^{-\delta} P_A^{\delta-1} \alpha y_A (\delta - 1) \left(\frac{kl_h}{\delta - 1}\right)^{1-\delta} \theta^{\delta-2} + \mu \delta^{-\delta} P_A^{\delta-1} \alpha y_A (\delta - 1)^\delta \cdot$$

$$\left[\frac{kl_h + \tau(1 - \theta)}{1 - \theta}\right]^{-\delta} \frac{kl_h}{(1 - \theta)^2} +$$

$$(1 - \mu) \delta^{-\delta} P_B^{\delta-1} \alpha y_B (\delta - 1)^\delta \frac{kl_h}{\theta^2} \left(\frac{kl_h + \tau\theta}{\theta}\right)^{-\delta} +$$

$$(1 - \mu) \delta^{-\delta} P_B^{\delta-1} \alpha y_B \left(\frac{k}{\delta - 1}\right)^{1-\delta} (\delta - 1)(1 - \theta)^{\delta-2} \quad (4-24)$$

由于在前面的假设中，$0 < \mu < 1$，$0 < \theta < 1$，$k > 0$，$\delta > 1$，$l_h > 0$，且显然有 $\mu \delta^{-\delta} P_A^{\delta-1} \alpha y_A > 0$，$(1 - \mu) \delta^{-\delta} P_B^{\delta-1} \alpha y_B > 0$，因此可知 $\frac{\partial \Delta \pi^h}{\partial \theta} > 0$，即"互联网+"技术水平与两地区高生产率企业的利润差额为正相关关系，表明高生产率企业将逐步向地区 A，即"互联网+"水平较高的地区转移生产。同理，可以求出 $\frac{\partial \Delta \pi^l}{\partial \theta} > 0$，即对于低生产率企业，"互联网+"水平也有促进其逐步向地区 A 转移生产的作用。

下面将简单分析在"互联网+"技术影响制造业产业集聚后，制造业企业在处于均衡状态时，其获取利润或者提价方式与产品种类之间的关系。由于不同地区高、低生产率企业有着对称的效应，为了简化分析，只简单分析地区 A 高生产率企业，其他地区的异质性企业则可以同理推导。同时，假定"互联网+"技术对企业的影响内化为对企业劳动力成本的影响，以 f 替代。

由于高生产率企业在地区 A 的总产量为

$$q_A^h = \alpha y_A (p_{AA}^h)^{-\delta} P_A^{\delta-1} + \alpha y_B (p_{AA}^h \tau)^{-\delta} P_B^{\delta-1} \tau$$

企业利润表达式可以简化为

$$\pi_A^h = p_{AA}^h q_A - w_A (f + q_A) \quad (4-25)$$

由于 $w_A = 1$，式（4-25）可简化为

$$\pi_A^h = (p_{AA}^h - 1) q_A - f \quad (4-26)$$

根据厂商最大化定价行为，有

$$\frac{\partial \pi_A^h}{\partial q_A} = -1 + p_{AA}^h + q_A \frac{\partial p_{AA}^h}{\partial q_A} = 0 \quad (4-27)$$

于是，显然有

$$\frac{\partial q_A}{\partial p_{AA}^h} = -\left[\alpha\delta y_A (p_{AA}^h)^{-(\delta+1)} P_A^{\delta-1} + \alpha\tau\delta y_B (p_{AA}^h \tau)^{-(\delta+1)} P_B^{\delta-1} \tau\right]$$

$$= -\frac{\delta}{p_{AA}^h} q_A \tag{4-28}$$

将式（4-28）代入上述最大化定价行为有

$$p_{AA}^h = \frac{\delta}{\delta-1} = \frac{1}{\rho} \tag{4-29}$$

上述分析表明，在"互联网+"技术促进产业集聚后，差异化产品及多样化需求程度越高，产业集聚带来的厂商提价系数越高，规模经济效应就越强，这间接表明，互联网对于产业的多样化集聚可能会产生更大的影响。

4.3 "互联网+"对制造业产业集聚影响的实证分析

由前述"互联网+"对产业集聚的理论与机理分析可知，"互联网+"作为一种新兴的生产技术、集成应用的综合平台、新的生产与消费思维，将有利于制造业产业的集聚，并且其对不同的集聚方式、不同类型的企业以及不同区域的产业集聚可能有不同的影响。上述理论假设是否能在现实中得到验证？这需要本书做出进一步回答。鉴于此，本节将在我国"互联网+"与制造业集聚现实发展情况的基础上，从行业异质性、空间异质性、集聚模式异质性三个角度就"互联网+"对制造业集聚发展的影响进行分析。

4.3.1 "互联网+"及制造业产业集聚水平的测度

1. "互联网+"发展水平的测度

（1）"互联网+"发展水平评价指标体系的建立

自"互联网+"的概念被提出以来，尽管学界关于"互联网+"的研究颇多，但对于其基本内涵却始终没有统一的定论。例如，部分学者认为，"互联网+"是互联网技术与传统制造业深度融合发展出来的新的经济形态；也有学者认为，"互联网＋"是促进互联网向其他行业渗透的技术基础，是一种新工具、新要素，是推动现代产业转型的一种必然途径。因此，在对"互联网＋"发展状况进行定量分析时，分歧也相对较大，一部分学者采用体现互联网渗透作用的融合程度作为"互联网＋"发展水平的替代（施炳展，2016）。另一部分学者则采用原有刻画信息化发展程度的指标对其发展水平进行近似替代，包括2007年国际电信联盟发布的信息与通信技术发展指数以及国家统计局制定的信息化发展指数（IDI）（吕明元、陈磊，2016）。但"互联网＋"作为一种新兴信息技术，其发展已经超出技术本身，互联网文化、思维深刻地影响着国民经济的方方面面。为了相对完整地刻画当前我国"互联网＋"的发展程度，本书在国家统计局信息化发展指数的基础上，结合"互联网＋"发展特征，参考白骏骁和李芮（2015）、郭家堂和骆品亮（2016）、王可和李连燕（2018）等人关于互联网发展程度的指标设定，构建了评价我国"互联网＋"发展水平的指标体系，具体见表4-1。

表4-1 我国"互联网＋"发展水平评价指标体系

级别	一级指标	二级指标	三级指标
"互联网＋"发展水平评价指标体系	互联网产业发展	发展规模	宽带及移动互联网接入流量/GB
			电子商务交易规模/万元
		经济效益	电子信息、计算机行业及相关信息技术服务行业利润/万元
	互联网应用状况	个人应用	社交类网站使用人数/万人
			电子商务购物用户规模/万人
		企业应用	每百户企业拥有网站数/个
			企业电商采购额/万元
	互联网建设状况	基础投入	电子信息、计算机行业及相关信息技术服务行业固定资产投入总额/万元
		人才建设	电子信息、计算机行业及相关信息技术服务行业从业人数/万人
		硬件设备	光纤终端数/万个 互联网域名数/万个 移动交换机容量/万

（2）数据来源

本书对全国以及 30 个省份（西藏自治区、香港和澳门特别行政区、台湾地区除外）的 2010—2017 年数据❶进行收集整理，所需数据来源于《中国统计年鉴》、中经网统计数据库、《中国经济贸易年鉴》、EPS 全球统计数据分析平台、《中国科技统计年鉴》、各省份《国民经济和社会发展统计公报》、《中国教育统计年鉴》、《中国高技术产业统计年鉴》、Wind 金融资讯终端、腾讯研究院数据平台、中国互联网络信息中心（CNNIC）《中国互联网络发展状况统计报告》。

（3）指数合成

本书利用熵权赋值法对各指标收集数据进行指数合成。熵权赋值法根据指标变异性的大小来确定客观权重，一般来说，熵是系统无序程度的一个度量，某个指标的信息熵越小，表明该指标的变异程度越大，其提供的信息量就越大，在综合评价中所起的作用理应越大，权重也应该越高。

X_{ij} 表示第 i 个样本的第 j 个指标的数值（$i = 1, 2, \cdots, n; j = 1, 2, \cdots, m$），采用熵权赋值法对 m 个指标进行赋权，测算步骤如下。

① 数据标准化。将各指标的数据进行标准化处理，由于各项指标的计量单位并不统一，所以计算综合指标前，首先要进行标准化处理。正向指标的标准化处理方法为

$$X'_{ij} = \frac{X_{ij} - \min\{X_{1j}, \cdots, X_{nj}\}}{\max\{X_{1j}, \cdots, X_{nj}\} - \min\{X_{1j}, \cdots, X_{nj}\}} \quad (4-30)$$

② 求各指标的信息熵。根据信息论中信息熵的定义，一组数据的信息熵定义为

$$E_j = -k \sum_{i=1}^{n} p_{ij} \ln p_{ij} \quad (4-31)$$

式中

$$k = \frac{1}{\ln n} > 0, \quad p_{ij} = \frac{X'_{ij}}{\sum_{i=1}^{n} X'_{ij}} \quad (4-32)$$

---

❶ 部分数据更新至 2020 年，但考虑数据的完整性和可得性，本书选用 2010—2017 年的样本数据进行研究。

③ 确定各指标的权重。根据信息熵的计算公式，计算出各个指标的信息熵为 $E_1, E_2, \cdots, E_m$。通过信息熵计算指标的权重为

$$w_j = \frac{1 - E_j}{m - \sum_{j=1}^{m} E_j} \qquad (4-33)$$

（4）测算结果

根据上述方法对我国各省份❶"互联网+"发展水平进行指数合成，依此测算当前我国"互联网+"的发展水平，测算结果见表4-2。

表4-2 我国"互联网+"的发展水平

全国/省份	2010年	2012年	2014年	2016年
全国	0.261	0.267	0.274	0.274
东部地区	0.459	0.480	0.486	0.485
中部地区	0.168	0.166	0.174	0.180
西部地区	0.146	0.146	0.149	0.151
北京市	0.897	0.907	0.918	0.885
天津市	0.398	0.364	0.339	0.347
河北省	0.192	0.204	0.216	0.209
山西省	0.209	0.210	0.218	0.206
内蒙古自治区	0.191	0.191	0.188	0.180
辽宁省	0.230	0.236	0.241	0.242
吉林省	0.121	0.121	0.137	0.136
黑龙江省	0.112	0.115	0.115	0.120
上海市	0.822	0.831	0.801	0.792
江苏省	0.455	0.465	0.488	0.474
浙江省	0.489	0.582	0.584	0.667
安徽省	0.142	0.147	0.160	0.171
福建省	0.403	0.459	0.441	0.478
江西省	0.127	0.123	0.128	0.156
山东省	0.251	0.273	0.317	0.224
河南省	0.163	0.145	0.157	0.158

❶ 西藏自治区、香港和澳门特别行政区、台湾地区除外，后同。

续表

全国/省份	2010 年	2012 年	2014 年	2016 年
湖北省	0.199	0.212	0.215	0.220
湖南省	0.165	0.157	0.165	0.168
广东省	0.518	0.579	0.612	0.645
广西壮族自治区	0.126	0.125	0.129	0.130
海南省	0.133	0.137	0.147	0.132
重庆市	0.212	0.208	0.213	0.220
四川省	0.157	0.158	0.173	0.162
贵州省	0.124	0.125	0.132	0.141
云南省	0.133	0.127	0.120	0.135
陕西省	0.214	0.213	0.225	0.232
甘肃省	0.134	0.135	0.137	0.135
青海省	0.109	0.112	0.113	0.114
宁夏回族自治区	0.103	0.108	0.110	0.113
新疆维吾尔自治区	0.097	0.102	0.104	0.104

注：由于篇幅限制，此处仅展示偶数年结果。

从 2010—2016 年我国各省份"互联网+"发展水平来看，我国区域"互联网+"发展水平呈现"东部—中部—西部"依次递减的梯次发展关系。东部沿海地区"互联网+"发展水平明显高于中部和西部地区，西部省份、东北地区省份处于较低水平。从时间变迁的维度来看，2016 年我国"互联网+"整体发展水平明显优于 2010 年的情况，这主要得益于东部沿海地区新一代信息技术的外溢效应开始显现，与之相邻的中部地区省份，如山西省、湖北省、江西省等的发展水平有明显提升。而东部地区所属内陆省份，如河北省、安徽省等的发展水平也有较大改善，在原有相对较高水平的基础上有了进一步提升。所以从整体来看，东部地区与中部地区的发展水平变动加大。西南地区部分省份以及东北地区则变动相对缓慢，整体发展水平依然偏低。

造成上述现象的主要原因如下：

① 自改革开放以来，经济社会发展的各类要素开始逐步向东部地区集聚，其综合发展水平稳步提升，成为我国经济发展的重要"领头

羊",从1998年互联网技术开始兴起以来,东部地区一直都是新技术的应用拓展者,其信息化基础、信息化人才以及信息化水平稳步攀升。2010年以后兴起的"互联网+"新一代信息技术是以原有互联网技术为基础,实现"万物互联""多维应用",因此,东部地区的"互联网+"水平要远高于中部和西部地区。

② 中部地区在我国经济社会发展"均衡化"大战略中具有承上启下的作用,其在20世纪90年代之后就一直是东部沿海地区产业转移的承接地,其技术、人才、资金的储备比西部地区更为充足。因此,在"互联网+"技术兴起之初,中部地区尽管发展水平相对较低,但依然具备一定的基础,随着东部地区新一代信息技术与生产技术相结合的"互联网+"工业应用技术的空间外溢效应逐步显现,中部地区开始快速吸纳,使自身的生产技术水平得到快速提升。

③ 西部地区以及东北地区的"互联网+"发展水平尽管随着时间的推移有所提升,但依然处于较低的水平,变动相对较小。这一方面是由于原有设备、技术基础较为薄弱,产业及技术承接能力不足;另一方面是由于东部地区与中部地区强大的要素吸附能力,导致西部地区以及东北地区诸多人力特别是高端人才流失严重,即便国家投入大量的资金要素,在没有人才、技术支撑的情况下,其变化依然不明显。

④ 东部内陆省份以及中部省份"互联网+"发展水平快速提升的另一个重要原因是国家区域发展战略的提出,特别是"京津冀""长珠闽""长江中游城市群"等区域发展政策的实施,凝聚了中部地区发展的向心力,较好地发挥了紧靠东部沿海地区的区位优势。

2. 制造业产业集聚水平的测度

(1) 产业集聚的测度方法

当前,国内外测度产业集聚水平的参数主要有赫芬达尔-赫希曼指数(以下简称"赫芬达尔指数")、空间基尼系数、区位熵、EG指数、经济密度指数等,利用不同参数对区域产业集聚程度进行测度时,由于测量的对象、范围不尽相同,所得结果也会有所差异。本部分将对各种测度方法进行简要介绍,并采用合适的方法对我国各省份制造业集聚程度进行测度。

① 赫芬达尔指数。其计算公式为

$$H_i = \sum_j \left(\frac{s_{ij}}{\sum_j s_{ij}} \right)^2 \qquad (4-34)$$

式中，s_{ij} 表示行业 i 内企业 j 的规模，一般而言，s_{ij} 既可以是就业人数，也可以用产业产值来衡量，假设此处 s_{ij} 表示行业 i 内企业 j 的就业人数；$\sum_j s_{ij}$ 表示行业 i 的就业总人数；H_i 表示该行业的赫芬达尔指数，也就是企业 j 的就业人数与该行业就业总人数之比的平方和。赫芬达尔指数对于行业内规模较大的企业赋予较大的权重；反之，则赋予较小的权重。因此，赫芬达尔指数可以有效地反映行业内的企业规模分布和行业集聚程度。

② 空间基尼系数。空间基尼系数用于衡量同一产业在各区域的集中程度。其计算公式为

$$G_i = \sum_d \left(\frac{x_{id}}{x_{in}} - \frac{x_d}{x_n} \right)^2 \qquad (4-35)$$

式中，x_{id} 表示行业 i 在区域 d 中的就业人数（实际上指的是产业相关的规模指标，可以是产值、就业人数、销售额等）；x_{in} 表示行业 i 在全国的总就业人数，$x_{in} = \sum_d x_{id}$；x_d 表示区域 d 所有行业的就业人数，$x_d = \sum_i x_{id}$；x_n 表示全国所有行业的就业总人数，$x_n = \sum_d \sum_i x_{id}$；$G_i$ 表示行业 i 的空间基尼系数，其在 0~1 之间取值，取值越趋近于 1，表明区域内的行业分布越集中；取值越趋近于 0，表明区域内的行业分布越分散。

③ 区位熵。其计算公式为

$$LQ_{is} = \frac{e_{is}/e_s}{e_{in}/e_n} \qquad (4-36)$$

式中，e_{is} 表示行业 i 在区域 s 中的就业人数；e_s 表示区域 s 内所有行业的就业人数，$e_s = \sum_i e_{is}$；e_{in} 表示行业 i 在全国的就业人数，$e_{in} = \sum_s e_{is}$；e_n 表示全国所有行业的就业人数，$e_n = \sum_s \sum_i e_{is}$；$LQ_{is}$ 表示行业 i 在区域 s 中的区位熵。区位熵又称为产业专门化率，用于衡量区域内产业的专业化程度。

④ EG 指数。由于克鲁格曼在 1991 年提出的空间基尼系数并没有考虑企业规模和区域大小差异所带来的产业集聚测度误差,埃里森(Ellision)和格莱泽(Glaeser)为了弥补空间基尼系数在测度产业集聚上的误差,于 1997 年提出了新的产业集聚程度衡量指数:EG 指数。其计算公式为

$$EG_i = \frac{G_i - (1 - \sum_d x_d^2) H_i}{(1 - \sum_d x_d^2)(1 - H_i)} \qquad (4-37)$$

式中,G_i 为空间基尼系数;H_i 为赫芬达尔指数;x_d 表示地区 d 内所有行业的就业人数占全国所有行业的就业人数之比,$x_d = \frac{e_d}{e_n}$。其中,e_d 表示区域 d 内所有行业的就业人数,$e_d = \sum_i e_i d$;e_n 则表示全国所有行业的就业人数,$e_n = \sum_d \sum_i e_{id}$。EG 指数越大,表明产业集聚程度越高;相反,则表明产业集聚程度越低。埃里森和格莱泽根据经验数据获得的结果,将其按照集聚程度分为三类:当 $EG < 0.02$ 时,表明行业处于分散状态;当 $EG > 0.05$ 时,表明行业处于集聚状态;而当 $0.02 \leq EG \leq 0.05$ 时,则表明行业分布均匀。

⑤ 经济密度指数。其计算公式为

$$ED_s = \frac{E_s}{A_s} \qquad (4-38)$$

式中,A_s 表示 s 地区的区域面积;E_s 表示 s 地区的经济变量,可以是行业的从业人数、产业产值等,用于测度区域内的就业密度与产业产出密度。如果用产业活动指标测度,则结果显而易见;ED_s 表示 s 地区单位面积上的产业经济活动密度,密度越大,则表明经济集聚程度越高,反之则表明经济集聚程度越低。

(2)测度方法的选择

赫芬达尔指数、空间基尼系数、区位熵、EG 指数、经济密度指数等都可以对区域产业的集聚程度进行测度,但由于对象、区域、方法的不同,其在测度时各有优劣。

赫芬达尔指数的计算方法相对简单,便于结果的测算与过程的理

解,同时该指数考虑了区域内企业规模和数量的影响,使测算结果相对良好。但赫芬达尔指数对于区域间因素的考虑相对欠缺,无法体现不同区域差异对产业集聚程度的影响,且该指标为绝对指标,不便于区域内不同行业的比较。

空间基尼系数主要由基尼系数发展而来,开始主要用于地理集中程度的测度。空间基尼系数的测定是对赫芬达尔指数的改良与修正,在其基础上,充分考虑了区域差异性对集聚程度的影响,同时使测算结果在不同行业间具有可比性。但从空间基尼系数的测算公式可以看出,它虽然考虑了地理差异对产业集聚的影响,但没有考虑企业规模的差异对产业集聚形成原因的影响。

EG 指数对之前的部分方法进行了一定的修正和改进,充分考虑了企业、区域差异对产业集聚产生的影响,而且能够区分产业集聚是随机形成的还是集聚外部性获得的。但该指数的计算相对复杂,对数据要求较高,同时存在无法去除区域边界的问题,存在地区单元变更的可能。

区位熵的计算也较为简便、易于理解,但其主要反映的是区域内行业的专业化程度,尽管也能在一定程度上反映产业集聚程度,但侧重点显然有所不同。经济密度虽然能消除不同区域地理面积差异给经济活动的集聚程度带来的影响,但该密度并不能区分企业类型所带来的影响,例如,就业密度、就业人口密度等很有可能与劳动密集型大企业有关,进而影响区域内产业集聚程度计算的准确度。

综上所述,通过对不同方法的比较分析,本书认为,采用基尼系数法测度我国各地区制造业产业集聚程度是合适的与可行的。为了减小原有基尼系数测定可能带来的误差,本书拟采用以克鲁格曼为代表的经济地理学家基于基尼系数改进形成的行业基尼系数进行测度,以此反映产业在区域内的绝对分工状况。其计算公式为

$$G = \frac{1}{2n^2 \overline{s_k}} \sum_{i=1}^{n} \sum_{j=1}^{n} |s_{ki} - s_{kj}| \qquad (4-39)$$

式中,s_{ki}、s_{kj} 分别表示第 i 个和第 j 个省份第 k 个行业的从业劳动力在全国该行业从业劳动力中的占比;n 为省份数;$\overline{s_k}$ 表示各省份第 k 个行业所占比例的均值。行业基尼系数 $G \in [0,1]$,当某行业完全均匀地分

布于所有省份时,则 $G=0$;相反,当出现另一种极端情况,即某行业只集中于某个省份时,则 $G=1$。

（3）数据来源

基于数据可得性原则考虑,本书对我国30个省份以及制造业细分行业中29个子行业的2010—2017年数据进行收集整理,对其行业集聚水平进行计算,所需数据来源如前所述,所选择的制造业子行业见表4-3。

表4-3 制造业子行业选择情况❶

行业编码	行业名称	行业代码	行业名称
C13	农副食品加工业	C28	化学纤维制造业
C14	食品制造业	C29	橡胶和塑料制品业
C15	酒、饮料和精制茶制造业	C30	非金属矿物制品业
C16	烟草制造业	C31	黑色金属冶炼和压延加工业
C17	纺织业	C32	有色金属冶炼和压延加工业
C18	纺织服装、服饰业	C33	金属制品业
C19	皮革、毛皮、羽毛及其制品和制鞋业	C34	通用设备制造业
C20	木材加工和木、竹、藤、棕、草制品业	C35	专用设备制造业
C21	家具制造业	C36	汽车制造业
C22	造纸和纸制品业	C37	铁路、船舶、航空航天和其他运输设备制造业
C23	印刷和记录媒介复制业	C38	电气机械和器材制造业
C24	文教、工美、体育和娱乐用品制造业	C39	计算机、通信和其他电子设备制造业
C25	石油加工、炼焦和核燃料加工业	C40	仪器仪表制造业
C26	化学原料和化学制品制造业	C41	其他制造业
C27	医药制造业		

（4）测算结果

根据上述方法,可计算出2010—2017年我国30个省份制造业集聚程度,见表4-4。

---

❶ 根据国家统计局《国民经济行业分类》（GB/T 4754—2017）代码表分类。

表4-4 2010—2017年制造业集聚程度

全国/省份	2010年	2012年	2014年	2016年
全国	0.525	0.530	0.536	0.538
东部地区	0.579	0.583	0.589	0.590
中部地区	0.531	0.536	0.545	0.552
西部地区	0.483	0.488	0.494	0.496
北京市	0.621	0.628	0.635	0.629
天津市	0.583	0.585	0.585	0.587
河北省	0.531	0.534	0.539	0.541
山西省	0.509	0.513	0.519	0.523
内蒙古自治区	0.518	0.523	0.532	0.530
辽宁省	0.556	0.559	0.561	0.559
吉林省	0.472	0.475	0.476	0.473
黑龙江省	0.449	0.453	0.456	0.456
上海市	0.651	0.659	0.668	0.671
江苏省	0.592	0.595	0.607	0.605
浙江省	0.601	0.608	0.612	0.618
安徽省	0.525	0.532	0.548	0.557
福建省	0.573	0.579	0.585	0.588
江西省	0.518	0.524	0.535	0.542
山东省	0.598	0.596	0.608	0.611
河南省	0.564	0.572	0.579	0.585
湖北省	0.539	0.542	0.550	0.559
湖南省	0.528	0.533	0.541	0.551
广东省	0.612	0.618	0.627	0.624
广西壮族自治区	0.446	0.449	0.456	0.462
海南省	0.425	0.426	0.426	0.425
重庆市	0.536	0.542	0.549	0.551
四川省	0.541	0.548	0.553	0.558
贵州省	0.479	0.486	0.492	0.496
云南省	0.482	0.488	0.485	0.487
陕西省	0.548	0.552	0.559	0.562
甘肃省	0.462	0.462	0.469	0.473
青海省	0.447	0.452	0.458	0.451
宁夏回族自治区	0.431	0.438	0.445	0.448
新疆维吾尔自治区	0.429	0.431	0.436	0.436

注：限于篇幅，此处仅展示偶数年的数据。

从我国各省份制造业集聚水平的发展情况来看，2016年我国制造业整体产业集聚水平较2010年有较大幅度的提升，制造业集聚程度相对较高的区域由2010年多分布于东部沿海地区发展为逐步向中西部内陆省份推进的格局，特别是中部地区变化十分显著，其作为东部地区主要产业承接地的作用越发明显。西北地区产业集聚水平仍然偏低，但较2010年提升明显。随着东部地区、中部地区产业集聚水平逐步提升，经济发展水平日益提高，对于人才、技术、资金等发展要素的吸附能力逐步加强，这导致了以传统制造业为主的东北地区产业集聚程度不升反降的尴尬境地，也从侧面说明，我国当前阶段大力推进"东北全面振兴"这一重大战略，以改善东北地区发展状况的紧迫性与必然性。

进一步，本书测算了2010—2017年制造业各子行业产业集聚程度，见表4-5。

表4-5 制造业各子行业产业集聚程度

子行业	2010年	2012年	2014年	2016年
农副食品加工业	0.483	0.491	0.494	0.490
食品制造业	0.698	0.695	0.699	0.691
酒、饮料和精制茶制造业	0.419	0.431	0.442	0.449
烟草制品业	0.418	0.435	0.443	0.451
纺织业	0.505	0.502	0.508	0.514
纺织服装、服饰业	0.632	0.621	0.595	0.593
皮革、毛皮、羽毛及其制品和制鞋业	0.487	0.489	0.492	0.489
木材加工和木、竹、藤、棕、草制品业	0.511	0.516	0.522	0.518
家具制造业	0.542	0.558	0.562	0.565
造纸和纸制品业	0.429	0.447	0.465	0.475
印刷和记录媒介复制业	0.413	0.419	0.428	0.422
文教、工美、体育和娱乐用品制造业	0.435	0.443	0.450	0.466
石油加工、炼焦和核燃料加工业	0.513	0.525	0.534	0.541
化学原料和化学制品业	0.731	0.749	0.775	0.783
医药制造业	0.655	0.654	0.651	0.649
化学纤维制造业	0.786	0.766	0.754	0.751
橡胶和塑料制品业	0.556	0.558	0.562	0.565
非金属矿物制品业	0.471	0.468	0.473	0.479
黑色金属冶炼和压延加工业	0.590	0.587	0.587	0.585

续表

子行业	2010年	2012年	2014年	2016年
有色金属冶炼和压延加工业	0.549	0.555	0.567	0.563
金属制品业	0.618	0.603	0.633	0.639
通用设备制造业	0.669	0.652	0.644	0.641
专用设备制造业	0.587	0.591	0.589	0.595
汽车制造业	0.563	0.565	0.569	0.575
铁路、船舶、航空航天和其他运输设备制造业	0.682	0.687	0.711	0.729
电气机械和器材制造业	0.681	0.695	0.706	0.727
计算机、通信和其他电子设备制造业	0.705	0.711	0.715	0.717
仪器仪表制造业	0.711	0.724	0.727	0.731
其他制造业	0.382	0.388	0.392	0.393

注：由于篇幅限制，此处仅展示偶数年的数据。

为了更清晰地展示我国制造业不同子行业产业集聚水平发展情况，此处将上述结论用柱状图的形式进行展示（图中虚线为产业集聚发展趋势线），结果如图4-2、图4-3所示。

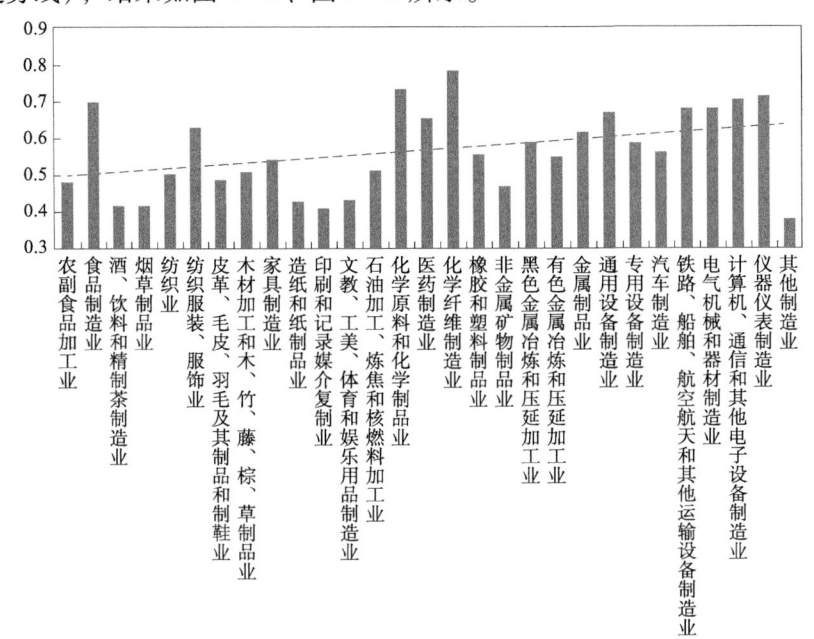

图4-2 2010年我国制造业各子行业产业集聚水平发展情况

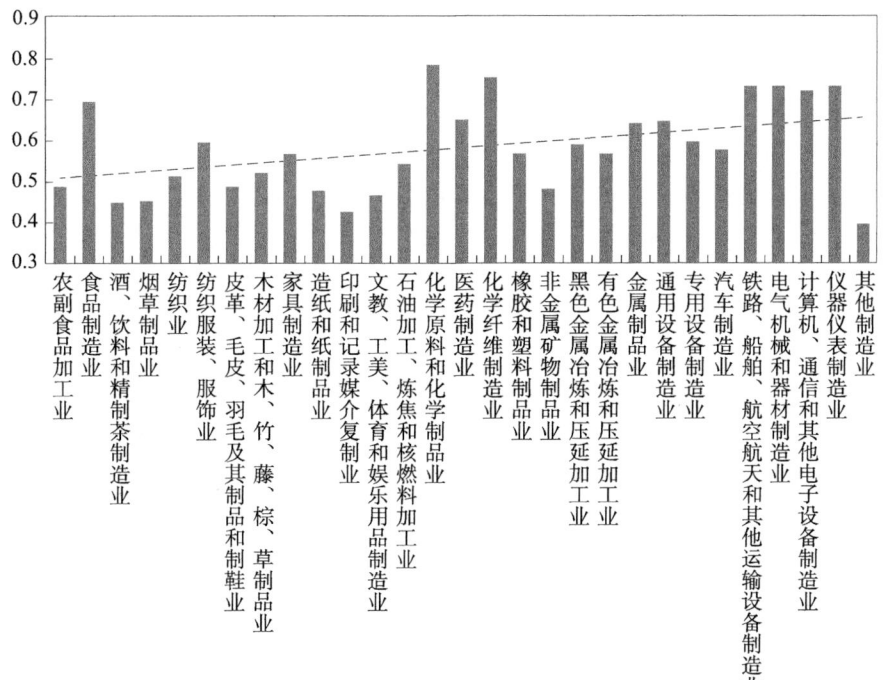

图 4-3　2016 年我国制造业各子行业产业集聚水平发展情况

从图 4-3 中可以看出,2016 年我国制造业各子行业整体集聚水平较 2010 年有所提升,其中计算机、通信和其他电子设备制造业,医药制造业等技术密集型产业的集聚程度普遍高于传统劳动力密集型产业。造成这种状况的可能原因在于,随着市场专业化分工的不断推进,产业发展对其所适配技术的要求逐年增强,企业原有分散的、各自为战的发展方式已经不能适应当前的发展要求,通过"抱团取暖",利用产业集聚带来的、规模经济优势的集群化发展模式逐步成为产业发展的主流模式,使我国各行业整体集聚水平较之前时期有所提升。由于高技术产业多属于市场指向性行业,对产品受众需求变化的敏感度更高,也就是说,这类产业更有意愿通过产业集聚获取规模效应与技术溢出效应,从而提升自身创新水平来满足市场需求。

4.3.2 行业异质性视角下"互联网+"对产业集聚影响的实证分析

1. 数据选取

本书拟采用2010—2017年我国30个省份的面板数据进行分析研究,行业选取按照国家统计局《国民经济行业分类》进行选取(见表4–3)。

2. 变量说明

(1) 解释变量和被解释变量

为了分析我国"互联网+"发展水平对产业集聚发展水平的影响,本书拟将全国各省份"互联网+"发展水平 NET 作为模型的解释变量,而将不同行业的行业基尼系数 G 作为模型的被解释变量。

(2) 控制变量

通过对产业集聚发展影响因素以及"互联网+"对产业集聚发展作用路径的分析,可知制造业产业发展的区位选择受多种因素的影响,但主要还是通过企业运营过程中的各项成本来影响企业区位选择。为此,本书拟采用以下几个变量作为模型控制变量。

① 劳动力工资水平 $WAGE$。不同地区的工资水平将影响企业生产支出,一般而言,如果区域内的工资水平较低,则有利于外来企业进入该区域发展;反之,则会抑制企业集聚发展。

② 市场化程度 $MARK$。市场化程度表明了市场交易的潜在成本,如果区域内的市场化程度较高,则表明企业可能遇到的行政阻碍较少,有利于企业开展生产经营活动。

③ 市场规模 $MARS$。市场规模的大小直接影响企业产品的销售状况,如果市场规模较大,则意味着潜在销售情况可能较好,单位销售成本可能较低,企业就会有更强烈的布局意愿。

④ 产业固定资本投入 FI。区域内某产业的固定资本投入可用于衡量该区域内产业发展的未来预期,有良好的发展预期可以促进企业在该区域的集聚发展意愿。考虑到预期的特性,以上一期的产业固定投资作为衡量指标更为贴切。

控制变量的含义与说明见表4-6。其中，i 表示不同的地区；j 表示不同的行业；t 表示不同的时期。

表4-6 控制变量的含义与说明

变量符号	变量名称	变量说明
$WAGE_{i,j,t}$	t 时期，i 区域内 j 行业的劳动力工资水平/元	t 时期，i 区域内 j 行业的劳动力工资水平
$MARK_{i,j,t}$	t 时期，i 区域内 j 行业的市场化程度（%）	$= 1 - \dfrac{\text{行业国有企业资产总额}}{\text{行业企业资产总额}}$
$MARS_{i,j,t}$	t 时期，i 区域内 j 行业的市场规模（%）	t 时期，i 区域内 j 行业的主营业务收入与该地区该行业资产总额之比
$FI_{i,j,t-1}$	$t-1$ 时期，i 区域内 j 行业的固定资本投入水平（%）	$t-1$ 时期，i 区域内 j 行业固定资本投入额与该行业资产总额之比

3. 模型设定

由前述理论分析可知，"互联网+"发展水平与制造业集聚发展水平之间不是简单的线性关系，更可能呈现出某种非线性关系，为了进一步讨论我国"互联网+"发展水平对各制造业子行业的影响，本书借鉴刘金山等（2017）、仲伟周等（2018）的研究方法简要设定含有"互联网+"发展水平二次方项的计量模型进行实证研究，期望通过"互联网+"发展水平的二次方项以及一次项的符号来判断其对于不同产业集聚发展的具体作用。具体模型为

$$G_{i,j,t} = \alpha_0 + \alpha_1 NET_{i,t} + \alpha_2 NET_{i,t}^2 + \alpha_3 WAGE_{i,j,t} + \alpha_4 MARK_{i,j,t} + \alpha_5 MARS_{i,j,t} + \alpha_6 FI_{i,j,t-1} + \varepsilon_{i,t} \quad (4-40)$$

4. 实证分析

分别对我国30个省份的29个子行业数据进行面板回归，利用STATA15.0软件进行回归分析，考察"互联网+"发展水平对各行业集聚程度的影响。首先对各行业数据进行霍斯曼（Hausman）检验，检验结果见表4-7。

表 4-7 霍斯曼检验结果

行业编号	检验结果（P值）	行业编号	检验结果（P值）	行业编号	检验结果（P值）	行业编号	检验结果（P值）
C13	0.0023	C21	0.3351	C29	0.0107	C37	0.0952
C14	0.0132	C22	0.0054	C30	0.0643	C38	0.0051
C15	0.2882	C23	0.0003	C31	0.1322	C39	0.1322
C16	0.5327	C24	0.1722	C32	0.0508	C40	0.0084
C17	0.0081	C25	0.0016	C33	0.3211	C41	0.1148
C18	0.1821	C26	0.0511	C34	0.0008		
C19	0.0024	C27	0.5449	C35	0.0573		
C20	0.0155	C28	0.0855	C36	0.6284		

上述结果显示，在 $P<0.1$ 的水平下，C15、C16、C18、C21、C24、C27、C31、C33、C36、C39、C41 行业适用于随机效应模型，C13、C14、C17、C19、C20、C22、C23、C25、C26、C28、C29、C30、C32、C34、C35、C37、C38、C40 行业则适合固定效应模型。将时间、个体固定效应纳入模型中加以考虑，检验年度时间的虚拟变量的显著性，检验结果见表 4-8。

表 4-8 时间效应检验结果

行业编号	时间效应检验结果（P值）	行业编号	时间效应检验结果（P值）	行业编号	时间效应检验结果（P值）	行业编号	时间效应检验结果（P值）
C13	0.3283	C22	0.5251	C29	0.0013	C37	0.0007
C14	0.4729	C23	0.4335	C30	0.2105	C38	0.3365
C17	0.0564	C25	0.0712	C32	0.0456	C40	0.5155
C19	0.1132	C26	0.1952	C34	0.5433		
C20	0.0081	C28	0.7122	C35	0.8132		

由上述结果可知，在 $P<0.1$ 的水平下，C17、C20、C25、C29、C32、C37 拒绝了"无时间效应"的原假设，表明在相应的行业模型中需要考虑时间效应，应采用时间与个体的双固定效应模型。

在霍斯曼检验与时间效应检验的基础上，对不同行业采用不同的面板计量模型进行回归，将回归结果按照"互联网+"发展水平的二次方项（NET^2）以及一次项（NET）的符号进行分类，结果见表4-9~表4-12。

表4-9 "互联网+"先抑制后促进产业集聚的行业

变量	汽车制造业	纺织服装、服饰业	通用设备制造业	化学纤维制造业	农副食品加工业	酒、饮料和精制茶制造业
NET^2	3.844*** (3.773)	3.373** (2.385)	2.955*** (3.966)	2.924** (2.528)	2.825*** (3.709)	2.708*** (3.844)
NET	-3.025** (-2.478)	-1.388*** (-3.971)	-2.527*** (-4.212)	-2.771** (-2.638)	-1.526*** (-3.855)	-1.198** (-2.297)
$WAGE$	0.922* (1.395)	-1.824 (-0.368)	1.372** (2.287)	1.421*** (3.905)	-3.123* (-1.396)	-2.844** (-2.572)
$MARK$	0.152** (2.475)	0.081** (2.447)	0.142 (0.806)	0.099** (2.482)	0.082*** (3.997)	-0.025 (-0.782)
$MARS$	0.112 (0.227)	0.035*** (3.933)	0.081 (0.378)	0.064* (1.374)	0.021** (2.364)	0.002 (0.881)
FI	0.395** (2.349)	-0.102 (-0.524)	0.213* (1.662)	0.108*** (3.917)	0.220** (2.429)	0.301 (0.327)
常数项	1.4221	0.3528	0.7982	3.524	2.1186	0.0085
Ad_R^2	0.8254	0.7221	0.6779	0.8852	0.9055	0.9108
样本数	240	228	232	240	232	232
变量	食品制造业	橡胶和塑料制品业	家具制造业	医药制造业	化学原料和化学制品制造业	文教、工美、体育和娱乐用品制造业
NET^2	2.672** (2.381)	2.547*** (3.825)	2.381*** (4.074)	2.301** (2.560)	2.023*** (3.882)	1.945* (1.149)
NET	-0.922* (-1.189)	-0.845** (-2.501)	-1.021** (-2.446)	-2.377*** (-3.928)	-2.133** (-2.335)	-0.795*** (-3.758)
$WAGE$	-2.812** (-2.557)	-2.231* (-1.608)	-1.662 (0.387)	1.083* (1.227)	-1.325* (-1.638)	-2.387** (-2.552)
$MARK$	0.038 (0.182)	0.112* (1.385)	0.071*** (3.976)	0.182 (0.821)	0.147 (0.474)	0.081** (0.261)

续表

变量	食品制造业	橡胶和塑料制品业	家具制造业	医药制造业	化学原料和化学制品制造业	文教、工美、体育和娱乐用品制造业
MARS	-0.013 (-0.227)	-0.021 (-0.664)	0.005 ** (2.389)	0.003 *** (3.874)	0.092 (0.443)	0.035 ** (0.239)
FI	0.311 ** (2.274)	0.158 (0.258)	0.254 ** (2.687)	0.322 *** (4.226)	-0.162 (-0.375)	-0.12 (-0.252)
常数项	1.335	3.254	0.025	5.248	3.112	2.013
Ad_R^2	0.758	0.952	0.521	0.8435	0.6706	0.8266
样本数	240	221	240	240	240	228

变量	仪器仪表制造业	专用设备制造业	皮革、毛皮、羽毛及其制品和制鞋业
NET^2	1.773 ** (2.385)	1.528 *** (3.994)	1.021 ** (2.502)
NET	-1.988 * (-1.523)	-2.872 ** (-2.485)	-1.051 (-0.725)
WAGE	1.322 ** (2.366)	-1.1765 (-0.387)	-2.021 * (-1.228)
MARK	-0.166 (-0.662)	0.092 ** (2.420)	0.026 ** (2.509)
MARS	0.021 (0.275)	0.043 (0.009)	0.038 * (1.714)
FI	0.211 *** (4.128)	0.3277 (0.557)	0.105 ** (2.503)
常数项	4.2230	2.0160	0.2250
Ad_R^2	0.7330	0.8050	0.8440
样本数	240	240	221

注：Ad_R^2 为调整的可决系数，后同；*、**、*** 分别表示在 10%、5%、1% 的显著水平下通过显著性检验，括号内为 t 值。

表 4-10 "互联网+"始终促进产业集聚的行业

变量	石油加工、炼焦和核燃料加工业	木材加工和木、竹、藤、棕、草制品业	铁路、船舶、航空航天和其他运输设备制造业	黑色金属冶炼和压延加工业	纺织业	有色金属冶炼和压延加工业	烟草制造业
NET^2	2.205** (2.384)	2.094** (2.628)	1.857*** (3.958)	1.665*** (4.233)	1.126** (2.429)	0.846** (2.387)	0.772*** (3.996)
WAGE	-1.126** (-3.872)	-1.365** (-2.489)	1.074*** (3.228)	-1.799 (-0.387)	-2.043** (-2.538)	-2.121** (-2.447)	-0.535 (-0.855)
MARK	0.017 (0.694)	0.135** (2.628)	0.026** (2.347)	0.168 (0.545)	0.105 (0.429)	0.301** (2.287)	0.006 (0.336)
MARS	0.082** (2.532)	0.104** (2.476)	0.092*** (3.759)	-0.015 (-0.293)	-0.062 (-0.180)	0.053 (0.469)	0.021*** (4.218)
FI	0.072*** (3.884)	0.210 (0.289)	0.426** (2.462)	0.216 (0.447)	0.154** (2.389)	0.210*** (3.995)	0.051** (2.477)
常数项	1.0250	3.2590	0.9950	1.6580	2.6850	0.1102	5.3652
Ad_R^2	0.7930	0.8100	0.9050	0.9430	0.6900	0.7750	0.8790
样本数	232	226	232	240	240	240	228

注：*、**、*** 分别表示在 10%、5%、1% 的显著水平下通过显著性检验，括号内为 t 值。

表 4-11 "互联网+"先促进后抑制产业集聚的行业

变量	金属制品业	其他制造业	电气机械和器材制造业	计算机、通信和其他电子设备制造业
NET^2	-1.328*** (-3.878)	-1.179** (-2.426)	-0.823*** (-4.212)	-0.655** (-2.407)
NET	1.531*** (3.754)	0.925*** (3.966)	1.384** (2.663)	1.622*** (3.704)
WAGE	-1.642** (-2.551)	-2.571** (-2.525)	1.475* (1.819)	1.336 (0.557)
MARK	0.132 (0.385)	0.104** (2.407)	0.159 (0.771)	0.281* (1.443)

续表

变量	金属制品业	其他制造业	电气机械和器材制造业	计算机、通信和其他电子设备制造业
MARS	0.012 **	0.035 *	0.102	0.083 **
	(2.296)	(1.428)	(0.394)	(2.392)
FI	0.156 *	0.135	0.182 **	0.364 **
	(1.337)	(0.662)	(2.259)	(2.477)
常数项	0.3360	2.8540	1.0020	5.3220
Ad_R^2	0.7560	0.8110	0.6280	0.8010
样本数	240	212	240	240

注：*、**、*** 分别表示在 10%、5%、1% 的显著水平下通过显著性检验，括号内为 t 值。

表 4-12 "互联网+" 始终抑制产业集聚的行业

变量	印刷和记录媒介复制业	非金属矿物制品业	造纸和纸制品业
NET^2	-1.852 ***	-1.376 **	-0.984 **
	(-3.966)	(-2.542)	(-2.433)
NET	1.015 ***	0.892 *	0.752 **
	(4.074)	(1.389)	(2.381)
WAGE	-2.882 *	-2.695 **	-2.553 **
	(-1.625)	(-2.387)	(-2.286)
MARK	0.063 *	0.118	0.003 *
	(1.227)	(0.473)	(1.385)
MARS	0.017 *	0.015 ***	0.006 **
	(1.449)	(3.921)	(0.244)
FI	0.105 **	0.317 **	0.168 ***
	(2.442)	(2.368)	(4.013)
常数项	2.336	4.213	2.162
Ad_R^2	0.854	0.725	0.802
样本数	226	232	220

注：*、**、*** 分别表示在 10%、5%、1% 的显著水平下通过显著性检验，括号内为 t 值。

由上述回归结果可知,我国"互联网+"发展水平与各行业集聚程度之间具有一定的相关关系,但这种关系并非简单的线性关系,尽管二次函数不一定能准确地描述"互联网+"发展水平与行业集聚程度之间的具体关系,但在某种程度上验证了前述关于两者存在非线性关系的假设。此外,假定的二次函数在实际中,绝大多数行业的回归结果在 $P<0.1$ 的水平下是显著的,也就是说,该模型对于描述两者之间的关系是适当的且可行的。从上述回归结果中可以看出,我国"互联网+"发展水平对制造业各子行业的集聚程度是有影响的,随着"互联网+"发展水平的不断变化,各子行业的集聚程度也发生变化,而且变化的趋势并非简单的单向趋势。结合模型中"互联网+"发展水平的二次项与一次项的符号关系,可将上述结果划分为四种类型:先抑制再促进产业集聚、始终促进产业集聚、先促进再抑制产业集聚、始终抑制产业集聚。

5. 结果分析

从上述结果总体来看,解释变量"互联网+"发展水平 NET 以及各控制变量 $WAGE$、$MARK$、$MARS$、FI 都对被解释变量行业集聚程度 G 有一定作用。相比之下,"互联网+"发展水平对行业集聚程度的影响较其他几个控制变量更大,这是因为尽管劳动力工资水平、市场化环境等都可以影响企业经营的各项成本,但显然"互联网+"发展水平的影响更为全面。而在几个控制变量中,劳动力工资水平对于企业的影响显然更为直接,这是企业经营中支出较大的一方面,特别是在当前劳动力价格持续攀升的环境下。而对于市场流通程度或者市场化程度而言,更多的是使企业产生制度交易的成本,这部分成本多为隐性成本,因此数据的显性反应并不明显。以上就是在上述回归结果中,控制变量劳动力工资水平 $WAGE$ 对产业集聚程度的影响较大,而市场自由程度 $MARK$ 对产业集聚程度的影响较小的原因。

对于解释变量 NET 而言,由于各个制造业子行业都有其自身特色,因此下面根据前述分类结果分别对其进行讨论。

(1) 先抑制再促进产业集聚类型

这类行业的回归结果中,"互联网+"发展水平 NET 的二次项系数为正，而一次项系数为负。这表明"互联网+"发展水平对行业集聚程度作用的二次函数图像开口朝上，对称轴处于坐标原点右侧。也就是说，随着"互联网+"发展水平的提升，这类行业的集聚程度一开始呈现下降趋势，但在达到拐点后，将随着"互联网+"发展水平的上升而提高。这种类型主要包括以下行业：汽车制造业，纺织服装、服饰业，通用设备制造业，化学纤维制造业，农副食品加工业，酒、饮料和精制茶制造业，食品制造业，橡胶和塑料制品业，家具制造业，医药制造业，化学原料和化学制品制造业，文教、工美、体育和娱乐用品制造业，仪器仪表制造业，专用设备制造业，皮革、毛皮、羽毛及其制品和制鞋业。从"互联网+"发展水平二次项对产业集聚程度的影响来看，从汽车制造业的3.844到皮革、毛皮、羽毛及其制品和制鞋业的1.021，各行业相差较大。所包含的企业较广泛，其中不仅有相对传统的食品制造业、农副食品加工业等，也有对技术与资本有一定要求的医药制造业、专用设备制造业等。但总体而言，这类企业的产品以直接面向市场为主，在"互联网+"发展水平处于起步阶段时，这类企业依然以现有的传统受众市场为主，因此表现为跟随市场而定，此时区域"互联网+"发展水平的提升反而增加了企业的设备改造升级成本，抑制了企业在该区域的集聚发展。但随着"互联网+"水平的持续提升，产品受众市场的个性化需求开始不断涌现，企业亟需借助"互联网+"技术提升自身的产品设计、生产、服务能力，因此在该阶段，区域内"互联网+"发展水平的提升可以有效地促进企业集聚发展。

（2）始终促进产业集聚类型

在这种类型行业的回归结果中，"互联网+"发展水平的二次项系数为正，一次项系数也为正。这表明"互联网+"发展水平对行业集聚作用的二次函数图像开口朝上，而对称轴位于坐标原点左侧，所以在原点右侧，这类行业的集聚程度随着"互联网+"发展水平的提升而提高，也就是说，"互联网+"发展水平对这类行业一直产生促进作用。这类企业较前一类企业相对较少，主要包括烟草制造业，石油加工、炼焦和核燃料加工业，木材加工和木、竹、藤、棕、草制品业，铁路、船舶、航空航天和其他运输设备制造业，黑色金属冶炼和压延加工业，纺织业，有色金属冶炼和压延加工业。从回归结果来看，这类企业主要是以行政或技术垄断性企业以及生产较依赖于原料产地的企业为主，特别是垄断性行业对"互联网+"发展水平的敏感度较低，如烟草制造业的"互联网+"发展水平二次项系数只有0.772，为该类型企业中的最小值。由于烟草行业的生产准入、广告营销、售货渠道等均受制于国家相关法律规定，因此"互联网+"发展水平的提升除了在生产过程的改进上有所体现外，在市场贴近程度的提升方面几乎没有影响。而铁路、船舶、航空航天和其他运输设备制造业的情况与烟草制造业稍显不同，尽管"互联网+"发展水平对该行业的产业集聚程度影响越小，但其内在原因却与烟草制造业大为不同。铁路、船舶、航空航天和其他运输设备制造业的集聚程度之所以不易受"互联网+"发展水平的影响，主要是由于其产业技术壁垒较高，掌握其中关键核心技术的企业只有有限的几家，因此这类产业的集聚发展和原有技术基地的形成有关，不易受其他区域"互联网+"发展水平的影响。而其他较为依赖原材料的产业，如黑色金属冶炼和压延加工业、有色金属冶炼和压延加工业等则对原材料产地较为依赖，一般而言，其均位于离生产材料原始资源较近的地方，如东北地区的木材加工业、陕西的煤炭加工业、江西的稀土和铜加工业等。"互联网+"的发展尽管可以促进中小型企业从贴近市场的角度考虑，从而集聚于"互联网+"发展水平相对较高的地方发展，但依然只是非常少的企业。绝大多数的该类型企业会选择伴生在资源地附近发展。

（3）先促进再抑制产业集聚类型

在这种类型企业的回归结果中，"互联网+"发展水平的二次项系数为负，而一次项系数也为负。这表明"互联网+"发展水平对行业集聚作用的二次函数图像开口朝下，而对称轴位于坐标原点右侧，因此在原点右侧，这类行业的集聚程度随着"互联网+"发展水平的提升在开始时得以提高，经过拐点后，则会受到一定程度的抑制。这类企业相对较少，主要有金属制品业，其他制造业，电气机械和器材制造业，计算机、通信和其他电子设备制造业。从回归结果来看，这类企业并无十分明确的分类边界，但较为有趣的是，电气机械和器材制造业，计算机、通信和其他电子设备制造业这两个对生产技术要求较高的行业却属于这种类型。而且两者的"互联网+"发展水平二次项系数的绝对值较其他行业更小，而一次项系数的绝对值较其他行业大。这使两者的图形中对称轴更远离原点右侧，也就是说，其拐点对应的"互联网+"发展水平更高。作为技术密集型行业，"互联网+"技术的发展可以有力推动区域内技术外溢，使企业愿意为获得新型生产技术而集聚于"互联网+"发展水平较高的区域。但随着"互联网+"发展水平的进一步提升，一方面，技术密集型企业开始逐步通过多样化、个性化产品吸引潜在客户，并意识到通过自身技术优势完善产品售后服务也是增强客户黏性的重要方式。特别是在技术发展后期，部分企业的产品售后服务利润开始逐步赶超产品生产利润，因此，技术密集型企业通过服务化转型逐步分散于原有客户周围。另一方面，由于"互联网+"技术的高速发展，原来技术落后的地区也开始掌握这些技术密集型产业所生产产品的相关生产技术，从而制定更为优越的政策条件，吸引该类企业重新布局，如贵州的贵安新区、京九（江西）电子信息产业带等。这些原因都导致了部分技术密集型行业的集聚程度随着"互联网+"发展水平的逐步提升不升反降的情况，当然，这需要"互联网+"发展水平达到较高的程度，也就印证了前述结论："互联网+"发展水平影响产业集聚程度图形的对称轴较其他类型企业更为靠右。

（4）始终抑制产业集聚类型

在这种类型企业的回归结果中，"互联网+"发展水平的二次项系数为负，而一次项系数为正。这表明"互联网+"发展水平对行业集聚程度作用的二次函数图像开口朝下，而对称轴位于坐标原点左侧，因此在原点右侧，这类行业的集聚程度随着"互联网+"发展水平的提升在开始时得以提高，而经过拐点后，产业集聚发展则会受到一定程度的抑制。这类企业相对较少，主要包括印刷和记录媒介复制业、非金属矿物制品业、造纸和纸制品业。其主要特点是产品的技术含量较低，小微企业较多，分布于全国各地的大中小城市。以非金属矿物制品业为例，各地的小型砖瓦、水泥企业非常多，而且多位于城市边缘地区，一方面贴近消费市场，另一方面则规避了城市中环境管制较严与生产成本较高的问题。一般而言，区域"互联网+"发展水平的提升，往往意味着制造业生产率和经济发展水平的提高，这自然就会导致居民生活和生产成本的提升，对于"走量"且不需要高端技术的产业而言，无疑是不利于企业区位选择的。因此，"互联网+"技术的不断发展可能会抑制这类产业的集聚发展。

综上所述，尽管"互联网+"对于制造业整体的集聚发展具有明显的促进作用，但针对制造业中不同的子行业而言，"互联网+"发展水平对各自集聚程度的影响不尽相同。对于那些产品直接作用于市场，且对生产技术有一定要求的行业而言，较低的"互联网+"发展水平，将增加产业的改造升级成本，削弱企业在该区域进行生产布局的意愿；但随着"互联网+"发展水平的不断提升，产业分工带来的技术进步与消费者个性化需求的不断衍生，使企业开始逐步选择在该区域发展。对于政策垄断性或技术强垄断性企业而言，"互联网+"的发展尽管有利于其生产效率的提升，进而影响其区位选择，但对其集聚程度的影响较小。对于部分高技术企业而言，在"互联网+"发展水平较低时，由于可以通过集聚发展带来的技术溢出而获益，因此会选择集聚式发展；但随着"互联网+"发展水平的提升，其掌握的核心技术所带来的增值服务价值开始凸显，因此逐步转向以分散于原有客户周围并为其提供增值售后服务为主，从而出现了先集聚后扩散的现象。而对于环境污染程度较高且技术含量相对偏低的行业而言，由于"互联网+"发展水平的提升往往意味着制造业整体效率的提升与经济生活水平的提升，其他产品的可替代性增强与产业生产环境中各类要素价格的不断上升，造成了其生产成本的提高，从而抑制了此类低技术型、以"走量"为主的生产企业在区域内的集聚发展。

6. 模型稳健性检验

为了保证模型及检验结果的准确性，本部分采用调整控制变量的方式对上述模型进行稳定性检验。拟通过删除控制变量 FI，利用汽车制造业、烟草制造业、金属制品业、印刷和记录媒介复制业数据对上述模型进行面板回归分析，结果见表4-13。

表4-13 模型稳定性检验结果

变量	汽车制造业	烟草制造业	金属制品业	印刷和记录媒介复制业
NET^2	1.558*** (3.624)	0.779** (2.396)	-1.123*** (-3.712)	-0.743** (-2.351)
NET	-0.931** (-2.554)	0.825** (2.406)	1.024*** (3.663)	1.328*** (3.704)
$WAGE$	-0.671** (-2.321)	-0.431** (-2.445)	1.175* (1.589)	0.297 (0.662)
$MARK$	-0.152 (-0.605)	0.094** (2.517)	0.133 (0.769)	0.261* (1.549)
$MARS$	0.082** (2.262)	0.065* (1.615)	-0.102 (-0.494)	0.043** (2.512)
Ad_R^2	0.801	0.773	0.629	0.725

注：*、**、***分别表示在10%、5%、1%的显著水平下通过显著性检验，括号内为t值。

表4-13中的估计结果与原模型估计结果的解释变量估计系数的正负性和显著性大体一致，这说明所构建的"互联网+"发展水平对产业集聚程度影响的面板数据模型是稳健的。而由于"互联网+"本身属于信息技术范畴，而产业集聚则为制造业发展模式，本书认为，两者之间并不具备双向因果关系，且从当前文献来看，也没发现有关两者之间双向因果关系的研究，所以本书在此部分将不对模型内生性检验进行讨论。

4.3.3 空间异质性视角下"互联网+"对产业集聚影响的实证分析

前文对"互联网+"发展水平对制造业不同子行业集聚程度的影响进行了详细分析，但主要是从行业异质性的视角进行考察。由于我国幅员辽阔，不同地域的资源禀赋、经济发展水平、主导行业等不尽相同，因此"互联网+"发展水平对不同区域制造业集聚程度的影响也是不同的。为了更清晰地展现在空间异质性视角下,不同区域"互联网+"发展水平对制造业集聚程度的影响,本部分将在前面设定的计量模型的基础上,对不同省份的制造业数据进行回归。一方面,可以展示空间异质性视角下,"互联网+"发展水平对制造业集聚程度的影响;另一方面,通过增加控制变量 TRAF 与变换标本数据的方式,也可以间接地检验前面所构建的面板计量模型的稳健性。

1. 数据选取

本部分数据的选取同前文,这里不再赘述。

2. 变量说明

(1) 解释变量和被解释变量

为了分析"互联网+"发展水平对产业集聚程度的影响,本书拟将我国 30 个省份的"互联网+"发展水平 NET 作为模型的解释变量,而将各省份制造业的行业基尼系数 G 作为被解释变量。

(2) 控制变量

虽然产业区位选择受多种因素的影响,但主要是通过企业运营中的各项成本对企业区位选择产生作用。由于影响因素与第 4.3.2 节一致,因此拟采用相同的控制变量,但在具体表征上进行差异化处理。例如,对于劳动力工资水平这一控制变量,第 4.3.2 节表示为制造业不同子行业的劳动力工资水平,此处则为制造业整体的平均劳动力工资水平。

① 制造业劳动力工资水平 MWAGE。地区的劳动力工资水平将影响企业的生产成本。一般而言,如果区域内的工资水平较低,则有利于外来企业进入该区域发展;反之,则会抑制企业集聚发展。

② 区域交通密集程度 TRAF。区域交通密集程度可以直接影响企业的运输成本,进而影响企业的区位选择。区域交通密集程度的计算公式为

$$TRAF = \frac{铁路里程数 + 内河道里程数 + 公路里程数}{\sqrt[3]{区域人口 \times 区域面积 \times (客运量 + 货运量)}} \quad (4-41)$$

③ 制造业产业市场化程度 MMARK。产业市场化程度越高,表明企业可能遇到的行政阻碍较少,越有利于企业开展生产经营活动。此处

有别于第 4.3.2 节的制造业各子行业市场化程度,采用整体制造业产业非国有资产与整个产业资产总额的比值进行表征。

④产业市场规模 $MMARS$。产业市场规模的大小直接影响企业的产品销售状况,如果市场规模较大,则表明市场潜力较大,企业就会有更强烈的布局意愿。此处以不同区域制造业整体市场规模表征。

⑤制造业产业固定资本投入 MFI。区域内某产业的固定资本投入可用于衡量该区域内产业发展的未来预期,良好的发展预期可以加强企业在该区域的集聚发展意愿。考虑到预期的特性,以不同地区上一期的制造业产业总固定资本投入作为衡量指标。

3. 模型设定

本部分模型设定与前文类似,具体为

$$G_{i,t} = \alpha_0 + \alpha_1 NET_{i,t} + \alpha_2 NET_{i,t}^2 + \alpha_3 MWAGE_{i,t} + \alpha_4 TRAF_{i,t} + \alpha_5 MMARK_{i,t} + \alpha_6 MMARS_{i,t} + \alpha_7 MFI_{i,t-1} + \varepsilon_{i,t}$$

(4-42)

分别对我国 30 个省份的制造业数据进行面板回归,利用 STATA15.0 软件进行回归分析,考察"互联网+"发展水平对各地区制造业集聚程度的影响。首先对各地区数据进行霍斯曼检验,检验结果见表 4-14。

表 4-14 霍斯曼检验结果

区域	霍斯曼检验结果	面板模型
东部地区	0.0054	固定效应模型
中部地区	0.0167	固定效应模型
西部地区	0.0322	固定效应模型

由上述结果可知,在 $P<0.1$ 的水平下,东部、中部、西部地区的省份面板数据适用于固定效应模型。同时,在霍斯曼检验的基础上,对不同区域的数据采用不同的面板计量模型进行回归,回归结果见表 4-15。

表 4–15　不同区域的面板回归结果

变量	东部地区	中部地区	西部地区
NET^2	3.122***	2.468***	1.925*
	(4.221)	(3.972)	(1.589)
NET	0.651**	-1.326***	-1.882**
	(2.493)	(-3.996)	(-2.425)
$MWAGE$	0.985**	-0.885	-1.437***
	(2.622)	(-0.005)	(-3.757)
$TRAF$	0.753*	0.807*	1.482**
	(1.421)	(1.388)	(2.448)
$MMARK$	0.235**	0.181*	0.131***
	(2.289)	(1.427)	(3.847)
$MMARS$	0.038	-0.022**	-0.009
	(0.292)	(-2.589)	(-0.338)
MFI	0.210**	0.155**	-0.132
	(2.381)	(2.422)	(-0.507)
常数项	2.854	3.110	0.854
Ad_R^2	0.845	0.774	0.907

注：*、**、***分别表示在10%、5%、1%的显著水平下通过显著性检验，括号内为 t 值。

4. 实证结果分析

从上述回归结果中可知，"互联网+"发展水平对制造业集聚程度影响模型中的二次项系数呈现从东部地区到中部地区、西部地区依次递减的趋势；"互联网+"发展水平的一次项系数，东部地区是正数，其他地区则为负数。这表明东部地区"互联网+"发展水平对制造业集聚程度有持续促进作用；而其他地区则呈现开始时抑制集聚，直到经过"拐点"后才促进集聚的趋势。同时，"互联网+"发展水平的一次项绝对值按中部地区、西部地区的顺序增加，这表明出现"拐点"的位置，中部地区先于西部地区。东部和中部地区的"互联网+"发展水平对制造业集聚程度的影响较西部地区更大。这主要是由于"互联网+"技术的发展是基于信息技术的快速更替发展，其对制造业生产、管理、销售等各方面的影响存在一定的网络效应，所以在"互联网+"发展初期，企业建设存在一定的"沉没成本"，即初期建设需要较大的成本投入。由于在本书实验数据获取的年限范围内，东部地区的发展水平本身已经相对较高，制造业发展已经经过了"沉没成本"的阶段，而中部地区也接近这一水平，所以在实证结果上，东部地区的"互联网＋"发展水平对制造业集聚发展呈现出持续促进的作用；中部地区尽管初始阶段有抑制作用，但其发展"拐点"也较快来临，很快就呈现出持续促进的作用。而对于西部地区而言，由于其基础设施相对落后，"互联网＋"发展水平较低，企业设备与生产流程也多处于利用技术改造升级的投入阶段，短期来看，"互联网＋"技术的发展并不能有效地促进制造业的集聚发展，但随着"互联网＋"发展水平的不断提升，这种正向促进作用也将逐步显现。

另外，从回归结果来看，劳动力工资水平的提升对于东部地区有促进产业集聚的作用，而在中部和西部地区则对产业集聚有抑制作用，且西部地区的这种抑制作用强于中部地区。这主要是由于不同地区的主导产业结构不同，东部地区是以资本密集型与技术密集型产业为主，产业发展对劳动力综合素质有较高要求，因此通过工资水平的提升，可以有效地吸引高素质人才，其为企业创造的价值远高于劳动力支出成本，这有利于促进企业综合价值的实现。而中部和西部地区的主导产业则属于劳动力密集型与资源密集型，对劳动力综合素质的要求较低，此时较高的劳动力支出意味着较高的经营成本，因此劳动力工资水平的提升抑制了产业集聚发展。

对于区域交通密集程度而言，其对各地区的产业集聚均有促进作用，但对西部地区产业集聚的促进作用要显著高于东部地区。这主要是由于一方面，西部地区主要以资源密集型企业为主，这类企业对于物流运输成本的提升较为敏感，而随着区域交通密集程度的提升，可以有效地提高区域物流运输效率，降低运输成本，从而使企业愿意集聚于区域交通密集程度较高的区域。另一方面，西部地区的基础设施相对落后，因此区域交通密集程度的提高对于产业集聚作用的边际效益较高；而东部地区本身基础设施已经较为完善，区域交通密集程度的提高对产业运输成本的下降所产生的作用相对较小。

从市场化程度来看，其对产业集聚的作用在东部地区要高于中部和西部地区,这主要是由于东部地区以技术密集型产业为主,技术外溢、信息交流互动都需要有自由市场作为支撑;而西部地区则以资源密集型产业为主,市场化作用被资源壁垒所弱化,因此其对产业集聚的作用相对较小。

对于产业市场规模以及固定资本投入而言,两者对于产业集聚发展的作用都表现为东部地区高于中部和西部地区,但两者的原因不尽相同。对于产业市场规模而言,由于高技术产业当前的规模较传统产业更小,因此其规模的扩大可以迅速提升产业经营收益,进而促进新一轮技术研发投入,有利于形成良性循环。低技术产业本身规模就较大,因此一定市场规模的扩张对产业经营效益的影响较小,甚至在一定程度上可以认为,技术含量低、可替代性强的低端产品存在冗余现象。这就使以高技术产业为主导产业的东部地区的市场规模对产业集聚发展的影响要大于中部和西部地区。对于固定资本投入而言,则是因为西部地区传统产业的发展主要依靠劳动力、设备、资本的重复规模性投入,而东部地区的高技术产业则是以技术驱动为主。因此,当固定资本投入开始增加时,也就意味着行业预期开始提升,中部和西部地区由于本身就依赖于资源投入,因此其边际效益较低,单位投入带来的经济效益不足以吸引产业持续不断地集聚发展;而东部地区则因为以技术驱动为主,一定量的固定资本投入对产出增加的边际效益要高于中部和西部地区。较好的发展基础、规模的持续扩大,以及固定资本的持续投入,有助于东部地区规模发展的"乘数效应"的产生。❶

4.3.4 集聚模式异质性视角下"互联网+"对产业集聚影响的实证分析

"互联网+"发展水平除了对于不同行业与不同地区会有不同影响外,对于不同的制造业集聚模式也会产生不同的影响。一般而言,根

---

❶ 此处也进行了模型稳健性检验,方法与第4.3.2节类似,采用减少控制变量(MMARS)的方式检验模型稳健性,结果发现,回归结果中核心解释变量和控制变量的正、负符号以及显著性水平与原模型估计结果大体一致,说明原模型具有稳健性。

据产业集聚产生的外部性来源,可以将其分为专业化集聚与多样化集聚,专业化集聚由同类企业集聚发展所形成,而多样化集聚由不同类型的企业集聚所形成。由于不同的集聚模式对于集聚所产生的经济外部性影响是不同的,而集聚所带来的外部性才是人们研究产业集聚作用的关键所在,因此从某种程度上看,详细地了解并分析"互联网+"对制造业不同集聚模式的影响同样具有重要意义。为此,本部分首先通过计算明晰当前我国不同区域制造业的专业化集聚与多样化集聚程度,然后利用前述计量模型分析"互联网+"对于不同集聚模式下制造业集聚的具体影响。

1. 数据选取

本部分拟采用2010—2017年我国30个省份的制造业面板数据进行分析研究。所需数据来源于《中国统计年鉴》、中经网统计数据库、EPS全球统计数据分析平台、《中国劳动统计年鉴》、各省份《国民经济和社会发展统计公报》《中国高技术产业统计年鉴》、Wind金融资讯终端。

2. 变量说明

(1) 解释变量和被解释变量

为了分析"互联网+"发展水平对制造业不同集聚模式的影响,本部分拟将全国各地区"互联网+"发展水平 NET 作为模型的解释变量,而将各地区制造业专业化集聚程度 SPE 以及多样化集聚程度 DIV 分别作为被解释变量。

① 专业化集聚程度 SPE 的测度。

$$SPE_{i,j} = \sum_{j=1}^{m} \left| \frac{E_{ij}}{E_i} - \frac{E_j}{E} \right| \qquad (4-43)$$

式中,E_{ij} 表示第 i 个省份第 j 个行业的从业人员数;m 表示具有的行业个数;E_i 表示第 i 个省份所有行业的从业人员总数;E_j 表示全国范围内第 j 个行业的所有从业人员数;E 表示全国总从业人员数。

根据式(4-43),计算出我国30个省份制造业专业化集聚程度,结果如图4-4所示。

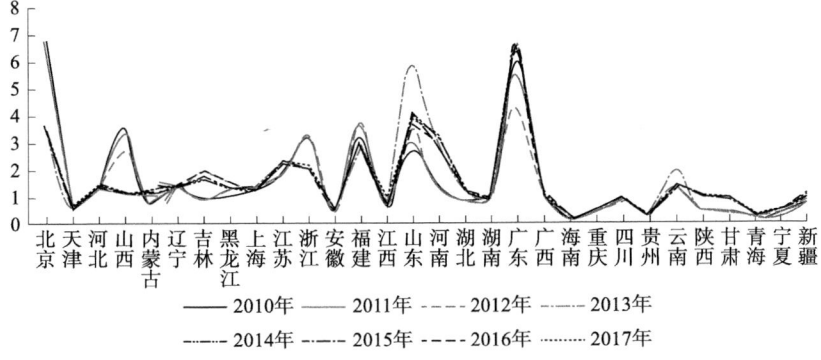

图4-4 我国30个省份制造业专业化集聚程度

② 多样化集聚程度 DIV 的测度。

$$DIV_{i,j} = \sum_{j=1}^{m} \frac{E_{ij}}{E_i} \left[\frac{1 \Big/ \sum_{j'=1,j'\neq j}^{m} \left(\frac{E_{ij'}}{E_i - E_{ij}} \right)^2}{1 \Big/ \sum_{j'=1,j'\neq j}^{m} \left(\frac{E_j'}{E - E_j} \right)^2} \right] \quad (4-44)$$

式中,E_{ij}表示第 i 个省份第 j 个行业的从业人员数;m 表示具有的行业个数;E_i 表示第 i 个省份所有行业的从业人员总数;E_j 表示全国范围内第 j 个行业的所有从业人员数;E 表示全国总从业人员数。该指数越大,表明制造业多样化程度越高。

根据式(4-44),计算出我国30个省份制造业多样化集聚程度,结果如图4-5所示。

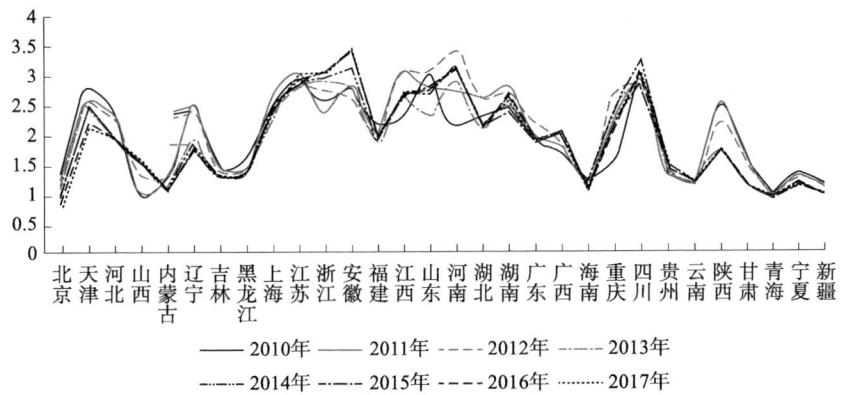

图4-5 我国30个省份制造业多样化集聚程度

（2）控制变量

本部分的控制变量同样采用制造业劳动力工资水平 $MWAGE$、区域交通密集程度 $TRAF$、制造业产业市场化程度 $MMARK$、制造业产业市场规模 $MMARS$、产业固定资本投入 MFI 等。

3. 模型设定

本部分模型设定与前文类似，具体模型为：

$$SPE_{i,t} = \alpha_0 + \alpha_1 NET_{i,t} + \alpha_2 NET_{i,t}^2 + \alpha_3 MWAGE_{i,t} + \alpha_4 TRAF_{i,t} +$$
$$\alpha_5 MMARK_{i,t} + \alpha_6 MMARS_{i,t} + \alpha_7 MFI_{i,t-1} + \varepsilon_{i,t} \quad (4-45)$$

$$DIV_{i,t} = \alpha_0 + \alpha_1 NET_{i,t} + \alpha_2 NET_{i,t}^2 + \alpha_3 MWAGE_{i,t} + \alpha_4 TRAF_{i,t} +$$
$$\alpha_5 MMARK_{i,t} + \alpha_6 MMARS_{i,t} + \alpha_7 MFI_{i,t-1} + \varepsilon_{i,t} \quad (4-46)$$

分别对 30 个省份的制造业数据进行面板回归，利用 STATA15.0 软件进行回归分析，考察"互联网＋"发展水平对制造业不同集聚模式的影响。通过回归获得的结果见表 4-16。

表 4-16 "互联网＋"发展水平对制造业不同集聚模式的影响

变量	专业化集聚	多样化集聚
NET^2	2.515***	3.035***
	(3.964)	(3.727)
NET	1.314**	-0.746*
	(2.385)	(-1.581)
$MWAGE$	-1.269*	0.845*
	(-1.466)	(1.607)
$TRAF$	0.327**	0.518*
	(2.428)	(1.509)
$MMARK$	0.009*	0.068**
	(1.607)	(2.492)
$MMARS$	0.185*	-0.056
	(1.438)	(-0.072)
MFI	-0.236	0.158**
	(-0.646)	(2.553)
常数项	3.254	1.025
Ad_R^2	0.869	0.732
霍斯曼检验结果	0.005	0.035
模型类别	固定效应模型	固定效应模型

注：*、**、*** 分别表示在 10%、5%、1% 的显著水平下通过显著性检验，括号内为 t 值。

4. 实证结果分析

从上述回归结果中可以看出,"互联网+"发展水平对制造业多样化集聚与专业化集聚均有明显的促进作用。从模型中"互联网+"发展水平的二次项来看,"互联网+"发展水平对制造业多样化集聚的影响较其对专业化集聚的影响更大。而专业化集聚模型中的"互联网+"发展水平一次项为正数,表明"互联网+"发展水平对制造业专业化集聚具有持续的促进作用。对于多样化集聚而言,其模型中的"互联网+"发展水平一次项系数为负数,表明在"互联网+"发展的初级阶段,对多样化集聚具有抑制作用;当"互联网+"发展水平达到一定程度后,随着"互联网+"的不断发展,可以持续地促进制造业多样化集聚的发展。这主要是由于专业化集聚是同类企业集聚,尽管"互联网+"的发展可以使集聚区域内的规模效应以及知识溢出效应增强,促进企业技术进步,进而获得更多利润。但同类企业的不断集聚势必导致行业竞争程度加剧,进而影响企业区位选择。而多样化集聚主要是基于生产过程中机械、技术的配套性或者生产产品在其他行业中应用的适配性,"互联网+"的不断发展,加大了信息匹配的精确程度,降低了企业的信息搜寻成本,进而提升了企业生产效率与产品销量,因此,随着"互联网+"水平的不断提升,企业愿意选择这类区域。这也就说明了"互联网+"发展水平对制造业多样化集聚的影响比对专业化集聚的影响更大的原因。但是,就专业化集聚而言,"互联网+"的不断发展,对于同类企业之间的信息交互及知识溢出的正向效应是不断增强的,这也就说明了"互联网+"对于专业化集聚的促进作用是持续性的。而对于多样化集聚而言,在"互联网+"的发展处于较低水平时,信息筛选的精准度并没有达到很高的程度,而多样化集聚会带来企业信息的繁冗,如果没有相应的"互联网+"水平进行匹配,反而会使企业信息选择的错误率增加,由此增加了企业经营成本。随着"互联网+"发展水平的不断提升,多企业之间进行信息交互的精确程度将明显提升。

在上述回归结果中,劳动力工资水平的提升对于专业化集聚具有一定的抑制作用,而对于多样化集聚则有一定的促进作用。这主要是由于区域劳动力工资水平的提升将增加该区域内的企业经营成本,虽然专业化集聚可以通过同类产业之间的技术外溢促进产业专业生产能力的提升,进而提高生产效率,增加经营收益,以此覆盖劳动力支出成本的提升。而不同产业通过产业链与产品创新链融合对接形成的多样化集聚可以有效地促进产品、服务受众范围的扩大,使企业收益大幅提升,从而覆盖劳动力工资水平的增加所带来的支出成本的提高。与前者需要通过生产专业化技术能力的突破才能带来产业收益相比,后者显然更为简单、快捷。区域交通密集程度、市场自由程度对多样化集聚的作用要强于专业化集聚,这主要是因为围绕主导产业形成的多样化集聚并不局限于原产业单一产品或服务的输出,而是多产品与多服务的输出,所以其对于区域交通密集程度的依赖性要更强。同理,多产品与多服务是建立在有效的企业信息互动基础之上的,因此市场自由程度的强弱对于产业多样化集聚的影响要大于专业化集聚。[1]

4.4 本章小结

本章首先在明晰"互联网+"信息技术、产业集聚发展内涵与特征的前提下,在新经济地理学的理论基础上,构建了利用"互联网+"促进产业集聚发展的数理模型,分析了"互联网+"信息技术影响产业集聚的内在机理。然后,通过构建"互联网+"信息技术发展水平评价指标体系,明晰当前我国各省份"互联网+"的发展水平。最后,利用面板数据模型,在空间异质性、行业异质性、集聚模式异质性三个不同的视角下,详细分析了产业集聚对不同区域、不同产业、不同集聚模式的影响,得到如下结论:我国区域"互联网+"发展水平呈现出"东部—中部—西部"依次递减的关系。东部沿海地区的"互联网+"发展水平明显高于中部和西部地区,西部省份、东北地区省份处于较低水平。从时间变迁的维度看,2010—2017年我国"互联网+"整

---

[1] 此处采用减少控制变量 *MMARS* 的方式检验模型的稳健性,结果发现,回归结果中的核心解释变量和控制变量的正负号以及显著性水平与原模型估计结果大体一致,说明原模型具有稳健性。

体发展水平逐年提高，得益于东部沿海地区新一代信息技术的外溢效应，与其相邻的中部地区省份的"互联网+"发展水平有明显提升。从整体上看，东部地区与中部地区的"互联网+"发展水平提升幅度较大；西南部分省份以及东北地区的发展则相对缓慢，整体发展水平依然偏低。"互联网+"发展水平对制造业集聚发展有明显的促进作用，但就不同行业、不同区间以及不同集聚方式而言，结论不尽相同。从行业异质性角度看，对于那些产品直接作用于市场，且对生产技术有一定要求的行业而言，"互联网+"技术对其产业集聚的影响是先抑制后促进；对于政策垄断性或技术强垄断性企业而言，"互联网+"发展水平对其集聚程度影响较小；对于部分高技术企业而言，"互联网+"发展水平对其产业集聚的影响表现为先促进后抑制。从空间异质性角度看，由于"沉没成本"与"网络效应"的存在，东部地区的"互联网+"发展水平对于制造业集聚发展呈持续促进趋势，而对其他几个地区则有先抑制后促进的作用。从集聚模式异质性角度看，"互联网+"发展水平对多样化集聚与专业化集聚均有明显的促进作用，但"互联网+"对多样化集聚的影响较对专业化集聚的影响大。"互联网+"发展水平对多样化集聚的影响表现为先抑制后促进，而对专业化集聚则始终表现为促进作用。

第 5 章 "互联网+"背景下制造业产业集聚对产业创新水平的提升机制

5.1 制造业产业集聚对产业创新的作用机制

5.1.1 制造业产业创新的影响因素

1. 产业创新的外部影响因素

基于产业集聚而形成产业技术创新是一个复杂、系统、全面的过程，受多方面影响。就其创新过程中的整个网络组织架构而言，外部环境通过参与创新网络各主体的信息互动，形成相应的正负反馈机制，对产业创新有着重要的影响（彭向、蒋传海，2011；张长征、黄德春、马昭洁，2012；霍春辉、杨锐，2016）。推动产业创新的外部环境主要包括市场需求、科技创新环境、产业政策环境等。

首先，市场需求是推动企业进行技术创新的主要动力。在市场经济高度发达的今天，消费终端需求是推动企业生产的主因，企业必须提供符合市场需求的产品或服务，以保证其生存与发展。市场需求的变动，从某种意义上来说，势必将影响企业的技术创新，只有开展适应市场需求的技术创新，才能使企业获得价值的实现，进而发展壮大。社会经济发展往往存在周期性波动，这使企业面临的市场需求也呈现出周期性变动的特征，导致基于集聚所形成的创新也因地区与时间的不同而呈现出周期性变化。总体而言，市场需求的变动，不管是从时间维度还是区域维度来看，都将显著影响技术创新水平。

其次,科技创新环境是产业技术创新的重要推力。技术创新不仅需要市场需求的牵引拉动,也需要良好科技创新环境的孕育。科技创新环境是产业发展所处的科技水平、科技创新要素组织形式、技术创新导向等的总称,是优化产业创新要素组合、促进产业技术创新形成的关键。科技创新环境不仅可以在生产端影响产业生产过程中的技术应用程度以及高端智能设备的引进程度,也会在销售端通过销售手段、模式等影响产品销售周期,从而对产业技术创新产生间接影响。此外,区域科技创新氛围也会影响消费者对高科技产品的尝试意愿,科技创新氛围相对浓厚的区域,消费者往往更愿意尝试新产品,从而带动了产业技术创新发展。

最后,产业政策环境是产业创新的有力保障。政府对于产业创新的各项规范性法律、法规以及指导意见是区域产业技术创新的有力保障。作为产业发展规划和规范的主体,政府机构可以通过产业规划以及相关财政税收政策的制定与调整,从宏观层面科学地把控产业技术发展方向。通过精准化的政策实施,降低企业技术创新成本,保障企业创新能力持续提升。同时,产业政策也是一种预期管理,可以有效地促进产业发展主体加大科技创新投入,提升区域产业发展的整体经济效益。

2. 产业创新的内部影响因素

影响产业创新的内部因素在于创新网络中核心参与主体之间的各项作用机制。这些相互联动的作用机制可以影响核心参与主体彼此之间的互动频率与效率,进而影响区域产业创新水平。这些联动的作用机制主要包括不同企业之间的竞合机制、创新主体的沟通协调机制与集体学习机制。

首先,区域产业各企业之间形成的竞合关系是有效推动区域创新能力提升的基础。集群内上下游相关产业或设备、技术、服务配套产业之间的地理临近,提升了业务交互频率,减少了彼此之间业务融合的中介代理成本,从而提高了企业的经营效益。但是,这种正向效应也会促使更多的企业相互集聚,从而使彼此之间的竞争日益激烈。激烈的市场竞争一方面可以促使企业进行技术创新,使其生产效率得以提升、单位生产成本得以降低，从而提升企业的对外竞争力；另一方面可以促使企业对产品与服务质量进行改造升级，使产品和服务实现多元化发展，通过开拓市场，促进产品和服务的销售，从而推动企业进一步发展（于树江、戴大双、王云峰，2004；周明、李宗植，2011）。技术创新的扩散，使整体区域创新水平得以提升，从而促进了技术外溢，这使其他企业也可以通过正式或非正式途径获得技术创新的相关知识与信息，从而降低这些企业开展技术创新的潜在风险，提升其经营绩效。

竞争与合作是相伴而生的。产业集群内部各企业之间的合作主要包括生产流程互通合作、营销渠道共享、资源与知识共享、人才和科技优势互补等协同合作关系，这一方面使企业与企业之间、产业与产业之间正式与非正式的互动更为频繁，阻碍逐步减少，信息交流损耗逐步降低，促进了各个企业乃至不同产业技术创新能力的提升；另一方面，这些合作使各个企业、各个产业之间的人力、资本、技术、信息等各类资源的流通更为通畅，可以有效地提升各类资源在不同企业和不同产业之间的重新配置，在市场化机制下达到最优组合，进而发挥最大效益。

其次，有效促进产业生产所需要的人力、资本、技术、信息等各类要素在不同企业之间相互流转的沟通协调机制，也是产业集群技术创新的重要润滑剂（吕承超、商圆月，2017；石璋铭、徐道宣，2018）。产业创新网络的高效运行离不开各类辅助性的中介机构，这些中介机构掌握着各类生产要素的流转通道，是产业技术创新网络的"黏合剂"与"润滑剂"。通过各类中介机构的有效串联，产业创新的各参与主体可以有效地建立稳定的相互关系，推动不同企业间经验知识和缄默知识的流动，促进区域产业技术创新活动的顺利进行。

最后，产业技术创新各参与主体之间的集体学习机制有利于创新组织的形成，从而促进区域整体产业创新水平的提升。这种集体学习机制不仅存在于由同类产业形成的技术联盟中，也存在于产业上下游企业之间或者具有互补性专业化能力的集群企业之间。因此，创新参与主体之间的集体学习机制可以分为两类：同类企业之间集体学习追赶,此类知识学习是沿着产业生产链的节点不断延展的,即纵向集体学习机制;不同类企业之间,以产业创新链、产业链为导向,通过产品、技术、设备功能对接、融合而形成的不同产业之间的横向集体学习机制。这些集体学习机制为产业集群内各企业知识、技术、信息的共享提供了可能,也使创新企业新知识、新技术的外溢水平得到更大程度的发挥,促进区域整体创新能力的提升。

5.1.2 制造业产业集聚对产业创新的作用路径

为了明晰"互联网+"背景下产业集聚对产业创新产生作用的具体路径,首先需要对"互联网+"背景下产业集聚对产业创新产生的效用进行分析。产业集聚是一个相对复杂的过程,其主要通过集聚所带来的外部性对产业创新产生作用,而产业集聚所处的状态不同,将会产生不同的外部性,进而影响产业创新水平。简单而言,"互联网+"背景下产业集聚对产业创新将产生正向和负向两种效用。

1. "互联网+"背景下产业集聚对产业创新的影响效用

(1) 产业集聚对产业创新所产生的正向效用

① 产业集聚带来的竞争效应。同一特定区域内相同或相似企业的集聚发展,不仅会影响相关产业链上下游产业以及为产业集聚提供各种配套产业的空间布局,也会影响区域内及区域间产业竞争性发展状况。一方面,相同产业的空间集聚以及信息网络的快速发展,会使区域内该产业发展的竞争激烈程度增强。在互联网信息技术快速发展的今天,企业在地域上的集中势必会提升信息传递的效率和精度,使企业更容易受到同类企业决策与竞争行为的影响,这些信息包括竞争对手通过生产制造领域的技术创新、产品创新,管理中的组织变革、模式创新所带来的成本下降、产品销售市场扩张等造成的隐形压力和挑战。为了跟上市场发展节奏,维持企业的相应市场地位,将迫使企业也增加创新力度,提升创新效率,对生产、管理、销售等领域进行革新。而创新先发企业在获知后发企业通过创新迎头赶上的信息之后,也会激发其努力确保自身市场龙头地位的动力,进而促进其进一步通过创新来维持现有发展格局。因此,创新先发企业对现有发展格局的

维护及后发企业对现有发展格局的打破,将形成区域创新的良性发展。另一方面,区域产业的集聚发展会影响区域整体竞争力的提升。区域整体竞争力的提升,既可以是由该主导产业集聚发展所带来的产业地位在全国发展地位的提升,也可以是区域围绕该主导产业集聚发展形成的整体经济发展水平的提升。但不管是该产业的产业地位的提升还是整体区域竞争力的提升,都会引致各类要素的集聚,其中也包括各类创新要素的不断集聚,这进一步提升了该区域的整体创新能力。

② 产业集聚带来的合作效应。产业集聚发展在带来竞争效应的同时,也会带来合作效应。一方面,产业集聚发展会使产业生产、管理、销售的相关需求大大增加,从而引致产业上下游企业以及为产业提供配套企业的集聚,促进了主导产业与其他产业的互动合作,增强了主导产业与配套产业之间的黏性,增加了多产业之间技术、产品、管理创新的可能性(陆立军、于斌斌,2010;王春萌等,2016)。另一方面,同类企业的集聚也给产业共性技术难题的攻克带来了可能。通过同产业内技术联盟的建立,可以有效地对多个相同行业内的企业创新资源进行整合,提升创新效率,进而实现创新成果的共享。此外,在网络信息快速发展的背景下,产业集聚对产业创新所带来的合作效应还体现在:首先,产业集聚发展不仅促进了同类企业或互补企业之间的创新合作,同时也增强了企业与用户、科研机构、高校之间的互动,提高了创新网络的信息交互效率,推动了新技术、新产品的研发;其次,信息网络的便利性以及产业的地理临近,使企业在创新过程中对信息的搜集成本及对合作伙伴的搜寻成本得以降低。一方面,企业创新越来越依赖于合作创新,因为单一企业创新所需要的资源成本往往是十分巨大的。而"互联网+"和企业集聚发展,使不同企业之间的现实与虚拟距离都变得越来越近。企业对市场需求的变换、市场要素供需状况等信息的搜集成本逐步下降,从而可以迅速制定应对策略,进而增加通过合作创新促进自身发展的可能性。另一方面,产业集聚大大降低了企业在合作创新过程中潜在的风险以及交易成本。创新是企业对未知事物的探索,是需要付出一定成本及承担可能失败风险的活动。而网络信息技术带来的虚拟临近与企业空间集聚发展带来的地

理临近，不仅使企业选择创新合作对象的搜寻成本大大降低，也使企业在创新活动中更加注重其声誉，减少了合作创新过程中潜在的违约风险以及阻碍性交易成本。

③ 产业集聚带来的知识溢出效应。从知识分类来看，可以将其分为显性知识（Explicit Knowledge）与缄默知识（Tacit Knowledge）。显性知识也称为可编译的知识，可以借助声音、图像、文字等形式，并通过课堂、电视、广播、报纸等媒介进行广泛传播，从而实现知识传递的目的。而缄默知识也就是不可编译的知识，不能通过准确的信息进行表达与固定的媒介进行传播，主要是以"意会"的形式加以传递。在网络技术快速发展的信息时代，产业在地理空间上的集聚发展，一方面可以使信息传递的损失率降低，促进了显性知识的快速、有效传播。这主要是因为产业集聚发展使劳动力、资本、技术等创新要素在特定区域内频繁交流互动，降低了相互学习与交易的成本，如同类企业在区域内可以组织相互观摩学习，加强了生产工艺、销售技术等显性知识的传递。这种直接接触减少了信息传递的中转环节，有效地提高了精度。另一方面，产业在地理空间中的集聚发展，增加了企业与企业之间、员工与员工之间非正式交流的机会，可以有效地增加缄默知识的传播概率。此外，当产业集聚发展到一定程度时，在该特定地区，该产业会形成生产模式、生产技术、组织形式、质量监控等方面的固定范式，即形成一定的标准进行推广，这就使产业发展的显性知识得到了更大规模的推广。"互联网＋"技术的发展，也使缄默知识的不可编译特性得以降低，加快了知识溢出。

④ 产业集聚带来的规模效应。产业集聚发展可以在特定空间内形成产业发展的规模效应。这种规模效应可以有效降低企业的研发创新成本，提升创新的产出绩效。首先，产业集聚发展到一定规模后，在区域内集聚的创新资源将被逐步共享，由此降低了企业创新成本，提升了有限创新资源的利用效率。例如，在区域内随着产业集聚规模的扩大，相关创新孵化基地、创新实验室、重大设备、图书资料等都可以逐步实现共享，从而降低了企业的创新投入成本。其次，产业集聚发展使各类要素向产业集聚地逐步汇集，其中就包括各类企业创新所

需的要素。区域要素的积累，将使各类要素的边际价格相对降低，从而使企业的创新成本下降。例如，随着产业集聚地主导产业的不断发展，各类劳动力不断向产业集聚地聚集，其中就包括产业创新发展所需的高端研发人员，随着研发人员的不断汇集，企业支付的工资水平将变得相对稳定，而企业可挑选的创新型人才范围将扩大，可以选择更为高端和优质的劳动力，因此相对而言，企业创新成本得以降低。最后，产业的不断集聚，使集聚地产业发展的影响力逐步提升，地方政府为进一步巩固和提升区域主导产业发展水平，也会相应地制定一系列促进产业发展的政策，如免税、补贴、土地供应以及扩大创新资本融资渠道等支持措施，这将进一步降低企业的发展与创新成本，提升创新效率。

（2）产业集聚对产业创新所产生的负向效应

① 产业集聚可能导致过度竞争。大量同质企业的集聚会导致区域内的企业竞争强度逐步加大，当超过一定程度时，企业之间可能出现过度竞争甚至恶性竞争。由于市场竞争加剧，创新型产品或先进的生产技术给企业带来的竞争优势势必将受到企业的高度重视，企业将更倾向于私密性的独自创新而非选择合作创新。由于单个企业独自创新所投入的成本以及所面临的风险远远高于多企业的合作创新，因此也就降低了区域内产业的整体创新效率。另外，产业集聚发展可能导致区域经济发展过度依赖集聚的主导产业，产业瓶颈和产业市场环境的变化将对区域经济发展产生巨大的影响，进而导致区域创新水平的变化（王志莉、叶青，2006；苏丹妮、盛斌、邵朝对，2018）。例如，当主导产业向好时，政府为支持区域内集聚的主导产业发展，会为部分龙头企业进行信用背书，满足企业发展对土地、资金、技术等资源的需求；而一旦主导产业因受市场冲击陷入困境，则可能导致政府深受拖累，从而影响创新网络中的这一关键节点，降低创新基础设施的投入，进而影响区域内其他行业的创新发展。

② 产业集聚可能导致拥塞效应。由于资源的有限性，当产业集聚超过空间内的资源承载极限时，其所带来的规模效应就会逐步产生拥塞效应（张诚、韩帅，2013；卢飞、刘明辉、孙元元，2018）。例如，产业过度集聚会导致土地逐步变得稀缺，租金将持续上涨，这将使企

业日常经营成本升高,从而降低企业研发投入。另外,产业集聚所带来的土地、交通、环境成本的提升会影响员工的工作和生活,进而可能阻碍人力资本的流动。如高昂的房价可能会导致部分劳动力外迁,并阻碍新劳动力的流入,进而影响企业的创新研发状况。此外,产业过度集聚也会影响政府对产业发展扶持政策的效果,在资金投入一定的情况下,过多企业的存在,将降低单个企业获得政策扶植的力度,进而降低了企业创新效率。

2. "互联网+"背景下产业集聚对产业创新作用的具体路径

由于在"互联网+"背景下,产业集聚对产业创新的影响是正向、负向效应相互交织而成的,因此产业集聚对产业创新的具体影响是复杂而多变的,这也导致产业集聚对产业创新的作用路径并非一成不变。但我们可以从以下几个方面寻找其主要脉络:一是"互联网+"背景下的产业集聚可以影响创新资源的优化配置效率;二是"互联网+"背景下的产业集聚可以影响生产技术进步,从而影响产业创新效率;三是"互联网+"背景下的产业集聚通过对创新资源配置优化与技术进步的共同影响,从而影响产业创新效率。

分析产业集聚对产业创新的影响时,不仅应该考虑以上几个方面单独的作用路径,还应将它们看作一个整体,这样可以更全面地分析"互联网+"背景下产业集聚对产业创新的作用机理。因此,本书拟将上述产业集聚影响产业创新的三个方面视作三个子系统,即产业集聚促进创新资源配置进而影响产业创新的子系统、产业集聚影响技术进步进而影响产业创新的子系统,以及产业集聚同时影响资源配置与技术进步进而影响产业创新的子系统。借鉴系统动力学中对路径因果关系进行分析的研究方法,详细剖析"互联网+"背景下,产业集聚对产业创新的具体影响路径。

(1)"互联网+"背景下产业集聚促进创新资源配置进而影响产业创新的回路

产业集聚可以通过其产生的集聚外部效应对产业创新活动中所涉及的劳动力、资本、技术等多个创新要素产生复杂的影响,使各要素之间的配置结构发生改变,进而影响整个创新活动中投入产出的转化效率。"互联网+"背景下产业集聚促进创新资源配置进而影响产业创新的回路如图 5-1 所示。

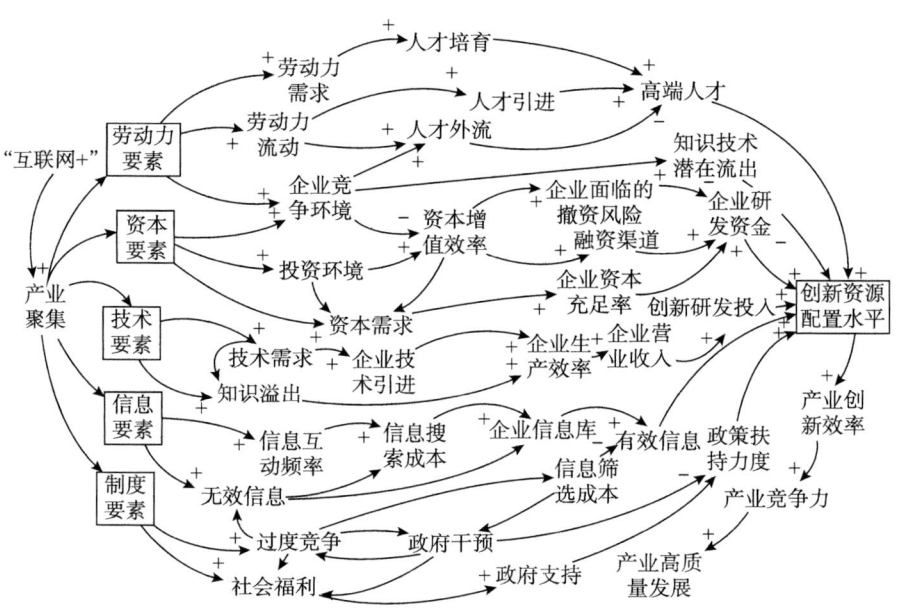

图 5-1 "互联网+"背景下产业集聚促进创新资源配置进而影响产业创新的回路

① 劳动力要素。"互联网+"背景下,产业集聚产生的集聚效应可以通过以下几种方式影响劳动力要素的变化,进而影响产业创新。

第一条路径:"互联网+"→产业集聚→产业集聚正效应→劳动力需求增加→培训机构→高端人才→创新资源配置优化→创新效率提升→产业竞争力提升→产业高质量发展→产业集聚正效应。

"互联网+"的发展可以促进产业集聚发展,而产业集聚所带来的外部经济特性会使集聚区内的产业发展规模逐步扩大,进而带来对劳动力要素需求的扩张。随着产业发展的深入,对劳动力的需求不仅在于基本劳动力,更在于掌握一定劳动技能的劳动力,因此会吸引更多的技能培训机构入驻,进而培养出更多的高端(技术型)人才。高端人才作为创新资源的重要组成部分,其数量的增加将导致创新资源配置结构得到优化,进而推动企业创新效率的提升。企业创新效率的提升可以使其生产技术得到改进、组织结构得到革新、产品功能与性能得到提升，这都为企业竞争力的提升、企业强化自身市场地位提供了基础。当整个行业都存在这种情况时，会使区域内产业逐步由传统的外延式发展模式转向高质量的内涵式发展模式。此时，产业的高质量发展又会促进产业在更高层次上实现其产业集聚所衍生的各种效应。

第二条路径："互联网＋"→产业集聚→产业集聚正效应→劳动力流动→人才引进→高端人才→创新资源配置优化→创新效率提升→产业竞争力提升→产业高质量发展→产业集聚正效应。

产业集聚所带来的竞争、合作效应会使劳动力的流动性得到增强，进而使人力资源的流动壁垒逐步被打破，有利于集聚区内企业引进高端人才，完善创新资源结构配置，从而提升创新效率，达到提升企业竞争力的目的。而当企业竞争力达到一定水平后，又可以使产业整体竞争力得以加强，促进整个产业的高端发展，进而使产业在高层次上实现与集聚相关的竞争、合作、溢出效应等。此外，"互联网＋"可以直接作用于人力资源本身，使劳动力具有更高的劳动素养，并通过"互联网＋"更便捷地掌握高端生产技术，这进一步优化了企业的创新资源配置结构，有利于其创新效率的提升。

第三条路径："互联网＋"→产业集聚→产业集聚负效应→企业发展环境改变→劳动力流动→人才外流→高端人才减少→创新资源配置恶化→创新效率下降→产业竞争力下降→产业集聚负效应。

产业过度集聚带来的过度竞争会使产业内的企业对劳动力生产效率与技能的要求日益提升，不同企业乃至同一个企业员工彼此间的竞争变得日益激烈，这会使行业从业人员逐步向外流动。另外，产业过度集聚带来的拥塞效应也会使集聚区内各类要素的成本逐步攀升，这进一步推动了集聚区内通信、交通、饮食、居住等生活成本的不断提升，员工生活体验逐步变差，这也使大量从业人员开始外流。而从业人员的外流，势必会导致企业高端人才的相应减少，使创新要素的配置结构受到影响，进而使企业的创新效率降低。

② 资本要素。

第一条路径："互联网＋"→产业集聚→产业集聚正效应→资本需

求增加→产业资本与非产业资本投入→企业资本充足率提升→企业研发资金充裕→创新资源配置优化→创新效率提升→产业竞争力提升→产业高质量发展→产业集聚正效应。

产业集聚发展的竞争、合作等效应使企业开始追求规模的扩张，这就加大了区域内产业对资本需求的增加，吸引了区域外产业资本与非产业资本的各类投资。而随着资本的不断涌入，企业资本充足率开始逐步攀升，当企业有了充足的资金时，势必会加大创新研发的投入，进而充实了创新资源配置中的资本要素，提升了企业创新效率，增强了企业竞争力。

第二条路径："互联网＋"→产业集聚→产业集聚正效应→投资环境优化→资本增值效率提升→融资渠道扩大→企业研发资金充裕→创新资源配置优化→创新效率提升→产业竞争力提升→产业高质量发展→产业集聚正效应。

产业集聚所带来的良性竞争与合作环境可使产业发展环境得到优化，进而使整体产业处于良性发展过程中。而对于资本而言，投资环境的优化意味着潜在投资收益的提升，即资本的增值效率提升，这会使投资机构主动创新金融产品，以迎合产业发展需求，使集聚区内企业的融资渠道得到扩大，进而使企业研发资金充裕，优化了产业创新资源配置，提升了产业创新效率。

第三条路径："互联网＋"→产业集聚→产业集聚负效应→资本增值效率下降→产业与投资资本撤退→企业研发资金减少→创新资源配置恶化→创新效率下降→产业竞争力下降→产业集聚负效应。

与前述路径相反，过度集聚会使区域内产业间的竞争变得过度激烈，甚至出现恶意竞争，产业发展环境恶化，这使得区域内潜在的资本增值效应开始减弱，投资机构的投资意愿下降，资本撤离导致企业资本充足率开始下降，研发投入逐渐减少，企业创新资源配置恶化，创新效率下降。

③ 技术要素。

第一条路径："互联网＋"→产业集聚→产业集聚正效应→技术需求增加→企业技术引进→企业生产效率提升→企业营收增加→加大创

新投入→创新资源配置优化→创新效率提升→产业竞争力提升→产业高质量发展→产业集聚正效应。

区域内产业集聚发展,整体规模日益扩大,产业发展的技术需求如同人力、资本要素一样开始与日俱增。这将使企业主动加强对先进生产管理技术的引进,促进企业生产效率的提升。另外,产业集聚所带来的竞争与合作效应也会使企业强化技术引进,以此提升自身的生产效率。而生产效率的提升势必会带来企业营收的增加,企业资金流变得充足,研发投入得以增加,技术与资本的充足使相关创新资源配置逐步得到优化,进而提升创新效率。

第二条路径:"互联网+"→产业集聚→产业集聚正效应→知识溢出→企业生产效率提升→企业营收增加→加大创新投入→创新资源配置优化→创新效率提升→产业竞争力提升→产业高质量发展→产业集聚正效应。

产业集聚的溢出效应使集聚区内的不同企业对知识的潜在获取能力得到提升,一方面,新信息和知识的获取可以提高企业的生产效率、增加营收,进而有利于企业增加创新投入,优化创新资源配置结构;另一方面,新技术的引进也可以直接提升企业创新效率。此外,"互联网+"扩大了知识溢出的路径,提升了知识溢出的效率,使企业不仅可以从产业地理集聚上获得知识溢出的红利,也可以通过"互联网+"形成虚拟集聚,进而获取企业发展所需要的技术信息。

第三条路径:"互联网+"→产业集聚→产业集聚负效应→产业发展环境改变→劳动力流出→知识技术潜在流失→创新资源配置恶化→创新效率下降→产业竞争力下降→产业集聚负效应。

如前文所述,产业过度集聚所带来的过度竞争与拥塞效应会使产业发展环境恶化并导致劳动力流出,而劳动力是信息技术的有效载体,其流出将使潜在的产业核心信息与技术外流,导致产业发展竞争力下降。人力、资本、技术的外流又将进一步使产业创新资源配置出现恶化,导致产业创新效率降低。

④ 信息要素。

第一条路径:"互联网+"→产业集聚→产业集聚正效应→信息互

动频率提高→信息搜寻成本降低→信息获取→创新资源配置优化→创新效率提升→产业竞争力提升→产业高质量发展→产业集聚正效应。

在互联网技术发展迅速的今天，信息资源逐步成为企业生产所不可或缺的重要因素。产业集聚可以使区域内不同企业的互动频率显著提高，进而提高了潜在的有效信息交互频率，这不仅使企业所需的各类信息的搜寻成本大大降低，也提升了信息匹配的精度与效率，有效地强化了企业创新资源的配置结构，从而提升了企业创新效率。

第二条路径："互联网＋"→产业集聚→产业集聚负效应→无效信息增加→信息筛选成本增加→有效信息减少→创新资源配置恶化→创新效率下降→产业竞争力下降→产业集聚负效应。

当产业过度集聚时，各类无效信息海量增加，信息识别精度开始下降，增加了企业对有效信息的筛选成本，进而增加了企业发展的潜在风险。这导致企业创新资源配置环境出现恶化，创新效率受到影响。

⑤ 制度要素。

第一条路径：产业集聚→产业集聚正效应→政府扶持→产业政策保障→创新资源配置优化→创新效率提升→产业竞争力提升→地方品牌→政府扶持。

产业集聚的正向效应使产业发展处于良性环境之中，区域内产业发展的影响力与日俱增，成为区域经济发展的主要动力，此时地方政府出于地方经济发展的考虑，将提供相关产业发展的政策保障，包括土地供给、财政补贴、税收退税等优惠政策，进一步增强了区域产业发展的吸引力与竞争力，导致各类创新要素加速集聚，促进了产业创新资源的优化配置，进而促进其创新效率的提升。而创新效率的不断提升又会使区域内的产业竞争力进一步加强，区域产业发展品牌得以强化，促使地方政府出台更有利于产业发展的政策，以增强区域产业发展的"明星效应"。

第二条路径：产业集聚→产业集聚负效应→政府扶持力度减弱→创新资源配置恶化→创新效率下降→产业竞争力减弱→政府扶持力度减弱。

与前述相反，产业过度集聚所带来的过度竞争与拥塞效应会导致产业发展环境恶化，使部分企业外迁，产业竞争力持续下降。当区域主导产业集聚发展的优势逐步减弱甚至丧失时，地方政府出于政绩考量，会将有限的资源转而投入其他可能成为主导产业的潜在行业，使产业优化资源配置的保障遭到弱化，进而影响其创新资源的配置，导致产业创新效率下降。

（2）"互联网+"背景下产业集聚影响创新网络进而影响产业创新的回路

所谓创新网络，是指在一定的空间地理范围内，以创新为目标建立的，由企业、中介机构、高校、科研院所、政府等无结构性质的主体节点构成的网络结构体系，这些节点可以进行信息交换、资源共享，从事有利于技术创新的活动，并形成诸多稳定的正式与非正式的关系。而"互联网+"背景下的产业集聚所产生的诸多集聚效应也势必使原有单一企业所形成的创新网络结构中各节点的关系发生重大变化，进而影响区域内的产业创新效率，其回路如图5-2所示。

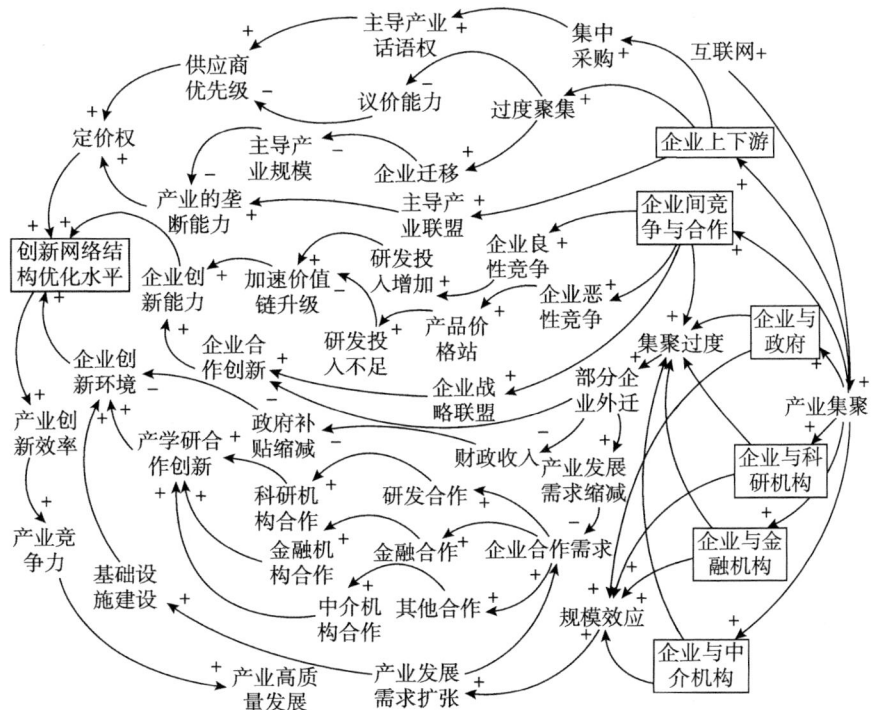

图5-2 "互联网+"背景下产业集聚影响创新网络进而影响产业创新的回路

① 产业集聚发展对企业与纵向企业之间关系的影响。企业与纵向企业之间的关系是指企业与产业链上下游企业之间的联系，纵向企业主要包括企业供应商与企业销售商。"互联网+"背景下，产业集聚对主导产业中企业与其供应商和销售商之间的主要影响路径如下。

第一条路径："互联网+"→产业集聚→产业集聚正效应→集中采购→主导产业话语权增强→供应商降价供应→企业生产成本下降→企业营收增加→企业研发投入增加→企业创新效率提高→企业竞争力提升→主导产业话语权增强。

区域产业集聚所带来的产业发展需求扩张，一方面使上下游企业之间的联系更为紧密，强化了区域专业化集聚能力，提升了区域内整个产业链上下游产业的发展水平；另一方面也使主导产业更容易形成产业联盟，强化其对产业链上游企业的议价能力，增强主导产业中企业的营收能力，进而为产业创新研发提供资金、技术保障，提升产业发展的竞争力。

第二条路径：产业集聚→产业集聚负效应→主导产业话语权削弱→供应商提价供应→企业成本上升→企业营收下降→企业研发投入减少→企业创新效率降低→产业竞争力减弱→主导产业话语权削弱。

产业过度集聚所引起的负面效应可能导致人力、资本的外迁，进而削弱区域内主导产业在整个产业链中的话语权，削弱产业对上游产业的议价能力，使主导产业中企业的生产利润降低，影响企业的研发投入与创新效率。

第三条路径："互联网+"→产业集聚→产业集聚正效应→主导产业联盟→主导产业垄断性增强→产品定价权增强→销售商议价能力减弱→企业营收增加→企业研发投入增加→企业创新效率提高→企业竞争力提升→产业垄断性增强。

区域产业集聚发展形成产业联盟，主导产业的垄断性增强，强化了其在与下游企业谈判中的定价能力，企业营收增加，进而影响企业研发投入与创新效率。

第四条路径：产业集聚→产业集聚负效应→企业迁徙→主导产业规模下降→产业垄断性减弱→产品定价权减弱→销售商议价能力增

强→企业营收减少→企业研发投入减少→企业创新效率下降→企业竞争力下降→产业垄断性减弱。

与前述相反，产业集聚的负效应会使主导产业的影响力减弱，削弱了企业对下游企业的定价权，进而影响主导产业中企业的生产利润，导致企业创新投入减少，创新效率降低。

②产业集聚发展对企业与横向企业之间关系的影响。企业与横向企业之间的关系是指企业与产品市场共同参与者之间的联系，横向企业主要包括生产同类产品的竞争型企业，以及与企业生产经营过程中的技术产品相配套的互补型企业，其中竞争型企业又可分为同质竞争企业与异质竞争企业。"互联网+"背景下，产业集聚对主导产业中企业与其竞争型企业及互补型企业之间关系的主要影响路径如下。

第一条路径："互联网+"→产业集聚→产业集聚正效应→竞争型企业良性竞争→增加研发投入→创新效率提升→企业竞争力提升→竞争型企业良性竞争。

产业适度集聚一方面可使同质企业之间产生良性竞争，另一方面可使主导产业与其上下游企业也产生良性互动。但是，不管是主导产业中同质企业之间的良性竞争，还是围绕主导产业链的上下游企业之间的良性互动，都会使企业增加研发投入，提升创新效率，以期从创新中增强自身的竞争力。

第二条路径：产业集聚→产业集聚负效应→竞争型企业恶性竞争→产品价格战→企业营收下降→企业研发投入不足→企业创新效率下降→企业竞争力减弱→竞争型企业恶性竞争。

产业过度集聚带来的过度竞争效应会使主导产业链中本就是竞争关系的同质企业之间的关系更加紧张，随着这种紧张关系的持续，同质企业彼此之间的竞争会突破原有的正常途径，各种恶意降价、商誉中伤等恶性竞争手段都可能出现，这将导致企业营收下降，企业将无暇关注创新活动，从而使其创新效率下降、竞争力减弱。而竞争力减弱后，企业更希望通过更为直接和有效的恶意竞争手段从市场获取利益，这又加剧了区域内的恶性竞争。

第三条路径："互联网+"→产业集聚→产业集聚正效应→互补型

企业对主导产业的黏性增强→企业合作加强→企业战略联盟→企业营收增加→创新投入加大→创新效率提升→企业竞争力提升→互补型企业对主导产业的黏性增强。

适度的产业集聚能够增加互补型企业之间的合作交流机会，互补型企业与主导产业内企业之间的黏性得到增强，区域多样化集聚水平进一步攀升。由于彼此间黏性的增强，互补型企业与主导产业内企业之间可能会形成潜在的或隐性的战略联盟，这一方面有助于企业联盟内企业生产经营环境的改善，使其自身营收水平得到提高，进而加大创新投入；另一方面，战略联盟的形成也有利于人力资源与技术的交流，从而提高了企业创新的成功率。

第四条路径：产业集聚→产业集聚负效应→企业生产环境改变→企业迁徙→互补型企业对主导产业的黏性减弱→企业生产成本增加→创新投入减少→创新效率降低→企业竞争力下降→互补型企业对主导产业的黏性减弱。

产业过度集聚带来的过度竞争与拥塞效应会导致企业生产环境恶化，部分企业会选择外迁，进而导致主导产业规模缩减与竞争力削弱。而主导产业的衰弱会使互补型企业的生产经营受到较大的影响，部分互补型企业也会选择与主导产业中的企业一起外迁，进而使互补型企业与主导产业企业之间的黏性降低，企业生产经营的各项成本将随之增加，企业的创新投入减少、创新效率下降。

③ 产业集聚发展对企业与政府之间关系的影响。

第一条路径："互联网+"→产业集聚→产业集聚正效应→产业影响力加强→政府扶持→基础设施完善→创新资源集聚→创新效率提升→企业竞争力增强→产业影响力加强。

产业集聚的正向效应使主导产业的影响力与日俱增，地方政府的扶持力度逐步加大，为了吸引更多企业，政府往往会大幅度增加基础设施投入，如交通设施、创客空间等，通过完善辅助设施，可以吸引众多创新资源的不断集聚，进而促进区域整体创新效率的提升。该路径与前述产业集聚带来政府可能的制度红利，进而促进企业创新资源优化配置、提升创新效率的主要区别在于：本路径是通过政府对外在环境的改善来吸引创新要素集聚,进而影响区域整体创新网络;而前述制度要素带来创新资源优化配置,则主要是通过政府制度红利来优化企业自身创新资源的配置,进而促进创新效率的提升。

第二条路径:产业集聚→产业集聚负效应→产业发展环境恶化→产业迁徙→产业影响力下降→政府财政收入下降→政府扶持减弱→基础设施不足→创新资源不够→创新效率下降→企业竞争力下降→产业发展环境恶化。

产业过度集聚带来的负效应会使部分企业外迁,产业影响力不断下降,地方政府财政收入受到影响,各类基础设施建设投入与产业补贴也随之缩减,进而可能影响区域创新资源的集聚程度,降低区域内的产业创新效率。

④ 产业集聚发展对企业与科研机构之间关系的影响。

第一条路径:"互联网+"→产业集聚→产业集聚正效应→产业发展需求扩张→科研机构合作加强→创新效率提升→企业竞争力提升→产业规模扩大→产业发展需求扩张。

产业集聚发展使区域产业的影响力得到加强,改变了以往单个企业与科研机构合作中的潜在掣肘,通过与科研机构的对接合作,不仅可以使科研机构的前沿理论与生产实际有效对接,提高科技转化率,也可以使企业自身的科技创新效率得到提升,形成企业与科研机构的双赢格局。

第二条路径:产业集聚→产业集聚负效应→产业发展环境恶化→企业迁徙→产业技术需求缩减→科研机构合作意愿减弱→创新效率下降→企业竞争力减弱→产业发展环境恶化。

产业过度集聚会使产业发展环境恶化、企业外迁,此时创新网络中的企业这一节点已经受到影响,产业发展的技术需求开始缩减,与科研机构合作的意愿也相对减弱,企业创新效率随之下降。

⑤ 产业集聚发展对企业与金融机构之间关系的影响。

第一条路径:"互联网+"→产业集聚→产业集聚正效应→产业发展需求扩张→金融机构合作加强→融资渠道扩张→产业资本充足→产业创新投入加大→产业创新效率提升→产业竞争力加强→产业发展需

求扩张。

产业适度集聚带来的各种正效应使产业发展需求逐步加大,金融机构与区域产业之间的合作加强,通过金融产品创新使区域内企业的融资渠道得到扩张,企业发展资本需求得以满足,在资本充足的情况下,企业会加大创新投入,提升创新效率。

第二条路径:产业集聚→产业集聚负效应→产业发展环境恶化→产业发展需求减弱→产业资本需求降低→金融机构合作减弱→企业融资渠道缩减→企业资金短缺→创新投入减少→创新效率下降→企业竞争力减弱→产业发展环境恶化。

与前述路径相反,产业过度集聚将导致产业发展环境恶化,当产业发展需求减弱后,产业资本开始逃离,金融机构对产业资金投入表现出谨慎态度,产业资本融资渠道缩减,资本充足率下降,导致企业资金短缺、创新投入不足,进而使创新效率下降。

⑥产业集聚发展对企业与中介机构之间关系的影响。

第一条路径:"互联网+"→产业集聚→产业集聚正效应→产业发展需求扩张→中介机构合作意愿加强→信息搜寻成本下降→信息匹配精度提升→企业经营成本下降→创新要素支撑加强→创新效率提升→企业竞争力加强→产业发展需求扩张。

中介机构是保证创新网络中各节点稳定运行的"润滑剂"与"黏合剂",随着区域内产业的不断集聚发展,产业发展需求逐步扩张,这势必会导致部分企业创新需求的扩张,此时中介机构作为桥梁,将企业与科研机构、金融机构、政府进行黏合,促进了创新要素供需信息的对接,有效地促进了创新网络的发展,进而使区域内产业创新效率不断提升。

第二条路径:产业集聚→产业集聚负效应→产业发展需求缩减→中介机构合作减少→信息匹配精度下降→企业经营成本上升→创新要素支撑减弱→创新效率下降→企业竞争力下降→产业发展需求减弱。

产业过度集聚会导致产业发展环境恶化,部分企业外迁之后,产业整体发展需求缩减,中介机构的合作机会开始大幅度减少,导致部分中介机构中断区域内的合作,这又使区域内企业对生产发展所需信息的搜寻成本大幅上升，且信息匹配精度与效率开始降低，进而使企业创新所需创新要素的支撑作用开始减弱，创新效率下降。

综上所述，产业集聚对产业创新总的作用路径如图5-3所示。

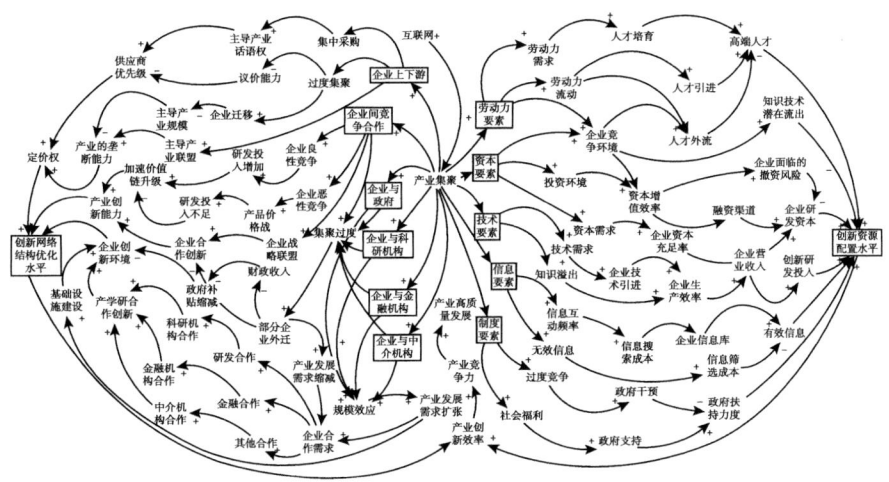

图5-3 产业集聚对产业创新总的作用路径

由上述分析可知，产业集聚对于产业创新网络中的内部节点与外部环境都具有重要的影响，不同类型的产业集聚方式使各类资源与信息流的传递方向不一致，从而使其带来的外部性可以对产业创新产生不同的作用。例如，同类产业集聚形成的专业化集聚可以通过竞争效应促进产业生产技术的不断提升，进而扩大产业规模，从产业的规模效应中获得更多的技术溢出。相反，不同类型的互补型或者产业链上下游企业形成的多样化集聚，可以使知识流与信息流在不同产业之间逐步扩散，这种扩散势必建立在产品功能与服务壁垒被突破而形成的融合之上，因而可能对产业创新的纯技术发展产生一定的影响。此外，不同区域与不同行业的外部环境并不一致，因此可能导致产业集聚对产业创新影响的作用不同。鉴于此，本书提出如下假设：①不同的产业集聚类型将对产业创新产生不同的影响；②不同区域的产业集聚对产业创新的影响作用不同；③不同行业的产业集聚对产业创新的影响作用不同。

5.2 制造业产业集聚提升产业创新水平的机理解析

为了说明"互联网+"背景下产业集聚对产业创新的作用机理,本书拟通过改进的C—P数理模型简要分析在制造业集聚的条件下,产业创新发展所需的条件。由于产业集聚可以带来规模效应、外部效应等正向作用,因此此处认为只要相关产业集聚,即表明该产业处于生产效率提升的良性发展阶段。也就是说,如果在制造业产业集聚条件下能促进创新生产部门集聚,那么就说明制造业集聚可以促进创新部门创新效率的提升,创新部门处于良性发展状态。

5.2.1 模型假设与设定

1. 模型假设

假设经济体中存在两个空间区域:地区A和地区B,其中存在三个功能性生产部门,分别为传统部门(农业部门)T、现代产业部门(制造业部门)M、中间产品部门(创新部门)R。其中,农业部门仅从事简单的基础劳动;现代产业部门即制造业部门主要生产工业终端产品,用于消费者日常生活消费;中间产品部门即创新研发部门则主要生产知识,这种知识不仅体现为各种终端专利技术产出,也可以抽象为具有新技术表象的制造业中间投入,也就是工业生产过程终端的技术创新。两地企业生产要素的投入主要为劳动力要素投入,并且在初始条件下,产业发展已处于集聚状态。在地区A,企业专门从事制造业生产,包括初级工业产品和高级工业产品,而高级工业产品需要创新部门的支撑,也就是说,在地区A不仅有从事工业生产的制造业部门,也有从事创新活动的创新研发部门。而地区B则主要从事农产品生产,不存在制造业部门和创新研发部门。工业生产部门的主要投入为劳动力和创新部门所生产的新知识,且工业生产部门具有规模不变和完全竞争的特性,创新部门对于创新产品的生产具有规模报酬递增和垄断竞争的特性。

假定地区 A 的劳动力总数为 L_A，其专门从事制造业和创新生产；地区 B 的劳动力总数为 L_B，地区 B 在初始阶段，劳动力只从事农业生产，而从事工业和创新生产的劳动力数量为零。当经济正常运行时，假定地区 B 的部分劳动力为了追求更高的生活水平，会有 δL_B 的劳动力经培训后转移到地区 A，从事制造业与创新研发部门劳动，并假定这部分人将收入寄回地区 B 进行消费。同时，假定在没有互联网影响的情况下，对于农产品而言，其在地区 B 以及其与地区 A 之间的运输都不存在运输成本。对于制造业产品或者创新产品而言，其在地区 A 内不存在运输成本，但如果将制造业产品或创新产品运往地区 B，则只有总量的 $\frac{1}{\tau_M}$ 和 $\frac{1}{\tau_R}$ 可以运到，且 $\tau_M > 1$，$\tau_R > 1$。即存在"冰山成本"，实际而言，该部分即可视作运输过程中的损耗。由于"互联网+"技术可以有效地降低信息搜寻成本与匹配成本，提升物流以及信息流通效率，即可以减少制造业产品及创新产品在流通过程中的损耗，降低产品在不同区域间流通的"冰山成本"。假定此时"互联网+"发展水平为 θ，且有 $\theta \geq 1$，则在"互联网+"背景下，制造业产品和创新产品从地区 A 运往地区 B，将有 $\frac{\theta}{\tau_M}$ 和 $\frac{\theta}{\tau_R}$ 运到，地区 B 的相关产品售价分别为地区 A 的 $\frac{\tau_M}{\theta}$ 和 $\frac{\tau_R}{\theta}$。从价格关系来看，若差异化产品 i 的生产地区为 $d =$ A，B，且售价为 $p_d(i)$，产品运送到另一个不同的地区 $x \neq d$ 的销售价格为 $p_{dx}(i) = p_d(i)\tau_h$，其中 $h =$ M，R。

2. 模型设定

假定两地区居民具有相同的偏好，且效用函数为

$$U = \frac{Q^\mu T^{1-\mu}}{\mu^\mu (1-\mu)^{1-\mu}}, \quad 0 < \mu < 1 \qquad (5-1)$$

式中，μ 为整个经济体中居民消费总支出中用于制造业产品的消费比例，则 $1-\mu$ 为经济体中居民消费总支出中用于农业产品的消费比例；T 表示居民消费对农业部门所生产的农业产品的消费量；Q 表示居民消费对于制造业部门生产产品的消费量。

对于制造业部门而言，由于生产投入主要为劳动力要素和创新投

入,所以有

$$\Psi^M = L^{1-\alpha} I^{\alpha}, \quad 0 < \alpha < 1 \tag{5-2}$$

式中,Ψ^M 表示制造业生产部门 M 的总产出;L 表示生产过程中的劳动投入;I 表示生产过程中的创新投入;α 为制造业部门生产工业产品时创新投入 I 的投入比例,$1-\alpha$ 为生产中劳动投入 L 的投入比例。

假定制造业生产中的创新投入为一组投入组合,该组合中一共有 V 种创新产品,则生产中的创新投入组合为

$$I = \left\{ \int_0^V [q(i)]^{\rho} di \right\}^{\frac{1}{\rho}}, \quad 0 < \rho < 1 \tag{5-3}$$

式中,$q(i)$ 表示创新投入组合中第 i 种创新投入;V 表示创新部门生产且在制造业部门生产中应用的创新组合的种类数;ρ 表示要素多样化需求参数,其数值越大,表明创新投入的差异化水平越低,反之,创新投入的差异化水平越高。

实际上,在 CES 生产函数中,其与创新要素组合中要素差异化的替代弹性 σ 有一个简明的关系,即

$$\rho = 1 - \frac{1}{\sigma} \tag{5-4}$$

由于创新部门具有规模报酬递增和垄断竞争特性,其在生产过程中也需要一定的初始固定成本投入才可以进行生产,而在此模型的初始假定中只有劳动力投入,因此可以将该部分固定成本抽象为原始劳动力投入。假定创新部门的生产函数形式为

$$q(i) = e^{1-f} \tag{5-5}$$

则在给定创新部门产量 $q(i)$ 的前提下,其所需的劳动力投入为

$$l(i) = f + \ln q(i) \tag{5-6}$$

这表明创新部门的劳动力投入为固定初始投入加上边际投入。其中 f 表示所需要的初始劳动力投入数量。由于创新部门劳动的边际产量为

$$\frac{\mathrm{d}q(i)}{\mathrm{d}l} = e^{1-f} > 0 \tag{5-7}$$

且该函数为劳动力 l 的单调递增函数,表明随着劳动力的不断投入,其边际产量也在不断增加,即表明创新部门在创新过程中存在外部性,

使得边际报酬递增。对于农业部门和制造业部门而言,假定两地居民收支总额为 Y,则两部门的需求函数分别为

$$T = \frac{(1-\mu)Y}{P^T} \tag{5-8}$$

$$Q = \frac{\mu Y}{P^M} \tag{5-9}$$

式中, P^T 表示农业产品价格指数; P^M 表示制造业最终产品价格指数。对于创新部门而言,其一揽子价格为

$$P^R = \left[\int_0^v P(i)^{-(\sigma-1)}\right]^{\frac{1}{\sigma-1}} \tag{5-10}$$

式中, σ 为创新部门创新产品的需求弹性; $P(i)$ 为创新部门第 i 种创新产品的价格。为了研究创新部门的生产经营状况,现假定地区 A 内制造业部门和创新部门的劳动力价格即工资相等,且均为 w_A,而地区 B 农业部门的劳动力工资为 w_B。由于制造业部门和创新部门的劳动力素质相对较高,因此两地工资的关系为 $w_A > w_B$,为了方便分析,令 $w_B = 1$。因此,对于创新部门而言,其利润为

$$\pi_d(i) = P(i)q_d(i) - w_d[f + \ln q_d(i)] \tag{5-11}$$

式中, $d = A, B$。根据利润最大化一阶条件可知

$$\frac{\partial \pi_d(i)}{\partial q_d(i)} = P(i) + \frac{\partial P(i)}{\partial q_d(i)} - \frac{w_d}{q_d(i)} = 0 \tag{5-12}$$

因此,创新部门的均衡价格为

$$P_d^R = \frac{w_d \sigma}{(1 - e^{\frac{f}{\sigma-1}})\sigma - 1} \tag{5-13}$$

对应的,当利润为零时,创新部门的产量为

$$q^* = e^{\frac{f}{\sigma-1}} \tag{5-14}$$

劳动力数量为

$$l^* = \frac{\sigma f}{\sigma - 1} \tag{5-15}$$

将上述结果代入并进行积分,可知创新部门的一揽子价格为

$$P^R = \left(1 - \frac{1}{\sigma}\right)^{\frac{\sigma}{\sigma-1}} f^{\frac{1}{\sigma-1}} e^{\frac{f}{\sigma-1}} \left[L_A^R(w_A)^{-(\sigma-1)} + L_B^R\left(w_B \frac{\tau^R}{\theta}\right)^{-(\sigma-1)}\right]^{\frac{1}{(\sigma-1)}}$$

$$= \rho^{\frac{\sigma}{\sigma-1}} f^{\frac{1}{\sigma-1}} e^{\frac{f}{\sigma-1}} \left[L_A^R (w_A)^{-(\sigma-1)} + L_B^R \left(w_B \frac{\tau^R}{\theta} \right)^{-(\sigma-1)} \right]^{\frac{1}{(\sigma-1)}} \quad (5-16)$$

根据初始假设，创新部门主要集中于地区 A，因此该区域内创新部门所生产产品的价格指数为

$$P_A^R = \left(1 - \frac{1}{\sigma}\right)^{\frac{\sigma}{\sigma-1}} f^{\frac{1}{\sigma-1}} e^{\frac{f}{\sigma-1}} \left[L_A^R (w_A)^{-(\sigma-1)} \right]^{\frac{1}{(\sigma-1)}}$$

$$= \rho^{\frac{\sigma}{\sigma-1}} f^{\frac{1}{\sigma-1}} e^{\frac{f}{\sigma-1}} \left[L_A^R (w_A)^{-(\sigma-1)} \right]^{\frac{1}{(\sigma-1)}} \quad (5-17)$$

此时，地区 B 的创新产品价格指数为

$$P_B^R = P_A^R \frac{\tau^R}{\theta} \quad (5-18)$$

对于制造业部门而言，由于其投入要素主要为劳动力要素和创新部门的创新产品，因此其终端产品的单位成本为

$$c^M = \alpha^{-\alpha} (1-\alpha)^{-(1-\alpha)} w_d^{1-\alpha} P_d^{R\alpha} \quad (5-19)$$

为了便于计算制造业生产中的劳动力需求量 L^M 与需求量 $q(i)$，下面对制造业部门的生产函数进行简要分析。设 $q(1)$ 和 $q(2)$ 分别为制造业部门中对要素 1 和要素 2 的需求量，对于制造业部门而言，因为差异化产品 1 对产品 2 的替代弹性为

$$\sigma_{12} = \frac{\left[\ln \frac{q(2)}{q(1)} \right]}{[\ln MRS_{12}]} \quad (5-20)$$

结合 CES 函数中不同要素之间的替代弹性不变的特点，则有

$$\left[\ln \frac{q(2)}{q(1)} \right] = \sigma [\ln MRS_{12}] = \ln (MRS_{12})^\sigma \quad (5-21)$$

所以有

$$\frac{q(2)}{q(1)} = (MRS_{12})^\sigma \quad (5-22)$$

又由于

$$MRS_{12} = -\frac{\frac{\partial U}{\partial q(1)}}{\frac{\partial U}{\partial q(2)}} = \frac{\partial q(2)}{\partial q(1)} \quad (5-23)$$

在预算约束条件下，边际替代率实际上是约束预算线的斜率，也

就是不同要素的价格之比,于是 $MRS_{12} = \frac{\partial q(2)}{\partial q(1)} = \frac{p(1)}{p(2)}$,故 $\frac{q(2)}{q(1)} = \left[\frac{p(1)}{p(2)}\right]^{\sigma}$。

由于任意两种要素的替代弹性相等,因此综上可知要素需求量为

$$q(i) = p^{\sigma}P^{\sigma-1}\alpha\Psi^M \tag{5-24}$$

式中,p 为某种要素的单位价格;P 为该要素在区域内的一揽子价格。

因此,当制造业部门的最终产出为 ψ^M 时,劳动力要素和创新要素的需求函数为

$$L^M = (1-\alpha)c^M\Psi^M w^{-1} \tag{5-25}$$

$$q(i) = \alpha c^M\psi^M p(i)^{-\sigma}P^{\sigma-1} \tag{5-26}$$

对于农业部门和制造业部门而言,其市场均衡分析如下。

(1) 农业部门

在地区 A 中,其总收入为

$$Y_A = L_A w_A \tag{5-27}$$

此时,该地区对于农产品的需求量为

$$T_A = (1-\mu)L_A w_A \tag{5-28}$$

在地区 B,本地留守劳动力从事农业活动,获得 $w_B = 1$ 的单位工资;外出务工,即转移到地区 A 的劳动力则获得当地工资收入 w_A。因此,地区 B 的总收入为

$$Y_B = (1-\delta)L_B + \delta L_B w_A \tag{5-29}$$

于是,该地区对农产品的需求量为

$$T_B = (1-\mu)[(1-\delta)L_B + \delta L_B w_A] \tag{5-30}$$

因此,农业部门总的需求量为

$$T = (1-\mu)L_A w_A + (1-\mu)[(1-\delta)L_B + \delta L_B w_A] \tag{5-31}$$

根据假设,农业部门仅在地区 B 中,即经济体中的农产品完全由地区 B 提供,假定此时对于农业部门而言,投入主要为劳动力要素,由于其规模报酬不变,单位劳动产出视作单位产品,因此农业部门的总产出可以用其总的劳动力投入替代,即有 $T = L_B$,也就是

$$L_B = (1-\mu)L_A w_A + (1-\mu)[(1-\delta)L_B + \delta L_B w_A] \tag{5-32}$$

解得

$$w_A = \frac{(\delta + \mu - \delta\mu)L_B}{(1-\mu)(L_A + \delta L_B)} \qquad (5-33)$$

由初始假设可知，$w_A > w_B = 1$，因此有

$$\mu > \frac{L_A}{L_A + L_B} \qquad (5-34)$$

（2）制造业产品市场

制造业产品市场属于完全竞争市场，根据完全竞争市场中的稳定条件即边际收益等于边际成本，则有：

在地区 A

$$P_A^M = C_A^M \qquad (5-35)$$

在地区 B

$$P_B^M = P_A^M \frac{\tau^M}{\theta} = C_A^M \frac{\tau^M}{\theta} \qquad (5-36)$$

因此，两地对制造业终端产品的需求为：

在地区 A

$$Q_A = \frac{\mu L_A w_A}{C_A^M} \qquad (5-37)$$

在地区 B

$$Q_B = \frac{\theta\mu[(1-\delta)L_B + \delta L_B w_A]}{C_A^M \tau^M} \qquad (5-38)$$

由于地区 A 和地区 B 的工业产品均由地区 A 制造供应，因此有

$$\psi_A^M = \frac{\mu L_A w_A}{C_A^M} + \frac{\theta\mu[(1-\delta)L_B + \delta L_B w_A]}{C_A^M \tau^M} \qquad (5-39)$$

在制造业已经集聚的前提下，为了维持现有集聚状态，地区 B 的制造业生产成本应高于从地区 A 运往地区 B 产品的售价，这样才能保证地区 A 的企业没有动力向地区 B 迁移。这样就意味着

$$C_B^M \geqslant C_A^M \frac{\tau^M}{\theta} \qquad (5-40)$$

由于

$$C_B^M = \alpha^{-\alpha}(1-\alpha)^{-(1-\alpha)}\left(P_A \frac{\tau^R}{\theta}\right)^\alpha \qquad (5-41)$$

$$C_A^M = \alpha^{-\alpha}(1-\alpha)^{-(1-\alpha)} w_A^{1-\alpha} p_A^{\alpha} \quad (5-42)$$

所以有

$$\tau^R \geq \left[\frac{(\delta+\mu-\delta\mu)L_B}{(1-\mu)(L_A+\delta L_B)}\right]^{\frac{1-\alpha}{\alpha}} \left(\frac{\tau^M}{\theta}\right)^{\frac{1}{\alpha}} \quad (5-43)$$

(3) 创新部门

对于地区 A 的创新部门而言,当制造业部门的最终产出为 ψ^M 时,创新要素的实际需求为

$$q_A = \alpha e^{\frac{f}{\sigma-1}} f(L_A^R)^{-1} \left[\frac{(\delta+\mu-\delta\mu)L_B}{(1-\mu)(L_A+\delta L_B)}\right]^{-1} \quad (5-44)$$

当创新部门处于利润最大化状态时,有

$$q_A = q^* = e^{\frac{f}{\sigma-1}} \quad (5-45)$$

整理得

$$L_A^R = \frac{\alpha\mu(L_A+\delta L_B)^2}{(\delta+\mu-\delta\mu)L_B} \quad (5-46)$$

假设当创新部门在地区 B 进行生产,对地区 A 制造业企业进行投入时,地区 B 面临的需求为

$$q_B = e^{\frac{f}{\sigma-1}} f\left[\frac{\mu(\delta+\mu-\delta\mu)L_B}{1-\mu}\right]^{\sigma} (L_A+\delta L_B)^{-\sigma} \left(\frac{\tau^R}{\theta}\right)^{-(\sigma-1)} \quad (5-47)$$

同理,若要创新部门在地区 A 集聚发展,则需要其在地区 B 没有相应的利润,此时创新部门企业所面临的需求量应小于其处于利润最大化状态时的需求量,即有

$$Q_B \leq Q^* = e^{\frac{f}{\sigma-1}} \quad (5-48)$$

解得

$$\tau^R \geq \theta f^{\frac{1}{\sigma-1}} \left[\frac{\mu(\delta+\mu-\delta\mu)L_B}{(1-\mu)(L_A+\delta L_B)}\right]^{\frac{1}{\rho}} \quad (5-49)$$

5.2.2 模型结论分析

由上述分析可知,制造业部门集聚与创新部门集聚是需要满足一定条件的,如图 5-4 所示。

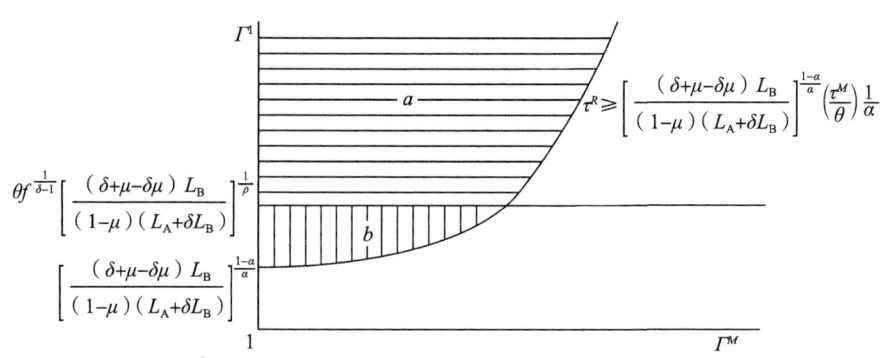

图 5-4 制造业部门与创新部门集聚条件

在图中阴影部分 a 内，不仅满足制造业集聚的相关条件，也满足创新部门集聚的条件，表明在此区域内，制造业部门和创新部门处于共同集聚状态。阴影部分 b 满足制造业部门集聚条件，但不满足创新部门集聚条件，表明在此区域内，制造业部门集聚而创新部门并不集聚。显而易见，在制造业部门集聚的前提下，创新部门是否集聚取决于其"冰山成本"的损耗状况，当创新部门的产品损耗高于阈值时，即

$$\tau^R \geq \theta f^{\frac{1}{\sigma-1}} \left[\frac{\mu(\delta+\mu-\delta\mu)L_B}{(1-\mu)(L_A+\delta L_B)}\right]^{\frac{1}{\rho}} \quad (5-50)$$

创新部门将集聚于地区 A；而当损耗低于该阈值时，创新部门则不会在地区 A 集聚，即创新部门分布于地区 A 和地区 B 两地。为了详细考察"互联网+"背景下制造业部门集聚所引起的创新部门集聚情况，下面将对满足图 5-4 集聚情况的各参数进行讨论。

1. 创新部门的集聚依赖于制造业部门的初始集聚程度

制造业部门的集聚所带来的集聚效应有助于创新要素的集聚，进而促使创新部门形成集聚。假定模型中的其他参数不变，当地区 B 的劳动力向地区 A 转移的程度提升，即系数 δ 增大时，说明初始状态下制造业部门在地区 A 的集聚程度逐步提升。

此时，$\left[\frac{(\delta+\mu-\delta\mu)L_B}{(1-\mu)(L_A+\delta L_B)}\right]^{\frac{1-\alpha}{\alpha}} \left(\frac{\tau^M}{\theta}\right)^{\frac{1}{\alpha}}$ 呈现递减趋势，说明图 5-4

中曲线 $\tau^R = \left[\dfrac{(\delta + \mu - \delta\mu)L_B}{(1-\mu)(L_A + \delta L_B)}\right]^{\frac{1-\alpha}{\alpha}} \left(\dfrac{\tau^M}{\theta}\right)^{\frac{1}{\alpha}}$ 向右下方移动。这表明一方面，较小的创新部门所产生的创新知识和产品在区际间转移的损耗与制造业部门所生产的制造业产品在区际间转移的损耗之比，可以使制造业部门和创新部门都实现集聚状态。另一方面，随着 δ 的增大，创新部门集聚所需要的创新产品在区际间转移损耗的阈值也将逐步减小，也就是说，图 5-4 中相应的线将下移，即随着初始状态下制造业部门集聚程度的逐步提升，创新部门集聚程度也将提高，即图 5-4 中区域 a 的面积将变大。

2. 创新部门的集聚依赖于制造业部门集聚引致的工业品消耗程度

当制造业部门所生产的产品在消费中的占比逐步提升，即区域中制造业部门出现过度集聚时，创新部门的集聚将出现新的状况。假定模型中的其他因素不变，当制造业部门生产的工业终端产品在居民消费中的占比逐步提升，即 μ 逐步增大时，由于 $\dfrac{\mu}{1-\mu}$ 递增，而 $\dfrac{1-\alpha}{\alpha}$ 恒为正数，所以 $\left(\dfrac{\mu}{1-\mu}\right)^{\frac{1-\alpha}{\alpha}}$ 也单调递增，这意味着当 μ 逐步增大时，曲线 $\tau^R = \left[\dfrac{(\delta + \mu - \delta\mu)L_B}{(1-\mu)(L_A + \delta L_B)}\right]^{\frac{1-\alpha}{\alpha}} \left(\dfrac{\tau^M}{\theta}\right)^{\frac{1}{\alpha}}$ 将上移。与此同时，随着 μ 的增大，创新部门集聚所需要的转移损耗阈值 $\theta f^{\frac{1}{\sigma-1}} \left[\dfrac{\mu(\delta + \mu - \delta\mu)L_B}{(1-\mu)(L_A + \delta L_B)}\right]^{\frac{1}{\rho}}$ 也将上移。在两者的共同作用下，将使图 5-4 中区域 a 的面积变小。因此，随着工业制成品在居民消费中占比的逐步提升，将抑制创新部门的集聚。事实上，当制造业部门所生产的工业制成品在消费中的占比逐步攀升时，制造业的地位也得到了提升，相应的在地区 A 可能出现制造业过度集聚的情况，这使部分制造业开始选择迁出地区 A，该区域中的制造业集聚程度下降，这自然而然地将带走部分创新部门，抑制了创新部门在地区 A 中的集聚。只有当创新部门跨区域损耗大于制造业部门跨区域运输损耗时，创新部门才会停止随制造业部门外迁，即维持现有制造业部门在地区 A 的集聚状态。现实表明，随着工业化的不断深入，部分沿海地区以及原来制造业部分或创新部门集聚区域中开始出现过度集聚情况，部分制造业选择向中西部地区外迁，而制造业的产业转入将带动中西部地区创新要素的集聚和创新能力的提升，但对于特别高端的技术部门而言，其外迁的损耗将远远大于相应制造业部门运输成本的降低，因此其将继续停留在原来的沿海区域。

3. 创新部门的集聚依赖于制造业部门的创新投入程度

创新部门的集聚与制造业部门的创新投入相关。特别是在制造业部门集聚尚未达到过度集聚阶段时，如果制造业部门的创新投入增加，将带动创新要素集聚，进而推动创新部门高速发展。假定模型中的其他因素不变，当 $\frac{(\delta + \mu - \delta\mu)L_B}{(1-\mu)(L_A + \delta L_B)} \geq 1$，即 $\frac{L_A}{L_B} \leq \frac{\mu - 2\delta\mu}{1-\mu}$ 时，随着制造业部门创新投入 α 的增加，$\left[\frac{(\delta + \mu - \delta\mu)L_B}{(1-\mu)(L_A + \delta L_B)}\right]^{\frac{1-\alpha}{\alpha}}$ 单调递减，而 $(\tau^M)^{\frac{1-\alpha}{\alpha}}$ 也呈递减状态，图 5-4 中的曲线将向右下方移动，进而使区域 a 面积变大，即制造业部门和创新部门更加呈现集聚状态。假设模型中的其他因素不变，当 $\frac{(\delta + \mu - \delta\mu)L_B}{(1-\mu)(L_A + \delta L_B)} < 1$，即 $\frac{L_A}{L_B} > \frac{\mu - 2\delta\mu}{1-\mu}$ 时，随着制造业部门创新投入 α 的增加，$\left[\frac{(\delta + \mu - \delta\mu)L_B}{(1-\mu)(L_A + \delta L_B)}\right]^{\frac{1-\alpha}{\alpha}}$ 单调递增，而 $(\tau^M)^{\frac{1-\alpha}{\alpha}}$ 依然呈递减状态，则无法判断其综合作用。

从创新部门创新产品的区际损耗阈值来看，α 的变动不会影响该数值。总体而言，在模型中其他因素不变的情况下，只有在初始状态下，当地区 A 的劳动力与地区 B 劳动力的比值小于 $\frac{\mu - 2\delta\mu}{1-\mu}$ 时，随着制造业部门创新投入比例 α 的增加，创新部门有集聚倾向。这表明在地区 A 尚未达到过度集聚状态时，随着制造业部门创新投入程度的提升，将有助于创新部门集聚。

4. 创新部门的集聚依赖于"互联网+"发展水平

由于"互联网+"发展水平将影响制造业部门和创新部门产品在区际间的流动损耗，因此创新部门的集聚还依赖于"互联网+"的发展水平。

假设模型中的其他因素不变,当"互联网+"发展水平 θ 提升时,创新部门区际间的损耗阈值 $\theta f^{\frac{1}{\sigma-1}}\left[\frac{\mu(\delta+\mu-\delta\mu)L_B}{(1-\mu)(L_A+\delta L_B)}\right]^{\frac{1}{\rho}}$ 将上移,也就是说,"互联网+"有助于降低创新部门在区际间的损耗。因此,要使创新部门依然在地区 A 集聚,其损耗阈值将上升。而此时,"互联网+"发展水平 θ 的提升将使曲线 $\tau^R = \left[\frac{(\delta+\mu-\delta\mu)L_B}{(1-\mu)(L_A+\delta L_B)}\right]^{\frac{1-\alpha}{\alpha}}\left(\frac{\tau^M}{\theta}\right)^{\frac{1}{\alpha}}$ 下移,由于 $\frac{1}{\alpha} \geq 1$,曲线 τ^R 的下移速率将大于阈值 $\theta f^{\frac{1}{\sigma-1}}\left[\frac{\mu(\delta+\mu-\delta\mu)L_B}{(1-\mu)(L_A+\delta L_B)}\right]^{\frac{1}{\rho}}$ 的上移速率。综合而言,随着"互联网+"发展水平 θ 的提升,图 5-4 中阴影区域 a 的面积将扩大,即有利于创新部门的集聚。

5.3 "互联网+"背景下产业集聚对产业创新影响的实证分析

5.3.1 制造业产业创新水平的测度

一般而言,区域创新活动涵盖了技术投入与成果转化两个阶段,因此创新活动一方面可以从创新投入程度上加以度量,另一方面也可以从最终成果转化角度加以说明。但实际上,单方面从投入或产出角度,都不能全面地反映区域产业创新活动的完整过程。此外,在当前经济社会高质量发展阶段,区域创新能力的表现不应该只是数量上的绝对反映,更多的应该从不同阶段之间的转换水平与实际转换能力出发去衡量。因此,本书拟采用创新效率来反映创新活动的实际水平,一方面,可以有效地涵盖创新投入端和产出端,并清晰地反映两者之间的转换关系;另一方面,也可体现出区域创新能力提升的实际"质量"。

1. 创新效率测度的主要方法

当前关于创新效率评价的主要方法可以归为两类,分别是参数法与非参数法。

(1) 参数法

参数法主要是基于计量经济学中的模型与方法求解相关投入要素参数,在此基础上对创新效率进行估算。这种方法将"索罗(Solow)余值"认定为由技术创新所致,故将其作为一种"技术进步"。此后,部分学者为了详细地分析这种"技术进步"的构成,提出了随机前沿生产函数,用于解决一般生产函数参数估计的最优性问题。该方法主要由艾格纳(Aigner)、洛弗尔(Lovell)、布洛克(Broeck)等人提出,他们认为,生产率的变动可以分解为两部分,即生产可能性边界的变动与技术效率的变动。该方法最大的优点在于,其将生产差异估计的误差项分解为由技术效率变化引起的误差项与由不可控因素引起的随机误差项。早期的随机前沿方法(SFA)主要应用于截面数据,后来 Pitt 和 Lee(1981)、Kumbhakar(1990)将其应用于面板数据。目前,主流经济学家使用的随机前沿生产函数模型是 Battese 和 Coelli (1995) 设定的基于时间序列面板数据的模型。SFA 模型的主要形式为

$$y_{it} = \beta x_{it} + \varepsilon_{it}$$
$$\varepsilon_{it} = v_{it} - u_{it}$$
$$u_{it} = q_{it}\lambda + w_{it} \quad (5-51)$$

式中,y_{it} 为企业 i 在时间 t 的产出;x_{it} 为企业 i 在时间 t 的投入;β 为模型的被估计参数,即投入要素的产出效率;v 为模型的随机干扰项,服从正态分布,各变量之间满足相互独立同分布,且与代表技术非效率的管理误差项 u 相互独立;u 满足非负正态分布,即 $u>0$;q 为解释个体效率差异的因素变量组合;λ 为待估计参数组合;w 为满足正态分布的随机干扰项。

(2) 非参数法

当无法对待估计参数进行准确推断时,可以采用非参数法进行研究。当前常用的非参数法主要是指数估计法与数据包络分析法,其中指数估计法主要通过对投入产出关系的分析,利用相关比例对产出效率进行说明。当前衡量生产效率的主要指数分析法有费希尔(Fisher)理想指数、Malmquist 指数与 Tornqvist 指数等。数据包络分析法

（DEA）最早由美国著名运筹学家查恩斯（Chames）在1978年提出用来进行效率评价，旨在将投入产出点映射在空间中，以最大产出或最小投入为效率边界，并以此为基准，测算其他点与边界之间的距离。

2. 测算方法的选取

考虑到本书中的测算指标具有"多投入、多产出"的特征，为了避免因函数设定误差导致整体估计误差的形成，本书拟采用DEA方法对区域产业技术创新效率进行测算。但传统的DEA方法往往只是针对研究区域本身而言，没有考虑其处在不同的外部环境中，如不同的经济体制、开放程度等都会对区域中的产业技术创新产生巨大影响，而这些影响会导致利用传统DEA方法所做出的评价不一定准确。为了避免不同的环境对区域产业创新效率测算准确性的影响，本书拟采用弗里德（Fried）、施密特（Schmidt）等人提出三阶段DEA评价法。该方法可以将传统DEA模型中松弛变量所包含的信息加以剥离，通过相应的调整，使所有决策单元在假定的同等外部环境中受到随机冲击，通过对传统DEA模型的再次应用，可以得出调整后的效率测度值。该方法主要包括以下几个估计阶段。

（1）传统的DEA模型

假设具有N个决策单元，P种投入，Q种产出，于是第i个决策单元BCC的效率得分为

$$\min_{\theta,\lambda} \theta \\ st \begin{cases} -\boldsymbol{y}_i + \boldsymbol{Y\lambda} \geq 0 \\ \theta \boldsymbol{x}_i - \boldsymbol{X\lambda} \geq 0 \\ N_1 \boldsymbol{\lambda} = 1 \\ \boldsymbol{\lambda} \geq 0 \end{cases} \quad (5-52)$$

式中，$\boldsymbol{x}_i$和$\boldsymbol{y}_i$分别表示第i个决策单元的投入与产出，且$\boldsymbol{x}_i$为P维列向量，而$\boldsymbol{y}_i$为Q维列向量；$\boldsymbol{X}$是由N个决策单元共同形成的$P \times N$的投入矩阵，其每一行表示一种投入，每一列则代表一个决策单元；$\boldsymbol{Y}$是由N个决策单元共同形成的$Q \times N$的矩阵；N_1为每个元素都为1的N维列向量；$\boldsymbol{\lambda}$也是N维列向量，表示当求出第i个决策单元的效率θ时，对应的最小投入的各个有效决策单元表达权重。

(2) SFA 模型调整

由于每个决策单元自身技术转换效率、所处外部环境和随机干扰项的差异，导致其投入结余量并不一致。为了详细地分析这种差异，可以将上述结余差额作为被解释变量，将外部环境变量作为解释变量，基于 SFA 模型构建以下公式

$$s_{ij} = f^j(\alpha_i, \beta_j) + v_{ij} + u_{ij} \quad (5-53)$$

式中，s_{ij} 表示第 i 个决策单元中第 j 种投入差额；f^j 表示与前述投入差额相对应的函数；$\alpha_i = (\alpha_{1i}, \alpha_{2i}, \cdots, \alpha_{ki})$ 表示第 k 个环境变量在第 i 个决策单元中的数值；β_j 表示第 j 种投入在 k 维环境变量中的相关参数；$v_{ij} + u_{ij}$ 表示投入差额的复合残差。其中 v_{ij} 表示随机误差项，符合 $v_{ij} \sim N(0, \sigma_{jv}^2)$；$u_{ij}$ 表示技术效率差异带来的误差项，为半正态分布，$u_{ij} \sim N + (u^j, \sigma_{ju}^2)$，$v_{ij}$ 与 u_{ij} 相互独立。此时，$f^j(\alpha_i, \beta_j) + v_{ij}$ 表示随机可能差额边界。

首先利用 Frontier 软件对参数 β_j、σ_{ju}^2、σ_{jv}^2 进行估计；然后借鉴 Jondrow（1982）的方法，依次对 u_{ij}、v_{ij} 进行估计；最后基于 SFA 模型估计结果，对各决策单元的投入量进行调整，其公式为

$$x_{ij}^A = x_{ij} + (\max\{\alpha_i \hat{\beta}_j\} - \alpha_i \hat{\beta}_j) + (\max\{\hat{v}_{ij}\} - \hat{v}_{ij}) \quad (5-54)$$

(3) 调整后的 DEA 模型估计

根据第二阶段 SFA 模型调整后的估计结果，再次利用 DEA 模型对各决策单元效率产出进行测度。

3. *数据来源与变量选取*

应用三阶段 DEA 方法对不同省份的产业创新效率以及制造业各子行业的创新效率进行测算时，应主要确定投入变量、产出变量和相应的环境变量。本书对上述变量的具体选取如下。

(1) 投入变量

从 C-D 生产函数以及区域创新系统的运行情况来看，可将人力和资本作为整个区域产业创新系统的主要投入变量。对于人力投入指标而言，大部分学者使用 R&D 人员数、企业员工中的科技人员占比等来表示；对于资本投入指标而言，主要是以 R&D 内部经费支出、新产品开发经费等来表示。综合考虑上述相关指标选取原则，对于区域产业

创新效率的测度，本书采用各省份制造业的 R&D 人员全时当量以及 R&D 内部经费支出作为区域产业创新系统的投入变量。对于行业创新效率的测度，则采用各行业相应的 R&D 人员全时当量以及 R&D 内部经费支出作为行业创新系统的投入变量。

（2）产出变量

创新科技成果是产业技术创新产出的重点，同时产业技术创新的另一个重点是这些技术创新所带来的经济效益，也就是创新成果的转化效益。因此，对于区域创新效率而言，本书拟选用每个省份的发明专利授权数来表示技术创新的科技成果，用制造业新产品销售收入来表示技术创新的经济效益。对于行业创新效率的测度而言，本书拟采用不同行业的新产品项目开发数表示科技成果转化效益，用不同行业的新产品销售收入作为技术创新经济效益。

（3）环境变量

借鉴 Fried 等（2002）的研究，三阶段 DEA 方法中的环境变量应满足"分离假设"，也就是说，环境变量应该是对区域产业创新效率产生影响，但不在样本主观可控范围内的因素。考虑到区域产业创新系统的特点，参照白俊红、蒋伏心（2011）的研究思路，本书拟选取宏观经济环境、市场开放程度、政策支持强度、成果转化基础支撑作为环境变量。

① 宏观经济环境。一般而言，宏观经济环境较好的区域对创新的投入更多，也更容易促进创新活动的进行。对于区域创新效率测度而言，本书用各地区的 GDP 总额衡量不同区域的宏观经济发展水平。对于行业创新效率而言，本书利用不同产业的主营业务收入总额作为衡量行业发展水平的表征。

② 市场开放程度。市场开放程度的提升有助于不同区域、行业、企业之间信息交互水平与技术外溢效应的提升。对于区域创新效率的测算，本书以外商直接投资额为衡量开放程度的指标。对于行业创新效率的测度，则用不同行业的外商资本数作为其衡量指标。

③ 政策支持强度。不同区域的政策环境有所不同，强有力的政策支持将是区域创新活动的有力保障，本书将各地区科研经费中的政府

资金总额为衡量指标。对于行业创新效率的测度,则采用不同行业科研经费中的政府资金总额作为衡量指标。

④成果转化基础支撑。各地科研成果转化基础支撑强度不一,一般而言,强有力的成果转化基础支撑可以促进企业研发资金的快速回笼,对新一个投放周期有重要影响。对于区域创新效率测度而言,本书以各地区技术合同成交额作为成果转化基础支撑强度的表征。对于产业创新效率而言,本书采用专利所有权转让许可数作为测度指标。

上述指标数据主要来源为 2011—2018 年《中国科技统计年鉴》《中国工业经济统计年鉴》《中国火炬统计年鉴》《中国统计年鉴》《工业企业科技活动统计年鉴》以及各省份《国民经济和社会发展统计公报》。

4. 测算结果

运用 DEAP 软件与 Frontier 软件按照上述测算方法对所收集的数据进行测算。第一阶段:运用 DEAP 软件运行经典 DEA 模型,输入上述投入、产出变量,得出区域产业创新效率和不同产业创新效率结果。第二阶段:基于 SFA 的随机前沿分析,分别以第一阶段的投入变量 R&D 人员全时当量以及 R&D 经费投入的松弛变量为被解释变量,以宏观经济环境、市场开放程度、政策支持强度、成果转化基础支撑为解释变量建立 SFA 回归模型。我国区域创新效率回归结果见表 5-1。

表 5-1 我国区域创新效率回归结果

变量	R&D 人员全时当量 (区域创新效率)	R&D 经费投入 (区域创新效率)	R&D 人员全时当量 (产业创新效率)	R&D 经费投入 (产业创新效率)
宏观经济环境	-4.824** (-1.882)	2.158*** (3.256)	-3.122*** (-4.226)	1.108** (2.342)
市场开放程度	-0.085** (-2.852)	0.339* (1.571)	-0.107*** (-3.996)	0.819** (2.558)
政策支持强度	3.572* (1.661)	-1.637*** (-3.133)	5.228** (2.622)	-0.722*** (-3.585)
成果转化 基础支撑	-1.085*** (-3.012)	-2.112*** (-3.188)	-3.184* (1.517)	-1.915** (-2.682)

续表

变量	R&D 人员全时当量 （区域创新效率）	R&D 经费投入 （区域创新效率）	R&D 人员全时当量 （产业创新效率）	R&D 经费投入 （产业创新效率）
常数项	7.284 (1.58)	-3.151* (-1.673)	5.366 (0.847)	2.849 (0.308)
σ^2	6.355** (2.157)	1.825** (2.374)	8.776*** (3.765)	3.519*** (4.336)
γ	0.925** (2.247)	0.175*** (7.768)	0.107*** (3.884)	0.216** (2.267)

注：*、**、*** 分别表示在 10%、5%、1% 的显著水平下通过显著性检验，括号内为 t 值。

从表 5-1 中可以看出，SFA 模型的 σ^2、γ 值均通过了显著性检验，表明区域创新系统中环境因素的影响高于随机误差项。并且从各参数的估计值来看，各变量均对投入松弛变量有较为显著的影响。具体而言，成果转化基础支撑对 R&D 人员全时当量松弛变量、R&D 经费投入松弛变量均有显著的负效应，说明随着成果转化基础支撑的强化，将减少 R&D 人员全时当量与 R&D 经费投入的冗余，即有利于提升 R&D 人员全时当量与 R&D 经费投入的利用效率。而宏观经济环境与市场开放强度对 R&D 人员全时当量松弛变量有显著的负效应，对 R&D 经费投入松弛变量则具有显著的正效应。这是由于 GDP 水平以及市场开放程度的提升，有利于 R&D 从业人员的流动，促进相关资源的优化配置。但是，对于 R&D 经费投入而言，过高的经济投入和过多的市场信息交互，则会降低相关资源的实际利用率，导致相关投入冗余增加。从政策支持强度来看，其对 R&D 人员全时当量松弛变量具有显著的正效应，这可能与我国独特的政治体制有关，当政策短期强力推进时，会集中性投入很多相关创新人员，不仅包括真正的创新研究人员，也包括很多辅助人员、管理人员，导致整体研发人员投入冗余。

上述结果表明，不同环境要素对决策单元的影响并不完全一致，因此需要对投入变量进行调整，剥离环境因素的影响，使各决策单元处于相同的环境之下，以提升估计结果的准确性。

第三阶段：对投入变量进行调整后，测算出我国各省份的区域创新效率，结果见表5-2。

表5-2 调整后我国区域创新效率结果

创新效率	DEA			三阶段 DEA			变化趋势		
	IE	SE	TE	IE	SE	TE	IE	SE	TE
北京	0.381	0.997	0.382	0.833	0.855	0.977	↑118.635%	↓14.242%	↑155.759%
天津	0.440	0.948	0.467	0.513	0.532	0.968	↑16.591%	↓43.881%	↑107.281%
河北	0.423	0.936	0.452	0.381	0.507	0.752	↓9.929%	↓45.833%	↑66.371%
山西	0.338	0.915	0.369	0.199	0.272	0.733	↓41.124%	↓70.273%	↑98.645%
内蒙古自治区	0.345	0.862	0.402	0.167	0.210	0.795	↓51.594%	↓75.638%	↑97.761%
辽宁	0.433	0.951	0.455	0.470	0.713	0.658	↑8.545%	↓25.026%	↑44.615%
吉林	0.370	0.934	0.396	0.297	0.382	0.778	↓19.730%	↓59.100%	↑96.464%
黑龙江	0.441	0.920	0.481	0.336	0.443	0.759	↓23.810%	↓51.847%	↑57.796%
上海	0.821	0.995	0.825	0.905	0.907	1.000	↑10.231%	↓8.844%	↑21.212%
江苏	0.669	0.957	0.710	0.908	0.922	0.983	↑35.725%	↓3.365%	↑38.451%
浙江	0.875	0.997	0.883	0.937	0.959	0.977	↑7.086%	↓3.811%	↑10.645%
安徽	0.385	0.959	0.401	0.323	0.455	0.710	↓16.104%	↓52.554%	↑77.057%
福建	0.512	0.962	0.527	0.425	0.539	0.792	↓16.992%	↓43.971%	↑50.284%
江西	0.291	0.910	0.325	0.262	0.321	0.815	↓9.965%	↓64.725%	↑150.769%
山东	0.538	0.977	0.552	0.621	0.886	0.699	↑15.428%	↓9.314%	↑26.631%
河南	0.435	0.933	0.469	0.364	0.498	0.734	↓16.322%	↓46.623%	↑56.503%
湖北	0.381	0.945	0.403	0.362	0.515	0.702	↓4.987%	↓45.502%	↑74.193%
湖南	0.466	0.938	0.499	0.423	0.553	0.765	↓9.227%	↓41.044%	↑53.306%
广东	0.935	0.935	1.000	0.858	0.901	0.952	↓8.236%	↓3.636%	↓4.800%
广西壮族自治区	0.388	0.906	0.428	0.271	0.327	0.833	↓30.155%	↓63.907%	↑94.261%
海南	0.611	0.814	0.752	0.109	0.155	0.701	↓82.161%	↓80.958%	↓6.781%
重庆	0.657	0.928	0.730	0.469	0.520	0.901	↓28.624%	↓43.965%	↑23.425%
四川	0.544	0.972	0.561	0.452	0.672	0.672	↓16.911%	↓30.864%	↑19.786%
贵州	0.568	0.910	0.624	0.287	0.314	0.912	↓49.471%	↓65.494%	↑46.153%
云南	0.518	0.928	0.547	0.335	0.385	0.875	↓35.328%	↓58.512%	↑59.963%
陕西	0.226	0.874	0.258	0.293	0.433	0.677	↑29.646%	↓50.457%	↑162.403%

续表

创新效率	DEA			三阶段 DEA			变化趋势		
	IE	SE	TE	IE	SE	TE	IE	SE	TE
甘肃	0.115	0.352	0.322	0.152	0.192	0.794	↑32.173%	↓45.454%	↑146.584%
青海	0.515	0.711	0.724	0.032	0.073	0.434	↓93.786%	↓89.732%	↓40.055%
宁夏	0.733	0.908	0.810	0.103	0.159	0.656	↓85.948%	↓82.489%	↓19.012%
新疆维吾尔自治区	0.771	0.935	0.825	0.149	0.239	0.620	↓80.674%	↓74.438%	↓24.848%
全国	0.504	0.907	0.553	0.408	0.495	0.787	↓19.048%	↓45.424%	↑42.315%
东部	0.621	0.952	0.655	0.649	0.716	0.880	↑4.509%	↓24.789%	↑34.351%
中部	0.383	0.933	0.411	0.322	0.436	0.743	↓15.927%	↓53.269%	↑80.778%
西部	0.489	0.844	0.566	0.246	0.320	0.742	↓49.693%	↓62.085%	↑31.095%

注：表中数据根据2010—2017年均值测算所得，IE 表示综合创新效率，SE 表示规模效率，TE 表示纯技术效率。

利用相关变量的行业数据，测得制造业各子行业的创新效率，结果见表5-3。

表5-3 制造业各子行业的创新效率结果

创新效率	DEA			三阶段 DEA			变化趋势		
	IE	SE	TE	IE	SE	TE	IE	SE	TE
C13	0.215	0.927	0.232	0.166	0.428	0.389	↓22.791%	↓53.829%	↑67.672%
C14	0.250	0.931	0.269	0.211	0.471	0.447	↓16.600%	↓49.409%	↑66.171%
C15	0.281	0.933	0.301	0.232	0.443	0.523	↓17.438%	↓52.518%	↑73.754%
C16	0.270	0.919	0.294	0.196	0.386	0.509	↓27.407%	↓57.997%	↑73.129%
C17	0.307	0.924	0.332	0.336	0.571	0.589	↑9.446%	↓38.203%	↑77.409%
C18	0.342	0.939	0.364	0.381	0.602	0.633	↑11.403%	↓35.889%	↑73.901%
C19	0.322	0.952	0.339	0.289	0.407	0.711	↓10.248%	↓57.249%	↑109.73%
C20	0.277	0.901	0.307	0.265	0.388	0.682	↓4.332%	↓56.936%	↑122.150%
C21	0.360	0.925	0.389	0.347	0.475	0.731	↓3.611%	↓48.648%	↑87.918%
C22	0.289	0.895	0.324	0.255	0.456	0.559	↓11.765%	↓49.050%	↑72.531%
C23	0.336	0.867	0.388	0.267	0.419	0.635	↓20.535%	↓51.672%	↑63.659%

续表

创新效率	DEA			三阶段 DEA			变化趋势		
	IE	SE	TE	IE	SE	TE	IE	SE	TE
C24	0.306	0.884	0.347	0.301	0.421	0.716	↓1.633%	↓52.375%	↑106.340%
C25	0.397	0.931	0.426	0.468	0.605	0.773	↑17.884%	↓35.012%	↑81.455%
C26	0.506	0.942	0.537	0.709	0.827	0.857	↑40.118%	↓12.208%	↑59.590%
C27	0.560	0.956	0.586	0.388	0.449	0.866	↓30.714%	↓53.033%	↑47.782%
C28	0.523	0.944	0.554	0.684	0.835	0.819	↑30.783%	↓11.547%	↑47.834%
C29	0.359	0.918	0.392	0.401	0.553	0.725	↑11.699%	↓39.761%	↑84.948%
C30	0.416	0.952	0.437	0.391	0.499	0.784	↓6.009%	↓47.584%	↑79.405%
C31	0.436	0.909	0.480	0.388	0.538	0.721	↓11.010%	↓40.814%	↑50.208%
C32	0.467	0.934	0.501	0.476	0.621	0.767	↑1.927%	↓33.511%	↑53.094%
C33	0.438	0.945	0.464	0.403	0.531	0.759	↓7.991%	↓43.809%	↑63.578%
C34	0.559	0.951	0.587	0.518	0.624	0.831	↓7.334%	↓34.385%	↑41.567%
C35	0.635	0.959	0.662	0.473	0.519	0.912	↓25.512%	↓45.881%	↑37.764%
C36	0.611	0.962	0.635	0.679	0.782	0.868	↑11.129%	↓18.711%	↑36.692%
C37	0.966	0.966	1.000	0.702	0.749	0.937	↓27.329%	↓22.464%	↓6.300%
C38	0.622	0.946	0.657	0.453	0.532	0.852	↓27.171%	↓43.763%	↑29.680%
C39	0.719	0.982	0.732	0.866	0.866	1.000	↑20.445%	↓11.812%	↑36.612%
C40	0.567	0.970	0.585	0.571	0.676	0.844	↑0.705%	↓30.309%	↑44.273%
C41	0.275	0.915	0.301	0.234	0.435	0.538	↓14.909%	↓52.459%	↑78.737%

注：表中数据根据各子行业 2010—2017 年均值测算所得，行业分类码参见表 4-3。

由上述结果可以看出，考虑环境影响因素的三阶段 DEA 测算结果与经典 DEA 测算结果相比有较大变化，但三阶段 DEA 测算结果更符合实际发展状况，从整体来看，调整后的规模效应相对减弱，而整体纯技术效应则相应增强。未调整前，中部和西部多数省份的创新效率相对"虚高"，而调整后的整体发展状况更贴近现实。同样的情况也出现在不同产业之间。为展现调整前后各省份及制造业各子行业[1]创新效率的具体发展状况，本书将调整前后的结果用雷达图进行展示，如图 5-5、

---

[1] 图中数据为根据各行业 2010—2017 年均值所得，行业分类码参见表 4-3。

图 5-6 所示。

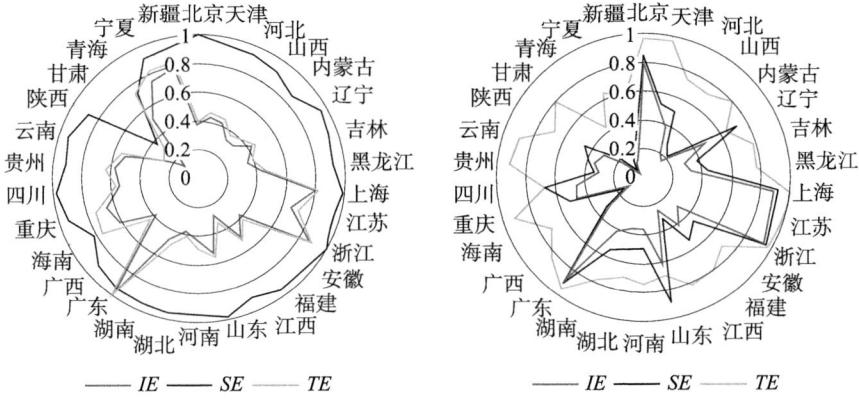

图 5-5 调整前后 2010—2017 年全国各省份创新效率发展状况对比

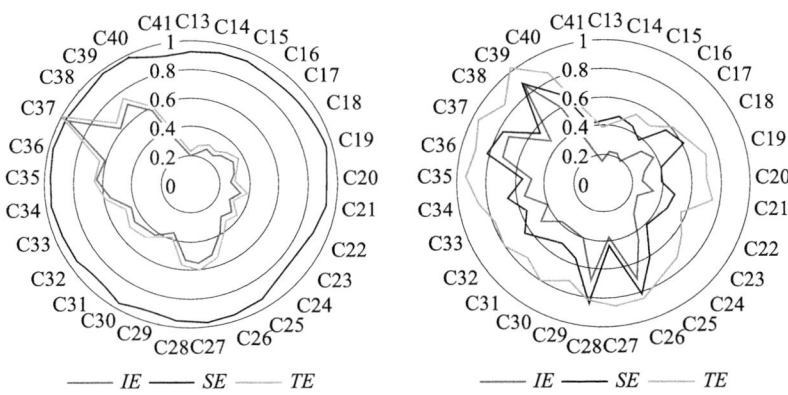

图 5-6 调整前后 2010—2017 年各行业创新效率发展状况对比

5.3.2 制造业整体视角下产业集聚对产业创新影响的实证分析

由前述理论分析可知,不同的产业集聚方式将对产业创新产生不同的影响。由于产业集聚本身就具有空间特性,不同区域的产业集聚所体现出来的外部性势必也有所区别,而产业集聚的外部性正是影响其对产业创新作用的关键因素。因此,如果采用单一传统面板模型对产业集聚与产业创新之间的关系进行分析,不仅无法反映产业集聚的空间特性,也无法准确地判断产业集聚对产业创新的具体作用。因此,本部分采用空间计量的方法探索产业集聚对产业创新的具体作用。由于产业集聚方式分为专业化集聚与多样化集聚,如果要深入地探讨产业集聚对产业创新的影响,那么分类研究专业化集聚与多样化集聚对产业创新的具体作用与影响,将更为深入、直接、有效。鉴于此,本部分将探讨不同集聚方式对产业创新的具体影响,即认为如果专业化集聚与多样化集聚对产业创新有影响,也就意味着产业集聚对产业创新有影响。

1. 空间权重矩阵的确定

随着"互联网+"技术的不断发展,其对产业集聚与产业创新的影响日渐加大。一方面,信息技术对不同行业、不同区域以及不同集聚方式产生了难以忽略的影响,而这些影响又使产业集聚对产业创新的作用路径有所区别;另一方面,"互联网+"技术对创新主体以及创新主体所联结的创新网络也有诸多影响。可以说,"互联网+"的发展对产业集聚与产业创新都产生了全方位的影响,因此,在考察产业集聚促进产业创新作用关系的计量模型中,无法避开"互联网+"所产生的积极作用。为了体现"互联网+"在产业集聚促进产业创新过程中所起到的全方位作用,本部分拟将其嵌入空间计量模型的权重矩阵之中。也就是说,对传统的距离矩阵进行一定的改造,使其能体现出不同区域之间"互联网+"发展水平的差异性。本书选择距离空间矩阵和区域信息化水平对角矩阵的乘积构建产业集聚促进产业创新发展的空间权重矩阵。

省域地理距离空间矩阵的表达式为

$$W_{ij} = \begin{cases} 1/d^2, & i \neq j \\ 0, & i = j \end{cases} \quad (5-55)$$

式中,d 为各省份省会城市之间的距离。设定产业集聚促进产业创新发展溢出效应的空间权重矩阵为

$$W^{CLU} = W^D \text{diag}\left(\overline{\frac{SIN_1}{SIN}}, \overline{\frac{SIN_2}{SIN}}, \cdots, \overline{\frac{SIN_n}{SIN}}\right) \quad (5-56)$$

式中,W^{CLU} 为产业集聚促进产业创新发展的空间权重矩阵;W^D 为距离

空间矩阵；$\overline{SIN_i}$ 为 i 省份的"互联网+"发展状况，$\overline{SIN_i} = \dfrac{1}{(t_{i-1} - t_i + 2)\sum\limits_{t_j-1}^{t_i} INT_{it}}$；$SIN_i$ 为所有省份的"互联网+"发展状况总

和，$SIN_i = \dfrac{1}{(t_{i-1} - t_i + 1)\sum\limits_{i=1}^{n}\sum\limits_{t_j-1}^{t_i} INT_{it}}$；$INT_{it}$ 为 i 省份第 t 年的"互联网+"

发展水平。

2. 数据来源与变量说明

(1) 数据来源

本部分选择 2010—2017 年我国 30 个省份制造业行业整体数据，进行产业集聚促进产业创新发展的研究。主要数据来源于《中国工业经济统计年鉴》《中国科技统计年鉴》《中国统计年鉴》、中经网统计数据库，选择我国 30 个省份的相关数据进行分析，缺失数据采用前后数据插值补足。

(2) 变量说明

根据前述理论分析可知，产业创新一般受到外部环境与内部参与主体的双重影响，本部分将以产业创新效率表述产业创新内部参与主体的发展水平，而外部环境则主要包括创新的硬件环境、市场发展软环境以及政府扶持力度。为此，本部分对模型设定如下变量。

① 产业集聚水平 CLD。它表示不同区域制造业的产业集聚水平，按照集聚方式，主要包括专业化集聚 SPE 和多样化集聚 DIV。由于要深入分析不同的集聚方式所带来的集聚外部性对产业创新所产生的影响，此处将不采用基于空间基尼系数所测出的制造业集聚水平，而是直接采用前面基于专业化集聚与多样化集聚计算公式所测量的不同区域制造业集聚水平的结果，具体在第 4 章已列出，此处不再赘述。

② 产业创新水平 INV。它表示不同区域的产业创新水平，此处用不同区域的创新效率代表其创新水平，同时创新效率可以分解成不同的效率，包括创新综合效率 IE、创新规模效率 SE、创新纯技术效率 TE。具体测度结果已在第 4 章展示，此处不再赘述。

③ 基础设施配套水平 IFS。固定资本投入可以在一定程度上反映区域基础设施的完善性，而完善的基础设施意味着创新活动的各项配套设施也相应完备，有利于创新活动的推进。同时，完善的基础设施也有利于吸引人才、资本、技术等创新要素，推动区域潜在创新能力的提升。此处以非房地产固定资本投入总额与全社会固定资产总值之比作为该控制变量的表征。

④ 外商直接投资水平 FDI。外商直接投资可以有效地促进国外先进产业技术以及管理经验的引进和吸收，提升产业发展的内在驱动力，为产业技术创新发展提供良好的支撑。本部分参照余泳泽、刘大勇等（2013）的研究思路，将 FDI 作为模型的控制变量之一。此处选择外商直接投资额与全社会总投资额之比作为该变量的表达。

⑤ 政府扶持力度 GSD。政府通过制定各项财政补贴政策，以转移支付的形式对市场进行定向指导，可以规范市场运行机制、促进产业健康发展。而上述政策的落地将有效地降低企业创新成本，提升企业创新积极性。本部分借鉴储德银和建克成（2014）的研究成果，选择各级政府财政支出额与地区生产总值之比作为控制变量之一。

3. 产业集聚促进产业创新的空间关联性

本部分利用全局莫兰指数（Moran's I）测算各省份间制造业产业创新效率的整体关联程度，计算公式为

$$I = \frac{\sum_{i=1}^{n}\sum_{j=1}^{n} w_{ij}(x_i - \bar{x})(x_j - \bar{x})}{S^2 \sum_{i=1}^{n}\sum_{j=1}^{n} W_{ij}}, S^2 = \frac{1}{n}\sum_{j=1}^{n}(x_i - \bar{x})^2, \bar{A} = \frac{1}{n}\sum_{j=1}^{n} x_i$$

(5-57)

式中，I 为全局莫兰指数；x_i 为第 i 个省份的制造业创新效率；$\bar{x}$ 为样本均值；n 为省份数；W 为标准化的空间权重矩阵。本部分测算 2010—2017 年我国 30 个省份的创新综合效率、规模效率和纯技术效率的全局莫兰指数，如图 5-7 所示。

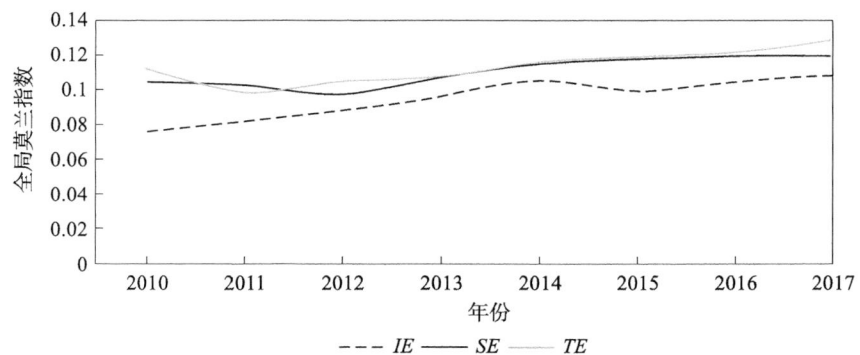

图 5-7 2010—2017 年 IE、SE、TE 的全局莫兰指数

上述结果均通过了显著性检验，表明 IE、SE 和 TE 具有显著的空间依赖性（正自相关关系）。也就是说，我国产业结构高度化在空间上的分布并非完全随机的，创新效率高的区域之间相互集聚发展，可采用空间计量法。

4. 模型设定与选择

（1）模型设定

通过前述分析可知，产业创新活动存在空间上的技术溢出效应，因此构建空间杜宾模型来探究产业集聚对产业创新的作用及其空间效应。空间杜宾模型的基本模式为

$$y_{it} = \delta \sum_{j=1}^{N} W_{ij} y_{it} + X_{it}\boldsymbol{\beta} + \sum_{j=1}^{N} W_{ij} X_{ijt} \boldsymbol{\theta} + c + \mu_i + \lambda_t + \varepsilon_{it} \quad (5-58)$$

式中，δ 为空间关联系数，体现了被解释变量的空间依赖程度；W_{ij} 为标准化空间权重矩阵；$\boldsymbol{\beta}$ 为自变量参数向量；$\boldsymbol{\theta}$ 为 $K \times 1$ 阶的参数向量，表示其他地区的解释变量对被解释变量的影响程度；c 为常数项；μ_i 为空间个体效应；λ_t 为时间效应。基于上述模型，并借鉴刘乃全等（2016）、吴传清和董旭（2016）的研究思路，本部分拟构建如下空间计量模型，分别探究专业化集聚与多样化集聚如何影响区域创新能力，即不同区域的创新综合效率、规模效率、纯技术效率。

$$IE_{it} = \delta W^{CLU} IE_{it} + \beta_1 SPE_{it} + \beta_2 DIV_{it} + \beta_3 IFS_{it} + \beta_4 FDI_{it} + \beta_5 GSD_{it} +$$
$$\theta_1 W^{CLU} SPE_{it} + \theta_2 W^{CLU} DIV_{it} + \theta_3 W^{CLU} IFS_{it} + \theta_4 W^{CLU} FDI_{it} +$$

$$\theta_5 W^{CLU} GSD_{it} + c + \mu_i + \lambda_t + \varepsilon_{it} \qquad (5-59)$$

$$SE_{it} = \delta W^{CLU} IE_{it} + \beta_1 SPE_{it} + \beta_2 DIV_{it} + \beta_3 IFS_{it} + \beta_4 FDI_{it} + \beta_5 GSD_{it} +$$
$$\theta_1 W^{CLU} SPE_{it} + \theta_2 W^{CLU} DIV_{it} + \theta_3 W^{CLU} IFS_{it} + \theta_4 W^{CLU} FDI_{it} +$$
$$\theta_5 W^{CLU} GSD_{it} + c + \mu_i + \lambda_t + \varepsilon_{it} \qquad (5-60)$$

$$TE_{it} = \delta W^{CLU} IE_{it} + \beta_1 SPE_{it} + \beta_2 DIV_{it} + \beta_3 IFS_{it} + \beta_4 FDI_{it} + \beta_5 GSD_{it} +$$
$$\theta_1 W^{CLU} SPE_{it} + \theta_2 W^{CLU} DIV_{it} + \theta_3 W^{CLU} IFS_{it} + \theta_4 W^{CLU} FDI_{it} +$$
$$\theta_5 W^{CLU} GSD_{it} + c + \mu_i + \lambda_t + \varepsilon_{it} \qquad (5-61)$$

上述模型中，IE_{it}、SE_{it}、TE_{it} 分别为 i 地区第 t 年的创新综合效率、规模效率和纯技术效率；SPE_{it}、DIV_{it} 分别为 i 地区第 t 年的制造业专业化集聚程度与制造业多样化集聚程度；IFS、FDI、GSD 分别为模型的控制变量；W^{CLU} 为前面构建的包含"互联网+"发展水平的空间权重矩阵；δ 为技术溢出强度，主要用来衡量不同区域间创新效率的空间联动性；β_1、β_2、β_3、β_4、β_5 分别为各变量的参数；θ_1、θ_2、θ_3、θ_4、θ_5 分别为其他区域各变量对目标区域创新效率的影响水平。

（2）模型选择

从本部分构建模型的数据结构来看，数据时间维度小于数据横截面维度，属于典型的"短面板"数据。鉴于以"短面板"数据模型为基础讨论时间效应有一定困难，本部分仅考虑空间个体效应，探究上述模型是个体固定效应还是个体随机效应。首先进行霍斯曼检验，三个模型的霍斯曼检验数值分别为 42.735、61.582、49.383，对应的 P 值皆为 0.000，拒绝原模型为随机效应模型的假设，所以都选择固定效应模型。综上所述，本部分选择个体固定效应空间杜宾模型分析产业集聚对产业创新的作用及其空间效应。

5. 结果分析与检验

（1）实证结果与分析

为了详细地探讨专业化集聚与多样化集聚对创新综合效率、规模效率和纯技术效率的作用，本部分采用逐步加入变量的方法，首先验证单一的专业化集聚与多样化集聚对产业创新的作用；继而同时考察专业化集聚与多样化集聚对产业创新的影响；最后分别验证两种集聚类型对创新的规模效率和纯技术效率的作用。模型估计结果见表 5-4。

表5-4 产业多样化集聚与专业化集聚对产业创新效率作用的回归结果

变量	IE			SE			TE		
SPE		0.142 * (1.125)	0.350 ** (2.238)		0.156 ** (2.296)	0.139 ** (2.131)		0.121 * (1.553)	0.119 *** (3.985)
DIV	0.165 ** (2.284)		0.151 * (1.336)	0.131 ** (2.551)		0.128 ** (2.381)	0.189 *** (3.667)		0.174 *** (4.025)
IFS	0.522 * (1.663)	0.479 ** (2.655)	−0.410 (−0.998)	0.432 ** (2.412)	0.379 *** (3.779)	0.351 (0.873)	0.659 *** (3.884)	−0.522 (−0.215)	0.535 ** (2.396)
FDI	1.566 *** (3.995)	1.362 (0.511)	1.447 ** (2.669)	1.384 * (1.845)	1.221 ** (2.210)	1.374 ** (2.331)	1.661 *** (4.017)	−1.322 (−4.662)	1.475 *** (3.824)
GSD	1.384 *** (4.028)	2.114 (0.169)	1.889 * (1.844)	1.881 ** (2.512)	2.078 (0.447)	1.761 *** (3.859)	1.209 * (1.311)	1.519 (0.216)	1.407 ** (2.343)
$W^{CLU} \times IE$	0.218 * (1.382)	0.198 (0.227)	0.164 ** (0.254)						
$W^{CLU} \times SE$				−0.103 ** (−2.384)	0.166 (0.769)	0.084 * (4.024)			
$W^{CLU} \times TE$							−0.217 (−0.662)	−0.324 (−2.418)	0.228 ** (2.553)
$W^{CLU} \times SPE$		0.155 * (1.885)	0.167 ** (2.386)		0.167 ** (2.438)	0.172 (1.822)		0.203 *** (4.569)	0.224 *** (3.771)
$W^{CLU} \times DIV$	0.202 * (1.336)		0.164 ** (2.342)	−0.116 ** (−2.558)		0.159 *** (3.776)	0.174 ** (2.418)		0.359 ** (2.210)
$W^{CLU} \times IFS$	−0.337 (−0.446)	−0.112 ** (−2.219)	0.108 (0.887)	0.121 (0.125)	0.147 *** (4.668)	0.203 ** (2.551)	0.132 (0.762)	0.119 (0.758)	0.157 (0.629)
$W^{CLU} \times FDI$	0.013 (0.046)	0.038 ** (2.374)	0.102 ** (2.662)	−0.004 (−0.773)	0.052 (0.966)	0.032 *** (3.822)	−0.028 (−0.448)	0.045 ** (2.545)	0.034 *** (4.022)
$W^{CLU} \times GSD$	0.208 (0.558)	0.115 (0.566)	0.223 * (1.889)	−0.232 ** (−2.525)	−0.117 (−0.782)	−0.247 ** (−2.447)	0.245 *** (3.985)	0.236 (0.660)	0.172 (0.118)
σ^2	5.117	3.125	2.119	5.884	3.258	2.102	5.079	3.003	1.974
R^2	0.784	0.802	0.553	0.771	0.845	0.696	0.781	0.865	0.701
log$L$	378.652	355.198	221.644	355.189	364.385	277.846	303.182	289.583	338.749

注:Log$L$ 为 log-likelihood 数值;*、**、*** 分别表示在10%、5%、1%的显著水平下通过显著性检验,括号内为 t 值。

从上述回归结果中可以看出，在考虑不同区域"互联网+"发展水平的基础上，产业多样化集聚与专业化集聚都可以正向促进产业创新综合效率、规模效率和纯技术效率，但两者作用的侧重点有所不同。从产业专业化集聚的角度看，其在 SE 模型中的系数要高于在 TE 模型中的系数，这表明专业化集聚对产业创新规模效率的作用大于对纯技术效率的作用。而多样化集聚在 TE 模型中的系数要高于在 SE 模型中的系数，说明产业多样化集聚对产业创新纯技术效率的作用大于对规模效率的作用。同时，在 IE 模型中，专业化集聚对创新综合效率的作用要大于多样化集聚对创新综合效率的作用。产生上述结果的主要原因有以下几点：一是在"互联网+"背景下，产业集聚所产生的正外部性要高于负外部性，这使得当前我国产业集聚能有效地促进产业创新发展。二是不同的产业集聚形式对产业创新的作用路径明显不同，由同质企业集聚所形成的专业化集聚往往有利于创新人才、创新技术在同一个生产链式架构中流通，即围绕产业发展生产链不断地对技术进行重构升级，促进产业做大做强，由此带来显著的产业规模效应。而产业规模的不断扩大，势必会强化产业对创新要素的吸附能力，从而可以利用规模经济优势促进产业创新。而对于多样化集聚而言，其主要是基于产业价值链及创新链的延伸，将不同产业，包括产业链上下游企业、配套设备与服务企业等多种企业联结成一个集聚体。不同行业的对接，有效地提升了多样化信息的交互频率以及各种产品功能嫁接的潜在可能，扩大了企业产品的潜在受众范围，促进企业通过技术创新来提升其经营效益。因此，多样化集聚可以有效地提升产业创新的纯技术效率。

从其他区域专业化集聚与多样化集聚对本地区的影响来看，对于不同模型而言，所体现的效应也有所不同，但整体上，与各自地区相关集聚方式的作用方式一致。例如，其他地区专业化集聚对本地区的创新规模效应的作用，要大于其他地区多样化集聚对本地区创新规模效应的作用。其原因在于，在"互联网+"背景下，跨区域技术溢出效应比纯地理空间的技术溢出效应要强，其他地区专业化集聚所带来的产业创新的技术外溢，将使本地区相关产业的技术创新受益。而其他地区多样化集聚将使产业发展对与其配套行业以及产业链上下游企业的吸附能力增强，当其他地区这种宽泛的产业联盟达到较大规模时，其所带来的经济规模效应将使各类产业生产要素的集聚程度增强，产业发展变得更为容易。与之形成鲜明对比的是，本地区产业专业人才的流失将抑制本地区产业发展规模的扩大，间接地影响了创新的规模效应。

从各控制变量在不同模型中的整体作用来看，基础设施配套水平、外商直接投资水平、政府扶持力度都能有效地促进创新综合效率、规模效率和纯技术效率的提高。但基础设施配套水平对创新的纯技术效率的影响要大于对规模效率的影响，而政府扶持力度对创新规模效率的影响要大于对纯技术效率的影响。这主要是由于，一方面，基础设施配套水平的提高，为企业与企业、产业与产业之间的交流合作提供了良好的物质基础，有利于促进产业通过产品的价值链和产业链与不同产业紧密联系。另一方面，尽管我国当前制造业产业创新能力不断提升，但从发展层次来看，依然较多地停留在吸收、模仿阶段，因此，政府扶持资金在企业沉淀之后，大多被投入企业再生产或被用于继续维系技术吸收与模仿。这不仅是由于当前我国多数地区、多数产业的技术水平并未达到自主创新要求，也是由于自主创新需要大量的资金投入，资金的"沉没成本"使多数中小企业并没有足够的动力利用补贴资金参与此类创新，而更多的是希望维系现有技术层次，扩大企业生产规模，以获取当前经济利益。

（2）模型稳定性与内生性检验

① 模型稳定性检验。为了保证估计结果的稳健性，本章采用纯空间距离矩阵对上述模型进行分析，回归结果见表 5-5。

表 5-5　纯空间距离矩阵下的回归结果（稳健性检验1）

变量	IE		SE		TE	
SPE	0.179 ** (0.258)	0.168 *** (0.384)	0.196 * (0.162)	0.172 ** (0.243)	0.157 *** (0.395)	0.135 * (1.223)
DIV	0.237 ** (2.248)	0.194 *** (2.553)	0.161 *** (3.884)	0.155 ** (2.442)	0.272 *** (4.026)	0.201 *** (3.886)

续表

变量	IE			SE			TE		
IFS	0.229 ** (2.355)	0.179 (0.185)	0.110 ** (2.446)	0.232 (0.645)	0.179 *** (3.848)	0.304 (0.338)	0.814 (0.555)	0.417 (0.996)	0.603 *** (4.214)
FDI	1.083 ** (2.282)	1.065 ** (2.688)	0.752 (0.385)	0.887 (0.288)	0.632 (0.465)	0.877 ** (2.605)	1.254 *** (3.884)	1.027 (0.678)	1.259 (0.226)
GSD	1.529 ** (2.354)	2.513 (0.884)	2.018 *** (3.948)	2.183 (0.965)	−2.572 (−0.552)	−1.860 (−0.366)	1.358 ** (2.688)	1.704 * (1.630)	1.512 *** (3.366)
$W^D \times IE$	0.554 * (1.337)	0.347 ** (2.366)	0.365 * (1.785)						
$W^D \times SE$				−0.251 (−0.855)	0.406 ** (2.216)	0.284 * (1.174)			
$W^D \times TE$							0.317 (0.328)	0.402 (0.446)	0.398 ** (2.585)
$W^D \times SPE$		0.283 * (1.128)	0.142 ** (2.464)		0.137 ** (2.388)	0.159 (0.898)		0.183 (0.258)	0.154 ** (2.642)
$W^D \times DIV$	0.157 *** (3.985)		0.168 ** (2.548)	−0.319 (−0.257)		0.283 (0.342)	0.204 *** (4.228)		0.189 *** (4.062)
$W^D \times IFS$	−0.203 ** (−2.428)	−0.092 *** (−3.882)	0.038 *** (3.922)	0.051 (0.009)	−0.035 (−0.556)	0.159 (0.679)	0.093 (0.785)	0.109 ** (1.814)	0.077 *** (3.882)
$W^D \times FDI$	0.113 ** (2.626)	0.135 *** (3.748)	0.082 * (1.187)	−0.114 (−0.513)	0.039 (0.462)	0.017 (0.249)	0.009 ** (2.258)	0.035 (0.759)	0.027 (0.447)
$W^D \times GSD$	0.254 (0.122)	0.172 *** (4.525)	0.269 (0.108)	−0.282 * (−1.185)	−0.165 (−0.338)	−0.295 (−0.885)	0.254 (0.996)	0.279 (0.285)	0.203 ** (2.444)
σ^2	4.284	4.092	2.885	4.381	3.894	2.771	4.512	4.035	2.925
R^2	0.803	0.828	0.593	0.754	0.823	0.691	0.879	0.917	0.756
logL	435.228	494.381	266.984	429.213	488.365	305.854	396.182	458.583	445.749

注：*、**、*** 分别表示在10%、5%、1%的显著水平下通过显著性检验，括号内为 t 值。

通过对比两种空间矩阵下产业集聚促进产业创新作用的结果，可见两种距离矩阵下，各变量对产业创新作用的数值、指标的显著性以及影响效应的正负性大体趋于一致，说明本部分构建的个体固定效应空间杜宾模型是稳健的。同时，为了保证实证结果的稳健性，又通过减少指标的形式（删除指标 IFS），进一步检验模型的稳健性，回归结果见表 5-6。

表 5-6 减少指标后的回归结果（稳健性检验 2）

变量	IE			SE			TE		
SPE		0.183 ** (2.336)	0.189 *** (3.886)		0.207 ** (2.625)	0.199 *** (3.879)		0.169 *** (4.256)	0.178 ** (2.338)
DIV	0.217 ** (2.453)		0.205 ** (2.628)	0.183 *** (3.886)		0.171 ** (2.214)	0.228 ** (2.548)		0.234 *** (3.835)
FDI	2.066 ** (2.475)	1.847 *** (4.284)	1.852 (0.662)	1.793 (0.885)	1.689 * (1.283)	1.891 (4.228)	2.134 (2.475)	1.822 *** (3.986)	1.957 *** (4.528)
GSD	1.051 (0.367)	-1.891 (-0.442)	1.529 ** (2.483)	1.603 *** (3.819)	-1.828 (-0.224)	1.456 (0.358)	1.004 *** (3.742)	1.232 *** (4.028)	1.215 ** (2.449)
$W^{CLU} \times IE$	0.205 ** (2.582)	0.187 *** (3.886)	0.156 *** (4.256)						
$W^{CLU} \times SE$				-0.203 ** (-2.342)	0.285 ** (2.479)	0.191 (0.632)			
$W^{CLU} \times TE$							0.342 ** (2.588)	0.434 (0.741)	0.403 (0.182)
$W^{CLU} \times SPE$		0.248 (0.478)	0.251 *** (4.658)		0.267 *** (4.182)	0.248 *** (3.985)		0.319 (0.483)	0.352 *** (3.792)
$W^{CLU} \times DIV$	0.214 ** (2.385)		0.139 ** (0.224)	-0.215 (-0.884)		0.184 * (1.162)	0.102 ** (2.287)		0.173 (0.668)
$W^{CLU} \times FDI$	0.335 ** (2.437)	0.307 (0.251)	0.415 *** (3.943)	-0.318 (-0.557)	0.329 * (1.528)	0.412 (0.696)	0.398 (0.185)	0.345 (0.338)	0.354 ** (0.263)
$W^{CLU} \times GSD$	0.108 (0.221)	0.015 (0.233)	0.143 *** (4.282)	-0.139 *** (-3.855)	-0.057 (-0.496)	-0.135 (-0.282)	0.163 *** (3.859)	0.159 (0.547)	0.097 (0.242)
σ^2	2.065	3.118	2.129	3.554	3.658	2.145	4.009	3.381	2.549
R^2	0.746	0.878	0.709	0.885	0.695	0.908	0.821	0.904	0.891
$\log L$	522.851	674.802	559.414	599.354	572.483	616.964	588.559	617.158	550.441

注：*、**、*** 分别表示在 10%、5%、1% 的显著水平下通过显著性检验，括号内为 t 值。

从上述实证结果来看，各变量系数的正负性与前面的实证结果基本趋于一致，即通过减少变量的个数重新进行估计后的实证结果与原结果大体相同，说明本部分所构建的模型具有稳健性。

② 模型的内生性检验。在模型估计过程中，解释变量与被解释变量之间存在的双向或逆向因果关系可能会使模型估计结果产生一定的误差，即存在内生性问题。本部分采用系统广义矩估计（GMM）法对模型进行内生性检验，具体估计结果见表 5-7。

表 5-7　模型内生性检验

变量	IE	SE	TE
L. IE	0.232 ** (2.385)		
L. SE		0.158 ** (2.442)	
L. TE			0.301 *** (3.848)
D. SPE	0.147 ** (2.488)	0.139 *** (3.882)	0.117 *** (4.286)
D. DIV	0.164 * (1.186)	0.125 *** (3.884)	0.095 ** (2.622)
D. IFS	0.583 *** (4.926)	-0.387 (-0.553)	-0.487 (-0.375)
D. FDI	1.229 (0.683)	-1.274 (-1.675)	1.596 ** (2.424)
D. GSD	2.081 (0.892)	-2.166 (-0.568)	1.287 *** (3.888)
AR（2）	0.183	0.137	0.064
Sargan 检验	0.559	0.365	0.298

注：*、**、*** 分别表示在 10%、5%、1% 的显著水平下通过显著性检验，括号内为 t 值。

由上述结果可知，模型中的工具变量均通过了 Sargan 检验，验证了工具变量的有效性。同时，估计结果所得到系数的正负性与原模型估计结果大体一致，进一步说明了产业集聚可以有效地促进产业创新。

5.3.3 空间异质性视角下产业集聚对产业创新影响的实证分析

1. 模型结果的进一步延伸

第5.3.2节已经在全国整体面板数据的基础上,就产业集聚的不同形式对产业创新效率的作用展开了详细的分析,并验证了产业集聚对产业创新确实存在相关影响,且不同的集聚形式对产业创新效率的不同方面有不同的作用。由于我国幅员辽阔,不同区域的产业集聚水平和创新水平都有所不同,需要验证在空间异质性视角下,不同的产业集聚形式对创新效率不同方面的作用是否与全国整体状况一致。为此,本部分将在第5.3.2节所构建实证模型的基础上,采用将样本分类的方法探究不同区域产业集聚对产业创新的作用。此处将全国30个省份分为东部地区、中部地区和西部地区,并利用前文设定的空间杜宾模型进行估计,具体估计结果见表5-8。

表5-8 空间异质性视角下不同的产业集聚形式对产业创新效率作用的回归结果

变量	东部地区			中部地区			西部地区		
	IE	SE	TE	IE	SE	TE	IE	SE	TE
SPE	0.148**	0.129**	0.152***	0.137***	0.141***	0.161*	0.135***	0.166***	0.135**
	(2.442)	(2.583)	(3.884)	(4.468)	(3.965)	(1.182)	(3.884)	(3.759)	(2.382)
DIV	0.192**	0.154*	0.177***	0.125***	0.133**	0.139**	0.119***	0.117**	0.121***
	(2.639)	(1.530)	(4.285)	(3.848)	(2.385)	(2.662)	(3.985)	(2.664)	(3.808)
IFS	0.578***	0.336***	0.435	0.499	0.418	0.412***	0.117	0.665*	0.496**
	(5.884)	(3.763)	(0.382)	(0.467)	(0.215)	(3.983)	(0.317)	(1.485)	(2.487)
FDI	2.042***	1.842**	2.311**	1.371	1.677	1.562	0.085**	1.725***	1.417
	(3.774)	(2.438)	(2.475)	(0.667)	(0.426)	(0.183)	(2.669)	(3.774)	(0.582)
GSD	1.441***	1.429***	1.621***	1.305	1.286	1.422**	1.589	1.771**	1.108
	(4.882)	(4.256)	(3.873)	(0.129)	(0.822)	(2.552)	(0.184)	(2.552)	(0.393)
$W^{CLU} \times IE$	0.155**			0.204**			0.315		
	(2.463)			(2.389)			(0.422)		
$W^{CLU} \times SE$		0.139			0.145			0.173***	
		(0.788)			(0.296)			(4.238)	

续表

变量	东部地区			中部地区			西部地区		
	IE	SE	TE	IE	SE	TE	IE	SE	TE
$W^{CLU} \times TE$			0.168 ***			0.301 ***			0.234 ***
			(5.532)			(4.826)			(4.028)
$W^{CLU} \times SPE$	0.151	0.135 **	0.113	0.127 **	-0.109	0.064 **	0.166	-0.062	0.075 ***
	(0.366)	(2.287)	(0.785)	(2.369)	(-0.329)	(2.384)	(1.845)	(-0.442)	(3.968)
$W^{CLU} \times DIV$	0.209 *	0.149 ***	0.173	-0.155	0.137 ***	0.151	-0.134	0.118 **	0.094 **
	(1.289)	(3.889)	(0.776)	(-0.558)	(3.757)	(0.285)	(-0.436)	(2.282)	(2.326)
$W^{CLU} \times IFS$	0.109 *	0.082	0.127	0.172 **	0.102 ***	0.063 **	-0.204	-0.005	0.017 ***
	(1.825)	(0.162)	(0.385)	(2.298)	(3.774)	(2.635)	(-0.464)	(-0.385)	(3.884)
$W^{CLU} \times FDI$	0.059 ***	0.041	0.083	0.034 ***	0.049 *	0.021 **	0.015	-0.008	0.017 ***
	(3.982)	(0.996)	(0.682)	(4.565)	(1.588)	(2.379)	(0.355)	(-0.439)	(4.212)
$W^{CLU} \times GSD$	0.175 ***	0.134	0.225	0.284 **	0.307 ***	0.116 *	-0.003	0.294	0.131 **
	(4.267)	(0.358)	(0.338)	(2.482)	(3.982)	(1.143)	(-0.882)	(0.225)	(2.627)
σ^2	2.842	2.771	2.519	3.184	2.968	2.419	2.886	3.005	2.121
R^2	0.787	0.804	0.612	0.747	0.749	0.806	0.528	0.713	0.874
$\log L$	151.859	133.214	98.116	116.871	201.335	153.518	179.259	98.128	124.685

注：*、**、*** 分别表示在 10%、5%、1% 的显著水平下通过显著性检验，括号内为 t 值。

由上述结果可以看出，在不同地区，不同的集聚方式对产业创新效率的不同方面具有不同的作用效果，主要有以下特点。

① 多样化集聚与专业化集聚都可以提高产业创新综合效率、规模效率和纯技术效率。其中，多样化集聚对创新综合效率、纯技术效率的作用要大于专业化集聚；而专业化集聚对产业创新规模效率的作用则更为明显。

② 从不同区域来看，本地区产业多样化集聚与专业化集聚对产业创新效率的影响程度呈现"东部—中部—西部"逐渐递减的态势。在东部、中部地区，产业多样化集聚对产业创新的作用要大于专业化集聚；西部地区则相反，其专业化集聚对产业创新的整体作用要大于东部地区与中部地区。

③ 其他地区创新效率的变动对本地区创新效率的变动有显著影响，

从整体上看，其他地区的创新效率变动对东部地区的影响要小于中部地区与西部地区。进一步来看，在东部地区与中部地区样本中，其他地区的创新综合效率与纯技术效率变动对本地区的影响程度要高于创新规模效率变动所产生的影响。

④ 其他地区专业化集聚与多样化集聚对本地区产业创新水平同样有明显的影响，且其变动方向和趋势与本地区专业化集聚和多样化集聚对创新的不同效率的作用方向一致。

2. 实证结论分析

形成上述现状的可能原因有：

① 产业多样化集聚与专业化集聚都可以带来集聚的外部效应，通过技术溢出以及经济的规模效应对产业生产过程中的生产链、产品应用融合中的创新链产生正向的促进作用，提升了产业创新能力。专业化集聚主要由同类产业集聚形成，这有利于区域内产业发展形成一定的规模效应，进而提升生产要素的吸附能力，促进产业发展壮大。因此，专业化集聚主要通过规模扩大所带来的正向效应促进产业创新的影响更大。对于多样化集聚而言，产业发展主要依赖于其对上下游产品链以及功能匹配性产业的挖掘能力，即通过产品功能和服务的延伸，获取新的产业黏附效应。这要求企业通过挖掘产品市场多样化需求以及延伸产业链来促进产业发展，因此，其对产业创新纯技术效率的提升更为有效。

② 从全国来看，东部地区在人才储备、技术储备、资金储备、政策储备上的优势是中部和西部地区所不能企及的，因此，产业集聚在东部地区的正向外部效应要高于中部和西部地区，即产业集聚对东部地区产业创新的影响程度要高于中部和西部地区。但深入到创新效率的不同方面看，产业集聚对其产生的影响又有所区别。尽管专业化集聚能带来产业发展规模的扩张，从而通过规模效应促进产业创新发展，但由于东部地区的经济密集程度远高于中部和西部地区，其产业集聚程度已相对较高，由此专业化集聚所带来的规模效应在一定程度上有所减弱。例如，近年来，深圳由于产业过度集聚而导致居民生活成本急剧上升，外部环境削弱了产业集聚所带来的正向外部效应，反而使

部分大企业,如华为、富士康等开始外迁。由于上述原因,东部地区的多样化集聚通过产业延伸所产生的纯技术效率的提升作用反而大于由专业化集聚带来的创新规模效率的提升作用。中部和西部地区则相反,其原有产业集聚程度并未达到一定的水平,而本地具有产品多样化需求的受众并没有东部地区多,这使得企业更愿意专注于现有产业规模的扩大,以此来提升产业收益。

③ 由于东部地区自身的创新效率已经处于较高水平,其他地区技术创新的外溢效应对其影响较小;相反,东部地区的技术转移对中部和西部地区的影响显然更大。

5.3.4 行业异质性视角下产业集聚对产业创新影响的实证分析

由于不同的产业集聚方式对产业创新的作用路径并不一致,导致专业化集聚与多样化集聚对产业创新的规模效率和纯技术效率的作用强弱不一,而不同产业本身对技术的依赖程度也并不一致,因此不同行业的专业化集聚与多样化集聚对行业创新效率中规模效率与纯技术效率的作用也应该是不一致的。为了探究不同行业中集聚方式对产业创新的具体作用,本部分拟基于制造业不同子行业的样本数据对其进行详细的分析。

1. 空间权重的确定

前文已经分析了产业集聚对产业创新的具体影响,势必需要在空间角度下进行分析,考虑到行业之间的"距离间隔"主要是以技术因素为主,因此本部分的分析过程如下。

首先借鉴 Jaffe 等(1993)的研究方法,测算不同产业的技术距离。具体测算公式为

$$td_{ij} = \frac{F_i F_j'}{\sqrt{(F_i F_i') \times (F_j F_j')}} \quad (5-62)$$

式中,F_i 与 F_j 为制造业行业中,企业 i 和企业 j 的产出份额行向量。在行业部门层面上,设定 F_i 与 F_j 分别为制造业子行业 i 和制造业子行业 j 的工业生产总值在所有制造业行业生产总值中的占比。因此,td_{ij}

表示不同制造业子行业的技术距离，且 $td_{ij} \in [0,1]$，其取值越接近 1，说明两个行业越协调；反之，则越不协调。

其次，参照前文，在"互联网+"背景下，选择技术距离所构成的矩阵和产业信息化水平对角矩阵的乘积，构建行业异质性视角下，产业集聚影响产业创新作用溢出效应的空间矩阵。具体公式为

$$W^{ICLU} = W_T \text{diag}\left(\frac{\overline{IN_1}}{IN}, \frac{\overline{IN_2}}{IN}, \cdots, \frac{\overline{IN_n}}{IN}\right) \quad (5-63)$$

式中，W_T 为技术距离矩阵；$\overline{IN_i}$ 为第 i 个行业的信息化水平，$\overline{IN_i} = \dfrac{1}{(t_{i-1} - t_i + 2)\sum\limits_{t_{i-1}}^{t_i} IN_{it}}$；$IN$ 为所有行业信息化水平的总和，$IN = \dfrac{1}{(t_{i-1} - t_i + 1)\sum\limits_{i=1}^{n}\sum\limits_{t_{i-1}}^{t_i} IN_{it}}$，参照何伟的相关研究，此处近似以行业微电子控制设备经费代替。

2. 数据来源与变量说明

（1）数据来源

本部分选择 2010—2017 年我国分行业工业企业的相关数据进行产业集聚促进产业创新的实证研究。主要数据来源于《工业企业科技活动统计年鉴》《中国工业经济统计年鉴》《中国统计年鉴》《中国科技统计年鉴》、中经网统计数据库，选择 29 个制造业细分子行业（见表 4-3）数据进行相关分析，缺失数据采用前后数据插值补足。

（2）变量说明

根据前述理论分析可知，产业创新离不开支持创新的硬件环境与"软件"环境的配套，同样也需要政府部门的扶持，因此从这三个方面进行控制变量的选取。尽管对于产业创新的影响层面与前文基于地区数据所进行的分析一致，但对其中每个影响层面的具体表征都进行了更换。

① 行业集聚水平 CLD。行业集聚水平主要包括行业专业化集聚水平 $ISPE$、行业多样化集聚水平 $IDIV$。具体计算公式以及结果已在第 4 章进行说明，此处不再赘述。

② 行业创新水平 IID。行业创新水平用行业创新效率进行表征，主要包括行业创新综合效率 IIE、行业创新规模效率 ISE、行业创新纯技术效率 ITE。具体计算公式以及结果已在第 4 章进行说明，此处不再赘述。

③ 产业生产设施完善程度 IPS。产业生产设施投资总额一方面可以在一定程度上反映该产业生产设施的完善程度，另一方面也在一定程度上反映了行业发展规模。不管是完善的生产设施，还是较大行业规模所带来的潜在规模效应，都会影响产业创新水平。本部分采用不同行业生产设施投资总额与行业固定资产投资总额之比作为产业生产设施完善程度的表征。

④ 行业市场化程度 IMARK。行业市场化程度主要反映所在行业的市场自由程度。行业市场化程度越高，越有利于不同企业、行业之间进行技术信息的交换，从而越有利于提升创新效率。借鉴裴长洪（2015）、袁航等（2019）的做法，引入行业市场化程度作为产业创新驱动产业结构合理化发展模型的控制变量之一。

⑤ 政府对行业的支持力度 IGS。政府部门通过财政转移支付、产业引导规划等方式，可以优化产业资源配置结构，降低产业创新成本，提升企业创新的积极性。本部分借鉴周璇、陶长琪（2017）的研究成果，选择各级政府对行业技术开发的减免税额与产业经营总收入的比值作为政府扶持力度的表征。

3. 行业异质性视角下产业集聚对产业创新影响的空间自相关检验

利用全局莫兰指数测算行业间产业结构合理化的整体关联程度，具体公式为

$$I = \frac{\sum_{i=1}^{n}\sum_{j=1}^{n}w_{ij}(x_i - \bar{x})(x_j - \bar{x})}{S^2 \sum_{i=1}^{n}\sum_{j=1}^{n}W_{ij}}, \quad S^2 = \frac{1}{n}\sum_{j=1}^{n}(x_i - \bar{x})^2, \quad \bar{A} = \frac{1}{n}\sum_{j=1}^{n}x_i$$

(5-64)

式中，I 为全局莫兰指数；x_i 为第 i 个行业的产业创新效率；n 为行业数；W 为本部分所构建的标准化的基于技术距离与信息化水平的空间

权重矩阵。测算所得 2010—2017 年我国 29 个制造业子行业的创新综合效率、规模效率、纯技术效率均通过了显著性检验，结果如图 5-8 所示。

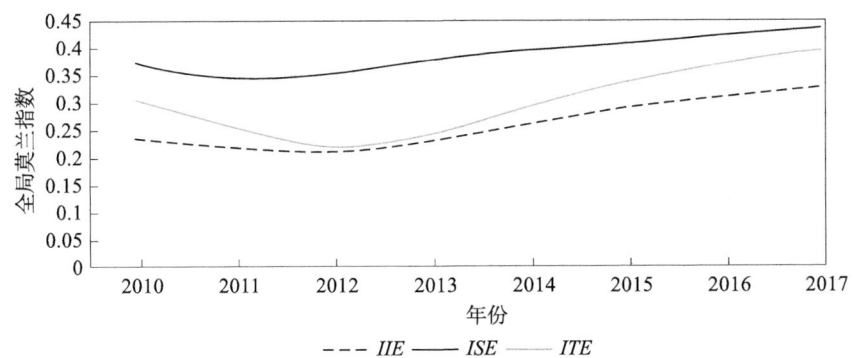

图 5-8 2010—2017 年我国制造业子行业创新效率的全局莫兰指数

由图 5-8 可知，2010—2017 年我国制造业子行业的产业创新效率具有显著的空间依赖性。

4. 模型设定

和前面的小节保持一致，本小节利用空间杜宾模型探究行业异质性视角下产业集聚与产业创新的关系。为了详细地分析不同集聚类型对产业创新效率的不同效应，本节拟构建如下模型

$$IIE_{it} = \delta W^{ICLU} IIE_{it} + \beta_1 ISPE_{it} + \beta_2 IDIV_{it} + \beta_3 IPS_{it} + \beta_4 IMARK_{it} + \beta_5 IGS_{it} + \theta_1 W^{ICLU} ISPE_{it} + \theta_2 W^{ICLU} IDIV_{it} + \theta_3 W^{ICLU} IPS_{it} + \theta_4 W^{ICLU} IMARK_{it} + \theta_5 W^{ICLU} IGS_{it} + c + \mu_i + \lambda_t + \varepsilon_{it} \quad (5-65)$$

$$ISE_{it} = \delta W^{ICLU} ISE_{it} + \beta_1 ISPE_{it} + \beta_2 IDIV_{it} + \beta_3 IPS_{it} + \beta_4 IMARK_{it} + \beta_5 IGS_{it} + \theta_1 W^{ICLU} ISPE_{it} + \theta_2 W^{ICLU} IDIV_{it} + \theta_3 W^{ICLU} IPS_{it} + \theta_4 W^{ICLU} IMARK_{it} + \theta_5 W^{ICLU} IGS_{it} + c + \mu_i + \lambda_t + \varepsilon_{it} \quad (5-66)$$

$$ITE_{it} = \delta W^{ICLU} ITE_{it} + \beta_1 ISPE_{it} + \beta_2 IDIV_{it} + \beta_3 IPS_{it} + \beta_4 IMARK_{it} + \beta_5 IGS_{it} + \theta_1 W^{ICLU} ISPE_{it} + \theta_2 W^{ICLU} IDIV_{it} + \theta_3 W^{ICLU} IPS_{it} + \theta_4 W^{ICLU} IMARK_{it} + \theta_5 W^{ICLU} IGS_{it} + c + \mu_i + \lambda_t + \varepsilon_{it} \quad (5-67)$$

上述模型中，IIE_{it}、ISE_{it}、ITE_{it} 分别为 i 行业第 t 年的创新综合效率、规模效率和纯技术效率；$ISPE_{it}$、$IDIV_{it}$ 分别为 i 行业第 t 年的制造

业专业化集聚程度与制造业多样化集聚程度；IPS、IMARK、IGS 分别为模型的控制变量；W^{ICLU} 为前文所构建的包含"互联网+"发展水平的技术空间权重矩阵；δ 为技术溢出强度，主要用来衡量不同区域创新效率的空间联动性；β_1、β_2、β_3、β_4、β_5 分别为各变量的参数；θ_1、θ_2、θ_3、θ_4、θ_5 分别为其他区域各变量对目标区域创新效率的影响程度。

5. 结果分析与检验

（1）实证结论与分析

参照黄莉芳等（2012）、谢子远和吴丽娟（2017）对制造业子行业的分类，将其中的劳动力密集型与资源密集型行业归为传统资源密集型产业，将技术密集型行业归为新型资源密集型产业。传统资源密集型产业包括 C13、C14、C15、C16、C17、C18、C19、C20、C21、C22、C23、C24、C29、C30、C31、C32、C33、C34、C40、C41 共 20 个行业；新型资源密集型产业包括 C25、C26、C27、C28、C35、C36、C37、C38、C39 共 9 个行业。对上述模型进行估计，结果见表 5-9。

表 5-9 行业异质性视角下产业集聚对产业创新作用的回归结果

变量	传统资源密集型产业（TM）			新型资源密集型产业（NM）		
	IIE	ISE	ITE	IIE	ISE	ITE
ISPE	0.351*** (3.884)	0.372** (2.403)	0.296*** (3.795)	0.437*** (3.847)	0.441** (2.485)	0.305** (2.268)
IDIV	0.284*** (3.881)	0.189** (2.553)	0.307** (2.296)	0.511** (2.439)	0.284** (3.946)	0.703* (1.379)
IPS	1.452** (2.557)	1.512* (1.672)	1.221*** (3.774)	1.242* (1.575)	1.324** (2.382)	1.002** (2.433)
IMARK	1.048* (1.098)	-1.088 (-0.199)	0.716** (2.518)	1.583** (2.366)	-1.395 (0.258)	2.119** (2.607)
IGS	0.665* (1.221)	0.732 (0.374)	0.489** (2.407)	0.573** (2.512)	0.581* (1.667)	0.317*** (3.996)

续表

变量	传统资源密集型产业（TM）			新型资源密集型产业（NM）		
	IIE	ISE	ITE	IIE	ISE	ITE
$W^{ICLU} \times IIE$	0.157** (2.269)			0.322** (2.651)		
$W^{ICLU} \times ISE$		0.139*** (4.128)			0.145 (0.249)	
$W^{ICLU} \times ITE$			0.366* (1.837)			0.301*** (3.925)
$W^{ICLU} \times ISPE$	0.402*** (4.228)	0.435 (0.661)	0.219 (0.284)	0.413** (2.349)	0.449*** (3.735)	0.374* (1.149)
$W^{ICLU} \times IDIV$	0.314 (0.441)	0.129** (2.505)	0.332*** (3.881)	0.622** (2.660)	0.525 (0.472)	0.779** (2.348)
$W^{ICLU} \times IPS$	-1.045** (-2.688)	-1.307 (-0.489)	-0.823** (-2.324)	-0.028 (-0.662)	-0.074*** (-3.773)	-0.016** (-2.346)
$W^{ICLU} \times IMARK$	1.159** (2.285)	0.992 (0.447)	1.201*** (-3.885)	-1.535 (-0.389)	-1.501 (-0.521)	2.042*** (4.012)
$W^{ICLU} \times IGS$	-0.133*** (-3.757)	-0.164 (-0.352)	-0.035** (-2.284)	0.043 (0.447)	-0.013 (-2.426)	0.055* (1.352)
σ^2	3.112	3.357	3.179	3.043	3.406	3.155
R^2	0.704	0.782	0.856	0.851	0.775	0.902
$\log L$	579.854	532.489	550.057	588.461	517.344	532.896

注：*、**、***分别表示在10%、5%、1%的显著水平下通过显著性检验，括号内为 t 值。

由上述结果可知，在行业异质性视角下，不同类型产业的产业集聚对产业创新的作用是有明显区别的。主要有以下几个特点：第一，从制造业整体来看，新型资源密集型产业的产业集聚对产业创新的影响要强于传统资源密集型产业。第二，在传统资源密集型产业中，专业化集聚对产业创新的影响要强于多样化集聚；而在新型资源密集型产业中，多样化集聚对产业创新的作用要大于专业化集聚。第三，在"互联网+"背景下，其他地区的产业创新对本地区的产业创新有显著影响,这种影响在新型资源密集型产业中更为明显。第四,其他地区的产业集聚对本地区的产业创新也有显著影响,在不同产业类型中,这种影响与本地区产业集聚对产业创新的作用方向一致。

产生上述现象的主要原因有:第一,传统资源密集型产业主要包括资源密集型产业与劳动力密集型产业,这类产业通过对自然资源的开发利用或者劳动力的简单堆叠就可以产生一定的效应,技术壁垒相对较低,但对自然资源和劳动力资源的数量要求较高。这类产业中的企业对技术创新的潜在需求较低,创新投入意愿不强,这使产业集聚对其产业创新的影响弹性较小。相反,新型资源密集型产业主要以技术密集型产业为主,技术壁垒相对较高。产业技术创新是这类产业得以持续发展的核心动力,也是命脉所在,因此,这类产业中企业的技术创新意愿要强于传统资源密集型产业中的企业。同时,新型资源密集型产业对各类创新资源的吸附能力更强,有助于促进技术创新环境的改善,这也使产业集聚所带来的正向外部效应能有效地促进该类型产业创新活动的进行。第二,依赖自然资源与劳动力资源的丰富程度而发展的传统密集型产业的产品往往功能较为单一,可拓展性并不强。这类产业持续发展的主要动力源于生产效率的提升,促进产业规模化生产,进而获取更多收益。因此,专业化集聚可以有效地促进产业规模效应的提升,促进产业生产环节中生产技术的改进,进而提升产业生产效率。而以技术密集型产业为主的新型资源密集型产业的产品,往往功能可拓展性较强,产业延伸弹性较大。相比企业规模化发展,由多类企业集聚所带来的产品功能潜在拓展空间的扩大,对促进产业发展更为有效。因此,多样化集聚能够促进新型密集型产业中的企业通过创新挖掘产品潜在功能的延伸空间,对提升产业实力更为有用。

(2)模型检验。

① 模型稳定性检验。为了保证模型及检验结果的准确性,本部分采用调整实证模型的方式来验证产业集聚对产业创新影响模型的稳健性,此处共有三种模型,分别是模型(1)、模型(2)、模型(3)。其中,模型(1)是在原有模型的基础上删除了一个控制变量 IPS 的 SDM;模型(2)为空间动态面板模型 SDPD,模型中的被解释变量、

解释变量以及控制变量、空间权重矩阵与原模型保持一致；模型（3）为静态面板模型，所有变量与原模型保持一致。模型稳健性检验结果见表 5-10。

表 5-10 模型稳健性检验结果

变量	IIE		
	模型（1）	模型（2）	模型（3）
ISPE	0.412 ** (2.275)	0.396 *** (3.798)	0.348 *** (3.816)
IDIV	0.387 *** (4.015)	0.377 ** (2.284)	0.266 ** (2.443)
IPS			1.501 * (2.417)
IMARK	2.874 ** (2.366)	-1.424 (-0.745)	-1.174 (-0.261)
IGS	0.681 * (1.665)	-0.539 (-0.544)	0.553 * (1.239)
$W^{ICLU} \times IIE$		0.172 ** (2.607)	
IIE_{-1}		0.092 ** (2.392)	
$W^{ICLU} \times IIE_{-1}$		0.157 *** (3.966)	
σ^2	3.086		
R^2	0.802	0.889	0.945

注：由于篇幅限制，部分结果并未完全展示，仅展示主要变量，其中 *、**、*** 分别表示在 10%、5%、1% 的显著水平下通过显著性检验，括号内为 t 值。

表 5-10 中估计结果的解释变量估计系数的正负性以及显著性与原模型大体一致，表明在"互联网+"背景下，产业集聚对产业创新作用的空间效应是稳健的。

② 模型内生性检验。由于产业集聚与产业创新之间存在双向因果关系，故需要进行内生性检验。本部分采用系统 GMM 估计法对模型内

生性进行检验，估计结果见表 5-11。

表 5-11 模型内生性检验

变量	IIE		ISE		ITE	
	TM	NM	TM	NM	TM	NM
L. IIE	0.164** (2.283)	0.343* (1.662)				
L. ISE			0.175*** (3.995)	0.151** (2.482)		
L. ITE					0.419** (2.387)	0.328** (2.553)
D. ISPE	0.422** (2.224)	0.532*** (3.985)	0.501** (2.621)	0.464** (2.407)	0.352*** (3.983)	0.318*** (4.021)
D. IDIV	0.291*** (3.996)	0.627 (0.551)	0.338*** (4.015)	0.301 (0.466)	0.424** (2.348)	0.742* (1.365)
D. IPS	0.982*** (3.871)	1.118 (0.374)	1.015** (2.408)	1.272 (0.535)	0.781** (2.501)	0.901** (2.382)
D. IMARK	0.875** (2.508)	−1.322 (−0.438)	0.774*** (3.719)	−0.115 (−0.227)	0.219** (2.605)	1.874** (2.467)
D. IGS	0.831** (2.446)	0.619*** (4.331)	0.997 (0.292)	0.607 (0.384)	1.184** (2.422)	0.298 (0.948)
AR (2)	0.157	0.182	0.087	0.176	0.154	0.109
Sargan 检验	0.278	0.359	0.316	0.378	0.407	0.535

注：*、**、*** 分别表示在 10%、5%、1% 的显著水平下通过显著性检验，括号内为 t 值。

由上述结果可知，模型中的工具变量均通过了 Sargan 检验，验证了工具变量的有效性。同时，估计结果中系数的正负性与原模型大体一致，进一步说明了"互联网+"背景下产业集聚可以推动产业创新进程。

5.4 本章小结

本章首先分析了不同集聚模式对产业创新所产生的作用；然后采

用系统动力学方法，探析了不同集聚模式对产业创新的不同作用路径，以此明晰产业集聚推动产业创新发展的作用机制；最后，在利用三阶段 DEA 方法测度我国 30 个省份与制造业 29 个子行业产业创新综合效率、规模效率、纯技术效率的基础上，通过构建含"互联网+"信息技术距离的空间权重矩阵，利用 SDM 模型分析不同产业集聚方式对产业创新综合效率、规模效率、纯技术效率的作用，并在空间异质性与行业异质性视角下进一步分析其内在影响。主要得到如下结论：①产业集聚对产业创新发展具有明显的促进作用，而且这种促进作用存在空间效应。②不同的集聚模式对产业创新效率不同方面的影响不同，专业化集聚对产业创新规模效率的作用大于对纯技术效率的作用，而产业多样化集聚则对产业创新纯技术效率的作用更大。③从空间异质性角度来看，本地区产业多样化集聚与专业化集聚对产业创新效率的影响均呈现出"东部—中部—西部"逐渐递减的状况。东部、中部地区产业多样化集聚对产业创新的作用强于专业化集聚，西部地区则相反。⑤从行业异质性角度来看，新型资源密集型产业的产业集聚对产业创新的影响要强于传统资源密集型产业。在传统资源密集型产业中，专业化集聚对产业创新的影响要强于多样化集聚；而在新型资源密集型产业中，多样化集聚对产业创新的作用要大于专业化集聚。

第6章 "互联网+"背景下制造业产业创新对产业升级的促进机制

产业创新是对产业发展内在原有技术轨道内的技术范式的突破。一方面,技术范式的突破直接提升了产业技术运用层次,推动了产业结构高度化进程;另一方面,通过对生产要素,包括人力、资本、技术等的重构,获得了更高的生产效率,有效地改变了产品市场、要素市场的供需结构,推动了产业结构合理化进程。按照技术创新不同演进方式所区分的"收敛型"技术创新和"发散型"技术创新对于上述技术运用与要素重构的影响路径并不一致,因此不同类型的产业创新对产业结构优化升级的促进作用也有所不同。本章将总结分析产业升级的具体影响因素与作用路径,按照由技术创新不同演进方式所划分的"收敛型"技术创新与"发散型"技术创新,分类探讨两者与产业结构优化升级之间的作用关系。

6.1 制造业产业创新对产业升级的作用机制

6.1.1 制造业产业升级的影响因素

产业升级的内涵主要包含两个方面,即产业技术含量的提升与产业资源配置结构的优化。因此,为了准确地分析产业结构优化升级的影响因素,需要从上述两个方面进行深入分析。具体而言,一是产业技术发展水平,即产业升级的高度化进程;二是产业资源结构配置,即产业升级的合理化进程。

从产业技术发展的高度化进程来看,通过改造传统产业与培育新兴产品使产业整体技术层次逐步提升是产业结构高度化的标志性特征。利用新的生产技术对产业生产链进行改进,同时将生产链与创新链相融合,促进企业生产方式得到改善、生产关系发生变化、生产效率得以提升。在这一过程中,以往落后的生产技术和生产流程逐步被淘汰,新技术一方面被直接应用于产品生产链中的各个环节,使产品生产、管理、服务等的水平得以提升,企业生产管理逐步趋于高技术化;另一方面,通过新技术与现有产品或设备的融合发展,对产品创新链进行拓展延伸,促使企业在价值链中所处的位置不断攀升。通过上述两个方面的作用,新技术不断得到融合应用,不仅使企业内在技术层次得以提升,其外溢效应也使整个区域内的其他企业受到一定程度的影响,推动了其改造、升级,进而形成高技术产业集群。因此,从上述产业技术发展带动产业结构高度化进程的作用路径来看,技术创新对于产业技术在产业生产链、创新链中各个环节上的应用、传导具有积极作用,通过技术创新,可以使制造业产业在产品设计、生产、销售、管理等环节的劳动生产效率与内在技术含量得以提升,进而推动产业结构优化升级的高度化进程。

从产业升级的合理化进程来看,市场需求是促进产业之间各类资源的配置比例达到最优的主要影响因素。社会需求是企业得以生存的基本保障,也是相关产业健康发展的基石。因此,社会需求水平与结构的变动将对产业升级产生无法忽略的影响。从需求端看,拉动经济增长的主要动力包括消费、投资和出口三大方面,即社会需求可以细分为社会消费需求、社会投资需求和社会出口需求。其中,消费需求可以划分为个人消费需求与公共消费需求。近年来,随着新一代信息技术的不断发展,个人消费需求呈现出"多样化、尖端化、个性化"的发展趋势,这就使个人消费需求与产业结构高度化和合理化进程联系得更为紧密。社会投资需求主要包括固定资产投资需求与流动资产投资需求。当新的投资需求在部分行业中出现时,将快速推动该产业原有产业技术层次的提升与产业结构的变革,进而影响产业结构的高度化与合理化进程。

总而言之,产业结构优化升级的影响因素主要包括技术应用维度和市场需求维度,两者分别对应产业结构优化升级的高度化与合理化。

6.1.2 产业创新推动产业升级的作用路径

产业创新对产业结构优化升级的作用主要通过两个方面实现:一是促进技术的高端化发展;二是优化产业发展所需资源的配置结构。技术高端化的推进,可以促进产业结构高度化进程,而产业发展资源的优化配置,可以调整不同产业的发展规模与内在质量,进而使产业升级的合理化程度得以提升。产业技术创新,一方面可以使技术密集程度更高的产业在发展规模上逐步扩大,使高技术产业在整体产业中的占比逐步提升;另一方面,也可使原有产业内在发展技术的内涵得以丰富。前者体现了产业"数量"的演变,后者则体现了产业"质量"的提升。因此,产业创新促进产业升级的主要路径如下。

1. 产业创新改变产品市场与要素市场的供需结构,倒逼产业结构优化升级

产业创新可以改变终端产品市场与前端要素市场的供需结构,通过市场化机制的调节作用,促进产业升级。对于产品市场而言,一方面,产业创新不仅可以有效地提升产业生产效率,满足市场对于产品数量的需求,也间接地保证了市场与企业有更大的空间挖掘新的需求,从而推动产业成长与壮大(肖仁桥、钱丽、陈忠卫,2012;洪银兴,2014;徐晖、陶长琪、丁晖,2015);另一方面,新技术的应用势必会导致原有产品使用功能的升级和拓展,由此改变消费市场中原有的消费结构,特别是在"互联网+"技术不断发展的今天,这种功能性拓展传递给消费者继而带来消费结构的改变要比之前更为迅速,而消费结构的改变势必将使企业对其生产活动做出调整,通过改变原有的生产方式与组织结构、改造原有的生产工艺与流程,来适应终端消费市场需求结构的改变,提升企业的市场竞争力。对于要素市场而言,一方面,产业技术创新将改变生产活动中劳动力、资本、技术、信息等要素的使用结构,新型要素如先进技术、精准信息的使用将极大地提升产业生产效率,提高产品与服务质量,从而间接地推动整个产业中生产要素使用结

构的改变，推动产业结构优化升级的高度化进程。另一方面，由产业技术创新引起的产业要素使用结构的变动将进一步引起要素价格与要素供给结构的变动，新要素对产业发展过程的参与，将改变原有产业的生产、销售、服务模式，进而使原有生产要素结构发生改变。从整个产业和区域角度来看，要素结构的变动势必将影响各类要素的配置效率与生产效率，从而使原有产业结构发生重大变化。

2. 产业创新改变居民收入结构，引致产业结构优化升级

产业创新可以改变人们的就业结构与收入结构，通过收入总量、需求收入弹性的改变引起人们对制造业产品需求的改变，从而使产业结构发生改变。

首先，产业创新可以增加国民经济收入总量与需求收入弹性，推动产业结构高度化进程。国民经济收入总量的变化将直接影响居民消费水平与消费层次的变动。而居民消费水平与消费层次的变动则直接体现为符合相应变动趋势的产业经济效益得到快速提升，进而促进各类生产要素快速向这类产业集聚，改变了原有产业结构。例如，新农业机械设备的投入应用可以有效地提升农业生产中的劳动效率，降低单位产出的成本，提升农民的收入水平，使农村开始逐步试行乡村旅游发展，使原有的纯制造业产业开始向"制造+服务"转变。

其次，产业创新可以衍生新兴产业与新消费模式，进而催生诸多消费"新热点"，带动消费者消费组合的多元化演进。一方面，产业创新会推动居民收入的增加，从而改变消费者的传统消费理念与消费模式，增强其对消费"新热点"的消费意愿，推动新兴产业发展；另一方面，产业创新加速了不同产业之间的融合进程，强化了多产业的前后关联程度，延伸了消费者的潜在消费链，推动了产业升级的合理化进程。

3. 产业创新深化社会分工，加速产业结构优化升级

首先，产业创新使产业技术变得更为精细化，这使整个社会分工体系变得更为完善。一方面，产业创新引起的产业功能升级使原有产品生产链中的各个环节不断分解、重构，制造工序更为精细、复杂，导致社会分工更为细致，分工体系更为完善，生产要素结构更为合理（金京、戴翔、张二震，2013；胡秋阳，2016）。另一方面，产业创新

将衍生出诸多消费新模式,用户多元化消费也使终端市场结构变得更为碎片化。产业分工体系的日趋完善以及产品供给多样化程度的提升,将使各产业的产业结构出现相应的调整。总体而言,产业创新带来的社会分工"精细化"与消费市场"碎片化",可以促进原有产业"规模发展"逐步向"质量发展"转变,从而促进产业结构的高度化进程。

其次,产业创新通过深化社会分工,加速了产业制造的专业化进程,提升了生产要素的使用效率与转换效率,促使生产方式从原有的粗放型不断地向集约型转变。特别是智能化、绿色化生产工艺与技术的不断融入,使产品复杂度、附加值得到提升的同时,也促进了产业发展的智能化与可持续化进程,推动了产业结构优化升级的高度化进程在"质"上的不断提升(赵珏,2015;张然,2016)。

再次,"互联网+"背景下,持续深化的社会分工对产业结构优化升级的合理化进程也产生了较大的影响。一方面,随着专业化分工、产品服务多样化的不断推进,使得产业生产链的不同环节、产业上下游企业、围绕创新链集聚形成的不同配套产业之间的关联程度日益加深,形成一个协同有序的产业发展聚合体,在整体层面上,不同产业之间的聚合比例不断向资源最优化的组合演进(李绍华,2012)。另一方面,产业创新带来的社会分工体系的日益完善,使劳动力、资本、技术、信息等生产要素得以合理流动,促进了整体产业发展的效率变革,推动了产业升级的高度化与合理化进程。同时,各地基于不同要素禀赋形成的差异化产业结构,将有效地避免同质化竞争,强化产业整体竞争力,推动更高层面上的产业结构优化升级。产业创新推动产业升级的具体路径如图6-1所示。

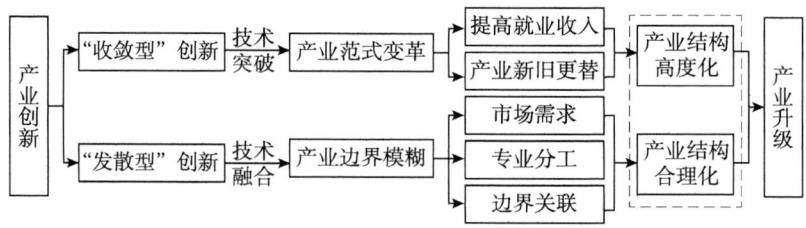

图6-1 产业创新推动产业升级的具体路径

总而言之，基于产业集聚形成的产业创新有别于深入社会化专业分工之前的单一企业创新，基于产业集聚形成的集群式创新贯穿于产业发展的生产链、创新链、产业链的全环节和全过程中。尽管基于产业集聚所形成的产业创新是一个复杂而多变的综合性系统，但其内在核心始终贯穿两条主线。一是基于产业集聚发展带来的产业创新嵌入产业生产链的前端、中端、后端，带动企业不断地将新知识与新技术嵌入其生产过程中，提升了企业的劳动生产率，形成了规模经济与范围经济，进而促使产业不断向自身更高层次发展，即促进了产业结构高度化进程，这往往由同类产业的集聚即专业化集聚所引致。由于这类创新在同类产业中以水平式嵌入，并专注于产业自身技术水平不断朝"高、精、尖"迈进，因此本书将这类创新称为"收敛型"创新。二是产业创新不仅嵌入生产链的各个环节，同时也融入产品的创新链之中。而产品创新链则打通了不同企业之间的互动壁垒，这是由于产品的创新链中所涉及的该产业的上下游行业以及与其匹配的不同行业之间的技术、产品相融合，进而形成了一个逐渐扩大的有机综合体。因此，这类创新有助于不同的资源禀赋通过这种生产链、价值链、创新链的互融在不同产业之间实现合理分配，也就促进了产业结构的合理化发展。这类创新往往由产业的多样化集聚所导致。由于这类创新可以通过产品链、创新链在不同产业之间扩散，所以本书称其为"扩散型"创新。

6.2 制造业产业创新促进产业升级的机理解析

随着"互联网+"技术的不断发展，一方面，其将影响产业集聚所产生的各类集聚外部效应，进而通过产业集聚的外部性影响产业创新，最终影响产业升级；另一方面，其不仅可以影响产业集聚创新网络体系中的各个节点，也可以影响各节点相互之间的运行状况，进而影响产业创新效率，最终影响产业升级。也就是说，"互联网+"主要是通过直接或间接地影响产业创新进而对产业升级产生作用。前文中已经详细地剖析了"互联网+"对产业集聚、产业创新的影响机理，本部分默认产业创新是基于"互联网+"技术的快速发展而实现的,继而着重探讨产业创新对产业升级的作用机理。为了更详细地说明该机理,本部分一方面拟从产业创新对产业升级整体的影响层面说明其内在作用机理;另一方面,也将从产业创新对产业升级的合理化和高度化进程的影响两个具体维度进行分析,说明其内在作用机理。

6.2.1 模型前提与假定

"互联网+"背景下的制造业升级,是指"互联网+"技术直接或间接地作用于产业创新部门,使其提升创新效率,推出多样化的创新产品,并应用于制造业部门中,通过生产、管理、维护等多渠道的组织、技术融合,使制造业部门的生产成本得以降低、生产效率得以提升,进而促进产业升级发展。基于此,本章拟采用 Dixit – Stiglitz 模型,即 D—S 垄断竞争框架,分析产业创新推进产业升级的内在机理。

假定区域中存在两个部门,即创新部门和制造业部门:创新部门生产创新产品,即信息、知识等可以促进技术、产品、组织等突破原有初始定位的一种突破性要素;制造业部门生产传统的工业产品,工业产品由低阶到高阶的转变离不开创新部门所生产的创新产品的支撑,如智能化工业产品需要在传统工业产品中加入可以促进其突破原有功能限定的创新型技术。

6.2.2 模型内容与结论

假定创新部门生产的创新产品为 x_0 和 $x = (x_1, x_2, x_3, \cdots, x_n)$,且皆为制造业升级所需的中间产品,$x_0$ 为制造业生产的必要投入即固定投入,令其价格为 0;而 $x = (x_1, x_2, x_3, \cdots, x_n)$ 则为制造业升级所需要的中间产品投入。令这些创新产品所带来的效用函数为

$$u = U[x_0, V(x_1, x_2, x_3, \cdots, x_n)] \quad (6-1)$$

式中,u 为创新产品带来的效用;U 为效用函数;V 表示对称函数,表明所有创新部门生产的该类产品中都具有相同的固定成本与边际成本。假定制造业部门对创新产品的需求量符合经济学中常用的不变替代弹性函数形式,即存在

$$Q = \left[\int_0^M q(i)^\rho \mathrm{d}i\right]^{\frac{1}{\rho}} \qquad (6-2)$$

式中，M 为创新部门生产出来的制造业部门生产所需中间创新投入的创新产品的所有种类；$q(i)$ 为对第 i 种产品的需求量；ρ 为差异化创新产品之间的替代弹性，$0<\rho<1$。于是，效用函数可以改写为

$$u = U\left[x_0, \left(\sum_i x_i^\rho\right)^{\frac{1}{\rho}}\right] \qquad (6-3)$$

此时预算约束为

$$x_0 + \sum_{i=1}^n p_i x_i = I \qquad (6-4)$$

式中，p_i 为第 i 种产品的价格；I 为总收入。将创新产品的数量与价格指数分别定义为

$$Y = \left(\sum_{i=1}^n x_i^\rho\right)^{\frac{1}{\rho}} \qquad (6-5)$$

$$P = \left(\sum_{i=1}^n p_i^{-\frac{1}{\sigma}}\right)^{-\sigma} \qquad (6-6)$$

式中，$\sigma = \dfrac{1-\rho}{\rho}$。由于在对称的情况下，对于 $i \in [1, n)$，都有 $x_i = x$，$p_i = p$，则有

$$Y = x n^{\frac{1}{\rho}} \qquad (6-7)$$

$$P = p n^{-\frac{1-\rho}{\rho}} \qquad (6-8)$$

假定创新部门处于垄断竞争市场环境，因此其实现厂商利润最大化的条件为边际成本与边际收益相等。假定每个厂商的需求弹性为 $1 + \dfrac{1}{\eta}$，根据假设有

$$p_i\left(1 - \dfrac{\eta}{1+\eta}\right) = MC \qquad (6-9)$$

式中，MC 为创新部门厂商的边际成本。因此均衡价格为

$$p_e = c(1+\eta) = \dfrac{MC}{\rho} \qquad (6-10)$$

假设在创新产品生产过程中，所有消耗仅以虚化的劳动力作为替代，即假设整个生产过程中只消耗劳动力，且单位创新产品的生产成

本为 $a+f$,其中 f 为生产的固定成本,a 为可变成本。用 x 表示生产的创新产品数量,则生产 x 单位创新产品的成本总量为 $ax+f$。假定此时劳动力报酬即厂商支付工资为 w,则厂商利润为

$$\pi = p_e x - w(ax+f) = \frac{1-\rho}{\rho}awx - wf \qquad (6-11)$$

当市场可以自由进出时,$\pi = 0$,于是有

$$x = \frac{f\rho}{a(1-\rho)} \qquad (6-12)$$

假定制造业生产部门的生产函数符合柯布 - 道格拉斯函数形式,即有

$$\Gamma(L,Y,K) = S(L^\beta Y^{1-\beta})^\alpha K^{1-\alpha} \qquad (6-13)$$

式中,S 为生产技术;L 为劳动力;K 为资本;Y 为生产的中间投入,即创新部门生产的创新产品;α 为制造业产业生产中劳动力所占的份额;β 为制造业产出劳动力占比扣除技术创新产品加入后带来的虚化劳动力进步所占的份额,即纯劳动力份额。由此可知,最终产品中劳动力的真实占比为 $\alpha\beta$。即

$$wL = \alpha\beta\Gamma(L,Y,K) \qquad (6-14)$$

假定生产过程中总的劳动力投入为 N,于是有

$$wN = \alpha\Gamma(L,Y,K) \qquad (6-15)$$

所以有 $L = \beta N$,于是从事创新部门的劳动力数量为 $(1-\beta)N$,则有

$$n = \frac{(1-\beta)N}{ax+f} \qquad (6-16)$$

由于 $x = \frac{f\rho}{a(1-\rho)}$,可知

$$n = \frac{(1-\beta)(1-\rho)N}{f} \qquad (6-17)$$

由式(6-17)可知,创新产业中创新活动投入越多,产业的专业化程度越高,规模也就越大,所产出的创新类产品就会越多。现假定创新部门中的劳动生产率为 R,则有

$$R = \frac{Y}{nax} = \frac{1}{a}n^{\frac{1-\rho}{\rho}} \qquad (6-18)$$

为了说明创新产品种类数与创新部门劳动生产率之间的关系,可

以将 R 对 n 进行求导,则

$$\frac{\partial R}{\partial n} = \frac{1-\rho}{a\rho} n^{\frac{1-2\rho}{\rho}} \qquad (6-19)$$

由于 $\rho < 1$,所以有 $\frac{\partial R}{\partial n} > 0$,即在其他条件不变的情况下,当创新部门所生产的产品种类增多时,会使创新部门的劳动生产率得到提升。为了进一步分析创新产品对制造业产业升级的影响,主要从制造业部门产品单位成本出发进行分析。单位成本的降低,可以有效地提升企业生产效率,进而提升企业利润水平;反过来又为企业创新提供了支持,形成一个良性循环。

假设在制造业生产部门的生产过程中,除劳动力要素之外的其他生产要素均为外生给定。为了简化分析,令生产过程中,制造业生产部门的投入要素仅为虚化的劳动力要素以及中间产品投入,此处的中间产品即创新部门所生产的与制造业升级相关的创新产品。于是,可以建立以下函数关系

$$\begin{cases} MinC(w,p) = wL + PY \\ \Gamma(L,Y) = L^{\beta} Y^{1-\beta} \end{cases} \qquad (6-20)$$

式中,w 为制造业部门支付给劳动者的工资水平;p 为创新部门生产的创新产品的价格,当制造业部门的产品产量为 1 时,即

$$F(L,Y) = L^{\beta} Y^{1-\beta} = 1 \qquad (6-21)$$

制造业部门生产的最终产品的单位成本为

$$C(w,p) = \frac{1}{\beta} \left(\frac{1-\beta}{\beta}\right)^{\beta-1} w^{\beta} P^{1-\beta} \qquad (6-22)$$

由于均衡时有 $p_e = \frac{aw}{\rho}$,所以创新部门的创新产品的价格指数为

$$P(n,p) = p_e n^{\frac{1-\rho}{\rho}} = \frac{aw}{\rho} n^{\frac{1-\rho}{\rho}} \qquad (6-23)$$

将式 (6-23) 代入制造业生产部门的成本函数,可知

$$C(w,p) = \frac{1}{\beta} \left[\frac{\alpha\beta}{(1-\beta)\rho}\right]^{1-\beta} n^{\frac{-(1-\rho)(1-\beta)}{\rho}} w \qquad (6-24)$$

为了考虑制造业生产部门升级与创新部门创新能力之间的关系,可以将制造业生产部门成本函数对创新部门所生产并投入制造业的中

间产品种类求导,可得

$$\frac{\partial C(w,p)}{\partial n} = \frac{-(1-\rho)(1-\beta)}{\rho\beta}\left[\frac{\alpha\beta}{(1-\beta)\rho}\right]^{1-\beta} n^{\frac{-(1-\rho)(1-\beta)}{\rho}} w \quad (6-25)$$

由于 $\beta<1$,$\rho<1$,所以有

$$\frac{\partial C(w,p)}{\partial n} < 0 \quad (6-26)$$

创新部门的创新能力可以用创新产品的种类及其生产效率表示,而由上述分析可知,创新部门创新产品种类的增加可以提升其创新效率,而创新效率的提升及创新种类的增加,可以有效地促进制造业部门生产效率的提升,降低其单位生产成本,进而促进制造业部门升级。

6.3 "互联网+"背景下产业创新对产业升级影响的实证分析

基于上述理论分析可知,产业创新可以有效地提升企业生产过程中的生产效率,进而促进产业不断升级发展。随着"互联网+"技术的不断发展,虚拟空间与实体空间的日益通畅为技术外溢拓展了诸多渠道,成为影响产业创新、推动产业升级的重要因素。因此,在空间视角下实证研究产业创新推动产业升级的作用机理就显得十分必要。

6.3.1 制造业产业创新推动产业升级的空间关联性分析

上述关于产业创新推动产业升级的理论分析,已经说明了产业创新与产业升级之间具有一定的空间联动性,并分析了如何利用这种联动性强化产业创新推动产业升级的具体路径与机制。本部分将从数理与实证的角度分析两者之间的空间联动性,为后续利用空间计量模型分析两者之间的具体关系做好理论与实践上的铺垫。本部分还将利用网络分析法探究产业创新推动产业升级的空间关联特性。

1. 产业创新推动产业升级关联网络的构建

产业创新推动产业升级的关系网络实际上是一个含有空间效应的关系集合。将各区域视为复杂网络中的"节点",将不同区域之间的相

互作用与联系视为复杂网络中的"线"。通过一定的方法刻画出不同"点"之间的"线",也就是彼此之间的相互关系,可以直观且准确地探索产业创新推动产业升级这种作用在不同"节点"之间的空间关联性。当前研究这种关系的主要方法有两种:一种是基于格兰杰因果检验(VAR Granger Causality)法,另一种则是使用引力模型。但由于格兰杰因果检验法对滞后阶过度敏感,使得我们很难精确地掌握网络的结构特征,也无法辨识空间关联网络的演变趋势。因此,本部分拟采用引力模型分析产业创新驱动产业升级的空间关联性。结合"互联网+"背景下产业部分创新驱动产业升级的具体作用,本部分通过对引力模型进行一定的改造,将区域技术创新与产业结构优化都纳入该模型中,以此强化该模型的适应性。具体模型为

$$AT_{ij} = k_{ij} \frac{\sqrt[5]{PE_i TI_i IS_i G_i INT_i} \sqrt[5]{PE_j TI_j IS_j G_j INT_j}}{D_{ij}/(g_i - g_j)}, \quad k_{ij} = \frac{TI_i IS_i}{TI_i IS_i + TI_j IS_j}$$

$$(6-27)$$

式中,i、j 表示不同的省份;AT_{ij} 表示 i 省份与 j 省份之间区域产业创新驱动产业升级的引力;k_{ij} 表示 i 省份对于 i 省份与 j 省份之间区域产业创新驱动产业升级的引力的贡献程度;PE_i 表示 i 省份年末人口总数;TI_i 表示 i 省份的技术创新变量,用不同区域制造业的创新效率表示;IS_i 表示 i 省份产业结构优化变量,为体现现代产业变迁大趋势,以第三产业增加值占 GDP 的比重表示;G_i 表示 i 省份的 GDP;D_{ij} 表示不同省份省会之间的地理距离;g_i 为 i 省份的人均 GDP,用省会地理距离与区域人均 GDP 差值之比进行衡量,可以同时考量地理距离与经济距离的空间关联影响。上述变量中下标从 i 变换为 j 同样适用相关解释。根据式(6-27),可以计算出产业创新驱动产业升级的引力矩阵,对引力矩阵的各行取均值可得到临界值。将测算所得的引力值高于或等于临界值的记为1,以此说明呈对应关系的省份中,区域产业创新与产业升级具有关联关系。

2. 产业创新推动产业升级的关联性测算

依据上述改进的引力模型,可以计算出省域间产业创新驱动产业升级的引力矩阵。为了更直观地展现其网络形态,本部分利用 Ucinet

可视化工具 Netdraw 绘制出 2017 年我国 30 个省份产业创新驱动产业升级的网络关系图,如图 6-2 所示。

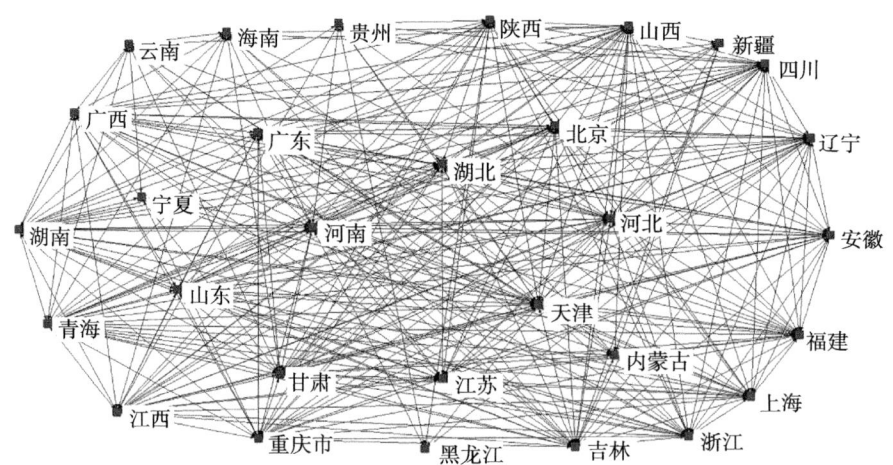

图 6-2 产业创新驱动产业升级的网络关系

由图 6-2 可知,对于产业创新推动产业升级而言,我国任意两个省份之间都存在直接或间接的空间关联,网络结构形态十分显著。

为了检验上述网络结构的稳健性,拟对上述网络结构的网络关联度进行测算。网络关联度是网络结构稳健性的良好反映,网络结构中节点的延伸或联结越密集,则说明该网络结构的关联性越强,整体结构越具有稳健性。网络关联度的测算公式为

$$CO = 1 - V/[N(N-1)/2] \qquad (6-28)$$

式中,CO 表示网络关联度;V 表示网络中不可达点的对数。根据式 (6-28),测算出 2010—2017 年上述空间网络的网络关联度均为 1。这表明我国产业创新与产业升级之间具有很强的空间网络关联。

6.3.2 "收敛型"产业创新促进制造业产业结构高度化的实证分析

1. 空间权重的确定

"收敛型"产业创新主要通过产业内生产过程中前端、中端、后端的技术改进,以链式推进的方式对产业生产产生积极作用,通过对生

产过程中不同阶段的创新,聚合成使整个生产链得到创新的强大推动力,促进产业发展内涵的提升。由于这种创新存在于同质产业内,因此产业内或同质产业之间的技术壁垒没有"发散型"产业创新在不同产业之间的扩散过程中那么重要。同质企业在空间上的临近有益于彼此之间技术的传递,进而可以通过创新促进区域内产业朝高端化不断迈进。基于此,本小节认为"收敛型"产业创新促进产业结构高度化发展的空间权重矩阵应纳入地理临近因素加以考虑。同时,产业自身发展层次的提升离不开产业生产过程中的研发活动,而同类产业发展层次的提升也是基于研发活动先对某个行业进行改造提升,进而通过技术溢出,实现对其他企业和行业的间接改造升级。因此,考虑"收敛型"产业创新对产业结构高度化的推进作用时,对于空间权重矩阵也应充分考虑科技研发活动的影响。此外,随着当前"互联网+"技术的飞速发展,电子信息技术对产业发展中的生产、管理、物流等各个环节都产生了巨大影响,而"收敛型"产业创新都可能存在于企业生产的这些环节之中,因此在设定空间权重矩阵时,信息化发展水平这一因素也是不可或缺的。本书选择空间距离、经济距离、区域信息化水平对角矩阵的乘积,构建"收敛型"产业创新促进产业结构高度化发展溢出效应的空间权重矩阵。

设定省域地理距离空间矩阵的表达形式为

$$W_{ij} = \begin{cases} 1/d^2, & i \neq j \\ 0, & i = j \end{cases} \quad (6-29)$$

构建"收敛型"产业创新促进产业结构高度化发展溢出效应的空间权重矩阵为

$$W^{COV} = W^D \text{diag}\left(\frac{\overline{I_1}}{I}, \frac{\overline{I_2}}{I}, \dots, \frac{\overline{I_n}}{I}\right) \text{diag}\left(\overline{\frac{SIN_1}{SIN}}, \overline{\frac{SIN_2}{SIN}}, \dots, \overline{\frac{SIN_n}{SIN}}\right) \quad (6-30)$$

式中,W^{COV} 为"收敛型"产业创新促进产业高度化发展溢出效应的空间权重矩阵;W^D 为距离空间矩阵;$\overline{I_i}$ 为 i 省份的研发项目合计,$\overline{I_i} = \frac{1}{(t_{i-1} - t_i + 2)} \sum_{t_{j-1}}^{t_i} \frac{RD_{it}}{IO_{it}}$;$I$ 为所有省份研发项目的总和,$I = $

$$\frac{1}{(t_{i-1}-t_i+1)\sum_{i=1}^{n}\sum_{t_j=1}^{t_i}\frac{RD_{it}}{IO_{it}}}$$；RD_{it} 为 i 省份第 t 年份的 R&D 经费内部支出总额；IO_{it} 为 i 省份第 t 年份的工业总产值；$\overline{SIN_i}$ 为 i 省份的"互联网+"发展水平，$\overline{SIN_i}=\dfrac{1}{(t_{i-1}-t_i+2)\sum_{t_j=1}^{t_i}INT_{it}}$；$SIN$ 为所有省份"互联网+"发展水平总和，$SIN=\dfrac{1}{(t_{i-1}-t_i+1)\sum_{i=1}^{n}\sum_{t_j=1}^{t_i}INT_{it}}$；$INT_{it}$ 为 i 省份第 t 年份的"互联网+"发展水平。

2. 数据来源与变量说明

（1）数据来源

本部分选择 2010—2017 年我国 30 个省份的数据进行"收敛型"产业创新推动产业结构高度化的实证研究。主要数据来源于《中国工业经济统计年鉴》《中国统计年鉴》《中国科技统计年鉴》、中经网统计数据库，选择 30 个省份的相关数据进行相关分析，缺失数据采用前后数据插值补足。

（2）变量说明

根据前述理论分析可知，"收敛型"产业创新主要通过产业生产过程中的"生产链"对产业发展产生重要作用，因此其主要受外部创新环境、政府扶持力度以及自身创新要素发展状况的影响。基于上述分析，本节拟设定如下变量。

① "收敛型"产业创新 $COVI$ 的测度。"收敛型"产业创新主要通过生产链上各个环节的创新促进产业自身发展水平的提升，同时通过最终产品的创新促进产业与产业之间产业结构高度化进程的推进。因此，这种创新注重生产过程的创新与最终产品的创新。参照李伟庆和聂献忠（2015）对生产过程创新与产品创新进行测度的做法，生产过程创新采用微电子控制设备原价与年末固定资产原价的比值表示，而最终产品创新采用新产品销售收入与工业销售产值的比值表示。将两者加权平均，以此作为"收敛型"产业创新水平。对相关数据进行整

理和计算，结果如图 6-3 所示。

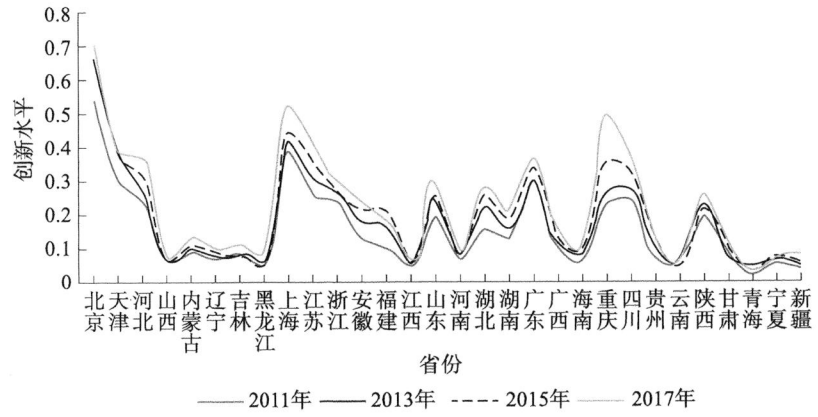

图 6-3 我国 30 个省份"收敛型"产业创新水平

② 产业结构高度化 ISS。从本质上讲，产业结构高度化是指内在产品技术含量的提升，以及产业发展模式由劳动力密集型向技术密集型的演进。本部分拟结合韩永辉等（2016）、干春晖等（2011）等对产业结构高度化的测度算法，对传统产业结构高度化指标做如下改进。

$$ISS = \frac{Y_{it}\dfrac{LP_{it}^s}{LP_{if}}}{Y_{jt}\dfrac{LP_{jt}^s}{LP_{if}}} \qquad (6-31)$$

式中，ISS 表示产业结构高度化；Y_{it}、Y_{jt} 分别表示第 i 个和第 j 个产业在时间 t 内的产出；LP_{it}、LP_{jt} 分别表示第 i 个和第 j 个产业在时间 t 内的劳动生产率；LP_{if}、LP_{jf} 分别表示第 i 个和第 j 个产业完成工业化后的劳动生产率。需要对上述变量进行无量纲化处理，选择以下方式进行标准化处理。

$$LP_{it}^s = \frac{LP_{it} - LP_{is}}{LP_{if} - LP_{is}} \qquad (6-32)$$

式中，LP_{it}^s 为标准化的劳动生产率；LP_{is} 为产业 i 初期工业化时的劳动生产率。按照同样的方法可以得到 LP_{jt}^s。依照钱纳里（Chenery）工业化进程的标准阶段划分模型，参考刘伟等（2015）的劳动生产率阶段对照模型与计算方法，测算出我国 30 个省份产业结构高度化水平，结果如图 6-4 所示。

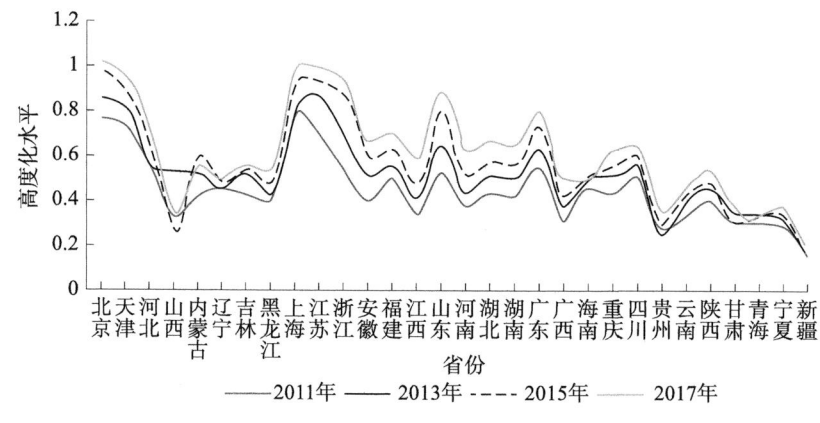

图 6-4　我国 30 个省份产业结构高度化水平

③ 创新型人才集聚程度 IH。对于创新活动而言，创新人才要素的作用是最主要的。基于集群的同类企业竞争，其本质上是技术与人才的竞争。企业通过创新人才这一关键创新要素的集聚，可以有效地提升自身在生产链各个环节中的自主创新能力，进而提升生产过程的劳动生产率和改进生产方式。创新人才的集聚有利于推动区域产业技术开发的专业化进程，使不同企业的技能与经验得到互补，进而推动产业结构的高度化进程。本部分参照高远东、张卫国、阳琴（2015）的研究思路，利用地区 R&D 研发人员数在总就业人员数中的占比作为该控制变量的表达。

④ 外商直接投资 FDI。外商直接投资可以有效地促进市场自由化程度的提升，强化各类信息交互的精确度。同时，外商直接投资还可以有效地促进对国外先进产业技术的引进和吸收，提升产业发展的内在驱动力，为产业结构高度化发展提供良好的支撑。本部分参照余泳泽和刘大勇（2013）的研究思路，选择外商直接投资额与全社会总投资额之比作为该变量的表达。

⑤ 政府消费性支出 GSN。政府消费性支出的增加，一方面可以有效加大基建投资，加强基础设施建设，完善区域民生建设，为产业发展提供良好、稳定的环境，促进产业持续向好发展；另一方面，可以

有效地促进居民消费能力的提升,增强居民对于产业高端产品的购买力,从而间接地提升了产业新产品的销售量,有利于快速回流资金,为产业结构高度化发展提供潜在推动力。参考查华超和裴平(2016)的研究思路,拟选用政府消费性支出占 GDP 的比重作为政府消费性支出的表达。

3. "收敛型"产业创新驱动产业结构高度化发展的空间自相关检测

本部分利用全局莫兰指数测算我国 30 个省份间产业结构高度化的整体关联程度,计算公式为

$$I = \frac{\sum_{i=1}^{n}\sum_{j=1}^{n}w_{ij}(x_i-\bar{x})(x_j-\bar{x})}{S^2\sum_{i=1}^{n}\sum_{j=1}^{n}W_{ij}},$$

$$S^2 = \frac{1}{n}\sum_{j=1}^{n}(x_i-\bar{x})^2, \quad \bar{A} = \frac{1}{n}\sum_{j=1}^{n}x_i \qquad (6-33)$$

式中,I 为全局莫兰指数;x_i 为 i 省份的产业结构高度化水平;n 为省份数;W_{ij} 为标准化的空间权重矩阵。本部分测算 2010—2017 年我国 30 个省份的全局莫兰指数,见表 6-1。

表 6-1 2010—2017 年我国 30 个省份的全局莫兰指数

年份	产业结构高度化全局莫兰指数	统计量 Z
2010	0.279	2.632
2011	0.238	2.098
2012	0.247	2.556
2013	0.271	2.317
2014	0.282	2.705
2015	0.317	2.844
2016	0.269	2.155
2017	0.226	2.315

上述结果表明,2010—2017 年我国产业结构高度化全局莫兰指数均在 5% 置信水平下显著。说明我国产业结构高度化具有显著的空间依赖性(正自相关关系)。

4. 模型设定与选择

(1) 模型设定

随着全球经济一体化进程的深入推进,大到国家与国家之间,小到城市与城市之间,经济发展与工业生产已经逐渐密不可分,本地区产业受临近地区产业发展状况影响的现象越来越普遍。因此,本书拟在空间视角下建立计量模型,考虑到解释变量的空间依赖性有助于提升方程的估计效率,同时也为了考察解释变量空间滞后性与被解释变量的作用关系,本书构建如下一般化的空间杜宾模型,以探究"收敛型"产业创新驱动产业结构高度化的作用关系及其空间效应。

$$y_{it} = \delta \sum_{j=1}^{N} W_{ij} y_{it} + X_{it}\boldsymbol{\beta} + \sum_{j=1}^{N} W_{ij} X_{ijt} \boldsymbol{\theta} + c + \mu_i + \lambda_t + \varepsilon_{it} \quad (6-34)$$

式中,δ 为空间关联系数,体现了被解释变量的空间依赖程度;W_{ij} 为空间权重矩阵;$\boldsymbol{\beta}$ 为自变量参数向量;$\boldsymbol{\theta}$ 为 $K \times 1$ 阶的参数向量,表示相邻区域解释变量对被解释变量的影响程度;c 为常数项;μ_i 为空间个体效应;λ_t 为时间效应。本部分将前述构建的空间权重矩阵代入上述一般化模型,进而建立如下空间杜宾模型。

$$\begin{aligned} ISS_{it} = & \delta W^{COV} ISS_{it} + \beta_1 COVI_{it} + + \beta_2 IH_{it} + \beta_3 FDI_{it} + \beta_4 GSN_{it} + \\ & \theta_1 W^{COV} COVI_{it} + \theta_2 W^{COV} IH_{it} + \theta_3 W^{COV} FDI_{it} + \theta_4 W^{COV} GSN_{it} + \\ & c + \mu_i + \lambda_t + \varepsilon_{it} \end{aligned} \quad (6-35)$$

(2) 模型选择

从本部分构建模型的数据结构来看,数据时间维度小于数据横截面维度,属于典型的"短面板"数据。鉴于基于"短面板"数据模型讨论时间效应有一定的困难,本部分仅考虑空间个体效应,探究上述构建模型是个体固定效应还是个体随机效应。首先进行霍斯曼检验,霍斯曼检验数值为 42.735,对应的 P 值为 0.000,拒绝原模型为随机效应模型的假设。综上所述,本部分选择个体固定效应空间杜宾模型分析"收敛型"创新对产业结构高度化的作用及其空间效应。

5. 结果分析与模型检验

(1) 实证结果与分析

选择极大似然估计(MLE)方法测算上述模型,分别得到全国与分区域的回归结果，见表6-2。

表6-2 全国与分区域的回归结果

变量	全国	东部地区	中部地区	西部地区
$COVI$	1.572* (1.934)	1.776*** (4.382)	1.125*** (3.776)	0.979** (2.329)
IH	1.044* (1.817)	1.292*** (2.424)	1.003 (0.384)	-0.049** (-2.315)
FDI	0.092** (2.501)	0.209** (2.343)	0.105* (1.734)	0.034 (0.029)
GSN	0.875 (0.557)	0.932 (0.024)	0.487*** (4.157)	0.735** (2.664)
$W^{COV} \times ISS$	0.537 (0.442)	0.899*** (3.721)	0.473*** (4.038)	0.336 (0.491)
$W^{COV} \times COVI$	2.131* (1.907)	-2.339 (-0.219)	2.074** (2.339)	1.881 (0.405)
$W^{COV} \times IH$	1.228* (1.886)	-1.756 (-0.887)	1.042 (0.009)	-0.719 (-0.794)
$W^{COV} \times FDI$	0.104*** (3.984)	0.241*** (4.116)	-0.125 (-0.439)	-0.067 (-2.586)
$W^{COV} \times GSN$	1.127*** (4.536)	1.382 (0.147)	0.661** (2.392)	0.903 (0.355)
σ^2	2.352	5.144	0.089	0.007
R^2	0.755	0.718	0.862	0.707
$\log L$	394.168	144.358	287.459	207.814

注：*、**、***分别表示在10%、5%、1%的显著水平下通过显著性检验，括号内为t值。

由上述结果可知，"收敛型"产业创新对产业结构高度化存在显著的正向影响。创新人才集聚水平、外商直接投资以及政府消费性支出等控制变量都对被解释变量产业结构高度化水平具有显著的促进关系。创新型人力资本的集聚，可以显著地增强区域内产业从业人员的素质，提升产业生产效率，实现"科技知识"向产业经济效益的转化，最终促进产业结构高度化发展。外商直接投资可以优化产权结构，促进企业对外部知识吸收转换能力的提升,进而使产业发展的内在技术含量不断提升。政府消费性支出则可以强化政府的宏观调控能力,通过定向支持科技含量较高、具备自主创新知识产权等类型的产品,以转移支付的方式强化这类企业的"再创新"能力,进而可以进一步促进相关产业的高端化升级。

从区域上看,东部地区"收敛型"产业创新对产业结构高度化的影响要显著大于中部和西部地区,这是由于东部地区的产业布局主要以技术密集型为主;中部地区从20世纪90年代后期开始逐步承接东部地区的产业转移;对于西部地区而言,其技术导向有所提高,但与东部地区相比仍有较大的差距。而西部地区则主要以资源密集型和资源类垄断性企业为主。对于技术密集型产业而言,创新对其产业升级的驱动作用要显著大于传统资源密集型产业,因此东部地区"收敛型"产业创新对产业结构高度化发展的促进作用要大于中部和西部地区。对于创新人才集聚水平、外商直接投资以及政府消费性支出等影响因素而言,其在东部地区对产业结构高度化的影响也显著大于中部和西部地区,但原因各有不同。

对于创新人才集聚水平而言,东部地区由于经济发展水平、教育水平、就业机会等外在因素明显高于中部和西部地区,因此创新人才在东部地区的集聚水平显然要高于中部和西部地区。而创新人才集聚带来的潜在创新能力提升会呈现出一定的"规模效应",即当创新人力资源集聚超过一定的规模时,其所带来的创新能力将显著提升,这就是东部地区创新人才集聚对产业结构高度化的促进作用大于中部和西部地区的主要原因。

对于外商直接投资而言,由于东部地区的产业基础、技术基础、配套基础等显著优于中部和西部地区,特别是具有活跃、自由的市场以及大量的优质技术人才,外商对东部地区产业进行投资的意愿要显著高于中部和西部地区。对于中部和西部地区而言,外商投资主要集中在劳动力密集型产业以及资源密集型产业,通过产业创新带动产业结构高度化发展的作用相对较弱。

从政府消费性支出对产业结构高度化发展的作用来看,呈现东部地区和西部地区高于中部地区的态势。这主要是由于东部地区的技术密集型产业以及西部地区的资源密集型产业对政府扶持资金的依赖程度较高，高科技企业需要政府转移支付来弥补企业创新的大量资金投入，这有助于企业通过进一步创新来促进产业结构高度化发展。而对于西部地区的资源密集型产业而言，其内在创新动力并没有中部和东部地区强烈，企业以资金投入换取技术进步进而推动产业结构高度化发展的意愿不强，因此较为依赖于政府部分法规的倒逼和政府资金的转移补贴。相对而言，这也与前文西部地区产业结构高度化水平较低、东部地区与中部地区产业结构高度化水平较高的结论相印证。

此外，各控制变量的空间交互项均存在空间溢出效应，说明本区域内的各个变量也将对其他区域的产业结构高度化产生一定的影响。为了更好地阐释自变量对因变量的影响效应，本部分拟对"收敛型"产业创新促进产业结构高度化的空间效应进行分解，并从全国、东部地区、中部地区和西部地区的直接效应和间接效应角度，检验各指标对产业结构高度化的影响，结果见表6-3。

表6-3 全国产业结构高度化的直接效应和间接效应

变量	全国		东部地区		中部地区		西部地区	
	直接效应	间接效应	直接效应	间接效应	直接效应	间接效应	直接效应	间接效应
$COVI$	-0.984** (-2.208)	-1.181** (-2.374)	0.334 (0.177)	-1.247** (-2.446)	-0.803* (-1.334)	-0.119* (-1.721)	-1.009 (-0.105)	-0.085*** (-3.884)
IH	2.135** (2.535)	-0.841 (-0.166)	2.554*** (3.758)	-0.955 (-0.557)	1.073*** (4.018)	0.079 (0.773)	0.992 (0.145)	0.021*** (3.996)
FDI	1.383 (0.179)	1.112 (0.597)	1.637 (0.435)	1.429 (0.798)	0.884** (2.386)	-0.531 (-0.103)	-0.176* (-1.779)	-0.866 (-0.138)
GSN	1.154** (2.519)	-0.435** (-2.440)	1.217 (0.662)	-0.322 (-0.195)	1.034* (1.187)	0.421*** (3.981)	0.996 (0.014)	-0.517* (-1.665)

注：*、**、***分别表示在10%、5%、1%的显著水平下通过显著性检验，括号内为t值。

从上述结果来看，全国、东部地区、中部地区、西部地区的大多数"收敛型"创新驱动产业结构高度化的直接效应与间接效应为负值，只有东部地区的直接效应为正值。这表明"收敛型"产业创新会削弱本地区对外部的技术溢出效应,抑制其他区域的产业结构高度化发展,这主要是由于集群式技术创新可能存在"回流效应"。由于创新主要依赖于人力、资本、技术等创新要素的集聚,以此来达到最大合力。当部分地区的创新要素持续集聚时,一方面,降低了其他地区对于创新要素的吸附作用;另一方面,由于创新本身所具有的规模效应,当强度达到一定阈值后,其创新能力将得到更大程度的提升,由产业创新带来的正向效应也会显著增强,这又进一步加快了各类创新要素向该地区集聚的速度。由于上述原因,通过创新要素的"回流效应",创新对产业发展的促进作用被削弱,进而抑制了区域产业结构高度化发展。但创新活动也有一定的外溢效应,周边地区也可能因创新发达地区的技术外溢而获益,但就目前的情况而言,东部地区由于科技水平及创新能力显著高于中部和西部地区,其技术创新外溢效应也显著高于中部和西部地区,因此当其外溢效应高于回流效应时,东部地区的空间效应成为正向效应,即其对周边地区的促进作用大于其对周边创新要素的吸附作用。

从创新人才集聚水平的空间效应来看,东部地区创新人才的集聚将抑制周边地区的产业结构高度化发展。由于创新人力资本的专业化水平较高,对薪酬、科创环境、职业平台也具有相应的匹配需求。只有当硬件平台、外部环境与创新人力资本相匹配时,才能最大化地实现人力资本的自我价值与社会价值。此外,创新人力资本的集聚,往往也会形成固化的创新氛围与创新模式,从而使其流动性降低。相对于其他地区,东部地区的硬件平台、科创环境、资本充足性都可以较好地满足创新人力资本的需求,从而使创新人力资本逐步集聚于东部地区,推动东部地区形成完整的产业链与创新链,优化产业发展氛围。良好的产业氛围与科创氛围又使得东部地区对创新人力资本的吸引力变得更大,这就导致了一个相对良性的闭圈循环,逐步使东部地区对其他地区的技术外溢效应减弱。与之相反,中部和西部地区的创新人力资本对本地区与其他地区的产业发展均具有促进作用,这主要是由于其经济基础所决定的平台、环境并未完全满足创新人力资本的硬性需求，人力资本的流动性尚存，而该地区较低的人力资本集聚程度也使其产生的"外溢效应"要高于可能出现的"回流效应"。

（2）模型检验

① 模型稳定性检验。为了保证估计结果的稳健性，本部分采用纯空间距离矩阵对上述模型进行分析，具体估计结果见表6-4。

表6-4 纯空间距离矩阵下的回归结果（稳健性检验1）

变量	全国	东部地区	中部地区	西部地区
$COVI$	1.382** (2.314)	1.446** (2.551)	1.107*** (3.829)	0.844*** (4.036)
IH	0.889*** (4.196)	1.053*** (3.985)	0.921 (0.887)	-0.074** (2.622)
FDI	0.099* (1.397)	0.186** (2.672)	0.094 (0.574)	0.671*** (3.881)
GSN	0.866 (0.519)	0.908** (2.579)	0.535 (0.338)	0.719*** (4.176)
$W^D \times ISS$	0.628* (1.664)	0.713*** (3.897)	0.409 (0.556)	0.442 (0.483)
$W^D \times COVI$	2.335** (2.438)	-2.429 (-0.064)	2.012*** (4.392)	1.671** (2.591)
$W^D \times IH$	1.336*** (4.122)	-1.554 (-0.847)	-1.894 (-0.365)	-0.668 (-0.898)
$W^D \times FDI$	0.224*** (3.695)	0.289*** (4.038)	0.207* (1.772)	-0.112* (-1.517)
$W^D \times GSN$	1.159 (0.792)	1.667** (2.483)	1.431 (0.695)	1.018* (1.828)
σ^2	2.442	5.083	1.024	0.055
R^2	0.757	0.626	0.778	0.909
$\log L$	635.844	358.764	383.665	219.841

注：*、**、***分别表示在10%、5%、1%的显著水平下通过显著性检验，括号内为t值。

通过对比，两种距离矩阵下各变量对产业结构高度化的影响力数值相近，指标的显著性以及影响效应的正负性大体趋于一致，说明本部分构建的个体固定效应空间杜宾模型是稳健的。此外,又通过增加固定资本投入指标 FI,进一步检验了模型估计结果的稳健性,得到的估计结果见表 6-5。

表 6-5 增加指标后的回归结果(稳健性检验 2)

变量	全国	东部地区	中部地区	西部地区
$COVI$	1.622***	1.897**	1.384***	1.337***
	(3.966)	(2.557)	(3.878)	(4.056)
FI	2.231*	1.685*	2.504**	-0.551
	(1.553)	(1.296)	(2.446)	(0.817)
IH	0.365*	1.117**	0.631**	-0.099*
	(1.874)	(2.353)	(2.489)	(1.377)
FDI	1.384	1.552***	0.984	1.038**
	(0.645)	(3.887)	(0.776)	(2.294)
GSN	0.766**	0.872**	0.329	0.551
	(2.336)	(2.514)	(0.559)	(0.697)
$W^{COV} \times ISS$	0.584***	0.901**	0.291***	0.553
	(4.332)	(2.626)	(3.998)	(0.535)
$W^{COV} \times COVI$	2.551**	2.845*	2.316**	1.973
	(2.585)	(1.698)	(2.366)	(0.894)
$W^{COV} \times FI$	3.356	3.519***	3.107	-2.827***
	(0.685)	(4.216)	(0.884)	(-3.729)
$W^{COV} \times IH$	1.661*	-1.532	2.183***	-0.084***
	(1.374)	(-0.116)	(0.017)	(-4.104)
$W^{COV} \times FDI$	0.339**	0.457	0.216	0.175**
	(2.599)	(0.084)	(0.072)	(2.675)
$W^{COV} \times GSN$	1.421	1.558**	-0.947	-1.083
	(0.725)	(2.438)	(-0.598)	(-0.003)
σ^2	2.337	5.089	0.082	0.013
R^2	0.911	0.874	0.929	0.901
$\log L$	-533.175	-131.351	256.998	198.164

注:*、**、*** 分别表示在 10%、5%、1% 的显著水平下通过显著性检验,括号内为 t 值。

从上述实证结果来看,各变量系数的正负性与前面的实证结果基本一致,即增加变量个数后得出的实证结果与原结果相似,说明本部分构建的空间杜宾模型是稳健的。

② 模型内生性检验。在模型估计过程中,解释变量与被解释变量之间存在的双向或逆向因果关系可能会使模型估计结果产生一定的误差,即存在内生性问题。本部分采用系统 GMM 估计法对模型进行内生性检验,估计结果见表 6-6。

表 6-6　模型内生性检验

变量	全国	东部地区	中部地区	西部地区
$L.ISS$	0.615** (2.298)	0.625* (1.535)	0.601*** (3.885)	0.609** (2.369)
$D.COVI$	0.903** (2.372)	1.471** (2.595)	0.507 (0.753)	0.742 (0.052)
$D.IH$	1.574 (0.126)	1.604* (1.625)	1.438* (1.762)	-1.331 (-0.715)
$D.FDI$	-0.081 (-0.568)	0.088 (0.381)	-0.051 (-0.517)	0.103* (1.154)
$D.GSN$	1.016* (1.898)	1.177** (2.358)	-0.842 (-0.285)	0.011** (2.429)
$AR(2)$	0.159	0.132	0.141	0.075
Sargan 检验	0.675	0.552	0.238	0.149

注:*、**、*** 分别表示在 10%、5%、1% 的显著水平下通过显著性检验,括号内为 t 值。

由上述结果可知,模型中的工具变量均通过了 Sargan 检验,验证了工具变量的有效性。同时,估计结果系数的正负性与原模型大体一致,进一步说明了"收敛型"产业创新可以推动产业结构高度化进程。

6.3.3 "发散型"产业创新促进制造业产业结构合理化的实证分析

1. 空间权重矩阵的确定

"发散型"产业创新可以通过创新链、产品链在不同行业间扩散,因此，突破不同行业之间的技术壁垒成为"发散型"产业创新促进产业升级的重要因素。不同行业之间的技术距离对技术创新在不同产业之间的扩散具有重要的影响。此外，随着"互联网+"技术的不断发展，新一代信息技术对技术创新在产业链与创新链中的扩散具有显著的促进作用，而复合型人才在不同行业间的流动也能有效地促进新知识的溢出。基于此，本小节选择技术距离和人力资本距离、信息水平对角矩阵乘积构建"发散型"产业创新驱动产业结构合理化发展的空间权重矩阵。借鉴 Jaffe（1993）提出的技术距离，并以此构建以下技术距离矩阵。

$$td_{ij} = \frac{F_i F_j'}{\sqrt{(F_i F_i') \times (F_j F_j')}} \tag{6-36}$$

首先，"发散型"产业创新通过对产业结构合理化进程的影响，使产业生产效率得到提升，产业生产总值得以增加。因此，在行业部门层面，设定 F_i 与 F_j 分别为制造业子行业 i 和 j 的工业生产总值在所有制造业行业总生产总值中的占比。

其次，由于不同产业间的技术溢出在某种程度上可以认为是创新人力资本在行业间流动所致。同时，随着"互联网+"信息技术的不断发展，不同行业对信息技术及产品的应用，也会在很大程度上决定产业创新的溢出效应，本部分选择技术距离和人力资本距离、产业信息化水平对角矩阵的乘积构建"发散型"产业创新驱动产业结构合理化溢出效应的空间权重矩阵。具体为

$$W^{DIF} = W_T \text{diag}\left(\frac{\overline{H_1}}{H}, \frac{\overline{H_2}}{H}, \cdots, \frac{\overline{H_n}}{H}\right) \text{diag}\left(\frac{\overline{IN_1}}{IN}, \frac{\overline{IN_2}}{IN}, \cdots, \frac{\overline{IN_n}}{IN}\right) \tag{6-37}$$

式中，W_T 为技术距离矩阵；$\overline{H_i}$ 为子行业 i 的人力资本存量，$\overline{H} = \dfrac{1}{(t_{i-1} - t_i + 2)\sum_{t_{i-1}}^{t_i} H_{it}}$；$H$ 为总的人力资本存量，$H = \dfrac{1}{(t_{i-1} - t_i + 1)\sum_{i=1}^{n}\sum_{t_{i-1}}^{t_i} H_{it}}$，此处用各行业的研发人员数量代替；$\overline{IN_i}$ 为子行业 i 的信息化水平，$\overline{IN_n} = \dfrac{1}{(t_{i-1} - t_i + 2)\sum_{t_{i-1}}^{t_i} IN_{it}}$；$IN$ 为所有行业信息化水平的加总，

$$IN = \frac{1}{(t_{i-1} - t_i + 1)\sum_{i=1}^{n}\sum_{t_{i-1}}^{t_i} IN_{it}}$$，此处近似以行业微电子控制设备经费代替。

2. 数据来源与变量说明

（1）数据来源

本部分选择 2010—2017 年我国各制造业子行业工业企业的相关数据进行"发散型"产业创新驱动产业结构合理化的实证研究。主要数据来源于《工业企业科技活动统计年鉴》《中国工业经济统计年鉴》《中国统计年鉴》《中国科技统计年鉴》、中经网统计数据库，选择 29 个制造业细分子行业的数据进行相关分析，缺失数据采用前后数据插值补足。

（2）变量说明

根据前述理论分析可知，产业结构合理化发展主要通过"发散型"产业创新在产品创新链与产业链中的扩散使各类生产要素达到均衡状态，这离不开产业创新及产业发展硬件设备、外在市场环境以及政府扶持力度的协同作用，因此本部分拟设定如下变量。

① "发散型"产业创新 $DIFI$ 的测度。表征技术创新水平的指标通常有两类，分别是投入指标和产出指标，学界通常用科研人员投入和科研经费投入作为投入指标，而选择新产品销售收入、新产品数量等作为产出指标。因此，本部分以投入指标进行测算，选取的指标见表 6-7。

表 6-7 "发散型"产业创新指标选取

"发散型"产业创新指标	指标明细	单位
科研人员投入	科技活动人员数量	人
科研人员投入	R&D 人员折合全时当量	人
科研经费投入	R&D 经费内部支出	万元
科研经费投入	科技活动经费内部支出	万元

根据上述指标数据，利用基于最大方差旋转的因子分析算法测算各因素的权重，用加权求和的方式得出"发散型"产业创新 $DIFI$ 的数

值。为了消除数据的异方差性、减少数据的变动性,并增强实证结果参数的经济学意义,将本部分的所有变量进行取对数处理。"发散型"产业创新 DIFI 测算结果如图 6-5 所示。

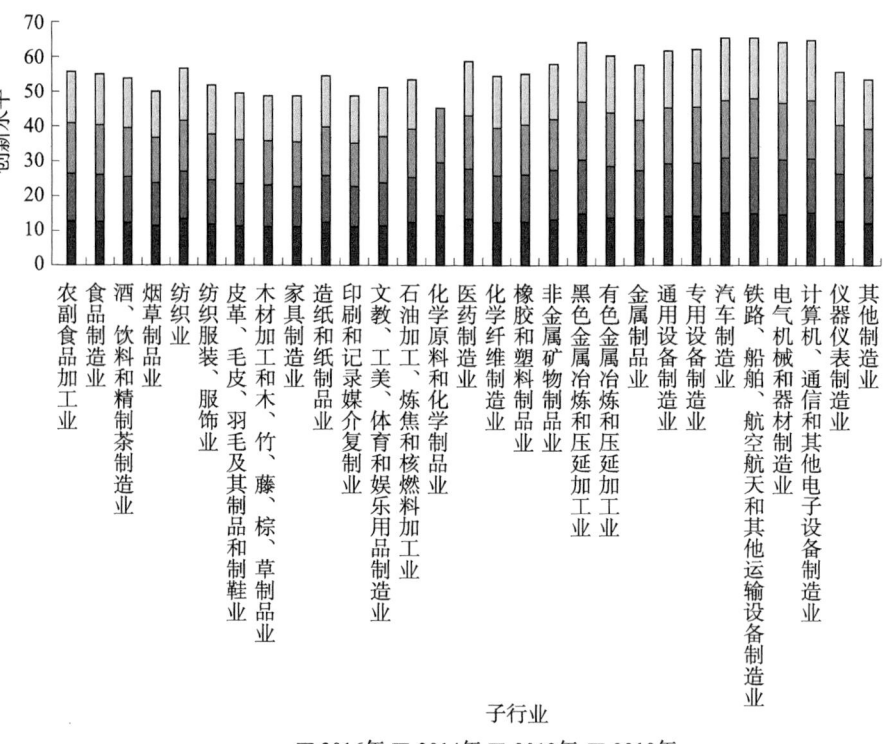

图 6-5 我国制造业各子行业"发散型"产业创新 DIFI 测算结果

② 产业结构合理化水平 ISR。对于产业结构合理化水平,当前学界有不少测度方法,但多在于强调产业资源配置效率、结构的聚合质量和产业的协调程度。在当前文献中,诸多学者采用泰尔指数和结构偏离度对产业结构合理化水平进行测度。本部分在遵循产业结构合理化资源配置假说的前提下,参照韩永辉等(2016)的测算方法,以要素投入结构和产出结构的耦合程度衡量产业结构合理化水平,具体公式为

$$ISR = \frac{1}{(Q_i/Q)\left|(Q_i/L_i)/(Q/L) - 1\right|} \qquad (6-38)$$

式中，Q_i 表示子行业 i 的工业总产值；Q 表示整个制造业的工业总产值，都使用工业生产者出厂价格指数进行平减；L_i 表示子行业 i 的从业人数；L 表示整个制造业的从业人数。根据式（6-38），可以得到我国制造业 29 个子行业产业结构合理化水平的测度结果，如图 6-6 所示。

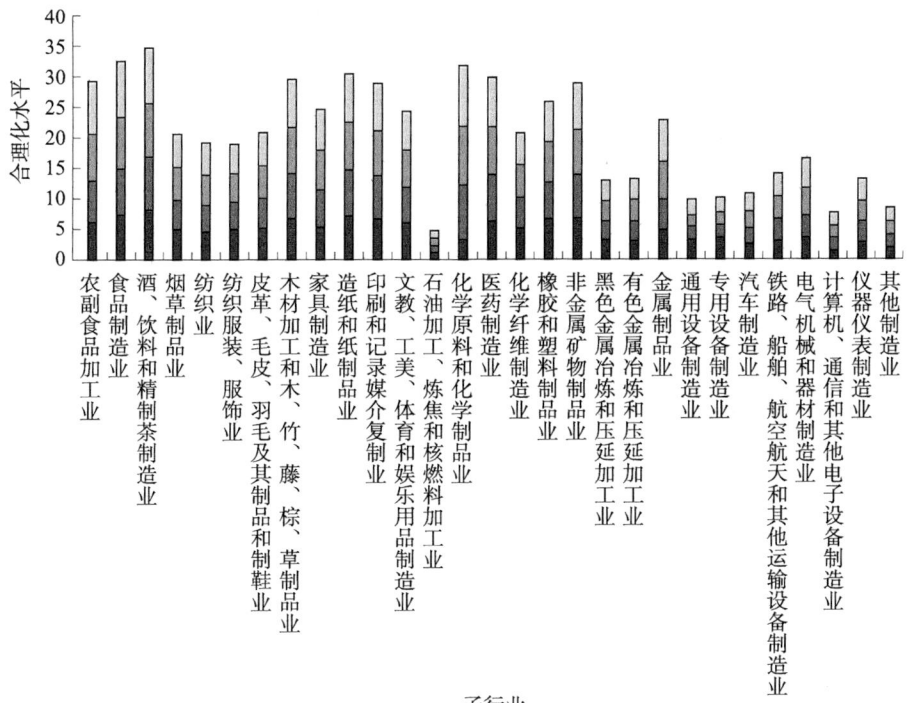

图 6-6　我国制造业各子行业产业结构合理化水平

③ 行业市场自由化程度 MARK。开放的市场可以有效加强不同行业间的技术交流，推动不同行业产品、设备、服务的对接程度，扩大产品、服务的受众范围，提升产业经济效益，从而对产业升级产生影响。本部分采用制造业各子行业非国有产业对行业的占比作为市场自由化程度的衡量标准。

④ 新产品销售收入 NPS。一方面，新产品销售收入可以作为产业创新资金回笼的标志，即可以衡量企业实行新一轮创新活动的潜

力,有助于强化驱动产业升级的作用;另一方面,新产品销售收入反映了创新驱动产业升级的成果与未来发展趋势,有助于企业制定其未来的创新发展策略,进一步强化了其推动产业升级的作用。本部分借鉴徐银良和王慧艳(2018)的研究成果,选择新产品销售收入与总收入之比作为产业创新驱动产业结构合理化发展模型的控制变量之一。

⑤ 政府扶持力度 GSD。政府通过制定各项财政补贴政策,以转移支付的形式对市场进行定向指导,可以规范市场运行机制,促进产业健康发展。而上述政策的落地将有效地降低企业创新成本,提升企业创新积极性。本部分选择各级政府对行业技术开发的减免税额与产业经营总收入额的比值作为政府扶持力度的表征。

3. "发散型"产业创新驱动产业结构合理化发展的空间关联性

在使用空间计量模型对"发散型"产业创新驱动产业结构合理化发展的作用进行分析之前,需要对产业结构合理化进行空间相关性分析,本部分利用全局莫兰指数测算行业间产业结构合理化的整体关联程度,具体公式为

$$I = \frac{\sum_{i=1}^{n}\sum_{j=1}^{n}w_{ij}(x_i - \bar{x})(x_j - \bar{x})}{S^2 \sum_{i=1}^{n}\sum_{j=1}^{n}W_{ij}},$$

$$S^2 = \frac{1}{n}\sum_{j=1}^{n}(x_i - \bar{x})^2, \quad \bar{A} = \frac{1}{n}\sum_{j=1}^{n}x_i \quad (6-39)$$

式中,I 为全局莫兰指数;x_i、x_j 分别为子行业 i 和 j 的产业结构合理化水平;n 为行业数;W_{ij} 为标准化的空间权重矩阵。其中,$I \in [-1,1]$,当 I 的取值趋近于 1 时,表示行业间的产业结构合理化呈空间正相关关系;反之,则呈空间负相关关系。根据前述构建的"发散型"产业创新驱动产业结构合理化的空间权重矩阵,本部分测算了 2010—2017 年我国 29 个制造业子行业的全局莫兰指数,具体见表 6-8。

表6-8 2010—2017年我国制造业子行业的全局莫兰指数

年份	产业结构合理化全局莫兰指数	统计量 Z
2010	0.365	2.883
2011	0.326	2.515
2012	0.337	1.993
2013	0.433	2.052
2014	0.395	2.497
2015	0.437	1.988
2016	0.366	2.322
2017	0.407	2.945

结果显示，2010—2017年我国产业结构合理化的全局莫兰指数在不同年份并不一致，尽管其在相邻年份有升有降，但大体呈现递增趋势。而且所有全局莫兰指数均在5%的置信水平下显著，这表明我国产业具有显著的空间依赖性（正自相关关系）。

4. 模型设定与选择

（1）模型设定

约克（York）提出的可拓展的随机性环境影响评估（STIRPAT）模型可以有效地反映各种人类活动因素对环境的影响。本部分借鉴其模型思想，构建"发散型"产业创新驱动产业结构合理化实证的基础模型，模型表达式为

$$Y = CP^{\alpha}F^{\beta}T^{\gamma}\mu \tag{6-40}$$

式中，Y 为环境受人类活动影响的效应；C 为常数；P 为人口；F 为财富水平；α、β、γ 分别为相关变量的系数；μ 为模型的随机误差项。为了体现技术因素与产业结构合理化之间的关系，引入希克斯中性技术进步函数对模型进行相应的改进，并将改进后的模型用于产业结构合理化受产业创新影响的效应分析。改进模型为

$$ISR = B(\cdot)DIFI^{\gamma}\mu \tag{6-41}$$

式中，ISR 为产业结构合理化水平；$DIFI$ 为"发散型"产业创新水平；$B(\cdot)$ 为多元函数组合，是技术进步的效率函数，嵌套多个模型影响因素，即控制变量。其中，多元函数组合的表现形式为

$$B(\cdot) = B_0 MARK^{\alpha_1} NPS^{\alpha_2} GSD^{\alpha_3} \mu^{\beta_t} \tag{6-42}$$

式中，B_0 为初期产业创新效率；β_t 为技术创新效率变动的外生性；$MARK$ 为市场自由化程度；NPS 为新产品销售额；GSD 为政府扶持力度；α_1、α_2、α_3 分别为其对应的变量系数。

将多元函数组合 $B(\cdot)$ 代入模型并进行取对数处理，可以得到"发散型"产业创新驱动产业结构合理化的基本模型为

$$\ln ISR = C + \gamma \ln DIFI + \alpha_1 \ln MARK + \alpha_2 \ln NPS + \alpha_3 GSD + \mu \quad (6-43)$$

在此模型的基础上，将空间计量模型引入行业分析，构建如下空间自回归模型和空间误差模型，探索"发散型"产业创新驱动产业结构合理化的空间效应。

$$\ln ISR_{kt} = \lambda W^{DIF} \ln ISR_{kt} + \gamma \ln DIFI_{kt} + \alpha_1 \ln MARK_{kt} + \alpha_2 \ln NPS_{kt} + \alpha_3 \ln GSD_{kt} + \delta_{kt} + \mu_{kt} + \varepsilon_{kt}$$

$$\ln ISR_{kt} = \gamma \ln DIFI_{kt} + \alpha_1 \ln MARK_{kt} + \alpha_2 \ln NPS_{kt} + \alpha_3 \ln GSD_{kt} + \delta_{kt} + \mu_{kt} + \varepsilon_{kt} \quad (6-44)$$

$$\varepsilon_{kt} = \lambda W^{DIF} \varepsilon_{jt} + \varphi_{kt} \quad (6-45)$$

式中，k 为行业；t 为年份；λ 为空间自回归系数；δ_{kt} 为时间效应随机误差项；μ_{kt} 为个体效应随机误差项；φ_{kt}、ε_{kt} 为随机干扰项。

（2）模型选择

在对空间自回归模型和空间误差模型进行选择时，可以通过比较模型的拉格朗日乘数和稳健性的拉格朗日乘数来实现。此处对上述模型进行拉格朗日空间相关性检验，得出的估计结果见表 6-9。

表 6-9 模型拉格朗日空间相关性检验结果

检验类型	样本数	检验值	P 值
LM - lag	232	24.382	0.000
Robust LM - lag	232	33.856	0.000
LM - error	232	4.283	0.053
Robust LM - error	232	7.334	0.559

由上述结果可知，LM - lag 与 LM - error 通过了显著性检验，而 Robust LM - error 检验值未通过显著性检验，因此选取空间自回归模型进行分析。由于本部分构建的空间自回归模型中的数据属于"短面板"

类型，时间效应随机误差项 δ_{kt} 的自相关性讨论较为困难，因此假定 δ_{kt} 服从独立同分布，在此基础上考虑模型个体效应 μ_{kt} 是固定效应或随机效应。利用霍斯曼检验进行选择，其霍斯曼数值为21.616，对应 P 值为0.007，拒绝原模型为固定效应模型的假设，故选择随机效应模型。综上所述，本部分通过构建空间自回归个体随机效应模型来分析"发散型"产业创新驱动产业结构合理化的空间效应。

5. 结果分析与检验

（1）实证结论与分析

构建如下空间自回归个体随机效应模型，用于分析"发散型"产业创新驱动产业结构合理化的空间效应，具体为

$$\ln ISR_{kt} = \lambda W^{\text{DIF}} \ln ISR_{kt} + \gamma \ln DIFI_{kt} + \alpha_1 \ln MARK_{kt} + \alpha_2 \ln NPS_{kt} + \alpha_3 \ln GSD_{kt} + \mu_{kt} + \varepsilon_{kt} \quad (6-46)$$

由于传统计量模型对残差项有独立同分布的假定，同时解释变量要求严格的外生性，而在上述模型中都有违背传统计量模型的假定，因此利用 MLE 方法进行估计。由于行业过多，模型结果展示相对繁复，此处选取部分具有代表性的行业进行结果的展示，得到的估计结果见表6-10。

表6-10 代表性行业的空间自回归模型估计结果

变量	制造业	农副食品加工业	烟草制造业	纺织服装、服饰业	有色金属冶炼和压延加工业	铁路、船舶、航空航天和其他运输设备制造业	计算机、通信和其他电子设备制造业
ln*DIFI*	0.473*** (4.701)	0.309** (2.014)	0.284** (2.019)	0.412** (2.159)	0.409** (2.016)	0.538** (2.391)	0.565*** (3.912)
ln*MARK*	0.191** (2.173)	0.059*** (3.932)	0.082 (0.633)	0.173 (0.672)	0.210** (2.177)	0.307** (2.314)	0.315* (1.785)
ln*NPS*	0.307 (0.351)	0.113** (2.019)	0.145** (2.003)	0.352** (2.010)	-0.157* (-1.872)	0.409** (2.208)	0.432*** (3.554)
ln*GSD*	0.062*** (3.238)	0.064*** (2.865)	-0.026** (-2.018)	0.043* (1.736)	0.055*** (3.042)	0.102 (0.122)	0.089 (0.175)

续表

变量	制造业	农副食品加工业	烟草制造业	纺织服装、服饰业	有色金属冶炼和压延加工业	铁路、船舶、航空航天和其他运输设备制造业	计算机、通信和其他电子设备制造业
$W \times \ln ISR$	0.439** (2.164)	−0.318** (−2.359)	0.355** (2.241)	−0.446*** (−3.531)	0.391*** (3.604)	0.526* (2.084)	0.507** (2.188)
$\log L$	−651.291	−682.210	−117.382	−135.988	−257.688	−387.956	−352.582
R^2	0.629	0.818	0.595	0.803	0.784	0.887	0.942
σ^2	1.332	1.125	0.811	0.630	0.302	0.083	0.155

注：*、**、***分别表示在10%、5%、1%的显著水平下通过显著性检验，括号内为t值。

从上述结果中可以看出，"发散型"产业创新可以有效地促进产业结构合理化，且其空间效应显著为正，这说明我国的大多数工业行业对临近行业均具有正向技术溢出效应。从制造业整体情况看，行业的固定资本投入、市场自由程度、新产品销售状况以及政府扶持力度都对产业结构合理化进程具有正向效应，但对于不同行业，则具有一定的差异性。从"发散型"产业创新对产业结构合理化的作用系数来看，铁路、船舶、航空航天和其他运输设备制造业，计算机、通信和其他电子设备制造业的系数要高于农副食品加工业，纺织服装、服饰业等传统制造业，这主要是由于铁路、船舶、航空航天和其他运输设备制造业，计算机、通信和其他电子设备制造业等行业的技术含量较高，有利于通过技术创新来促进产业发展，进而带动其他相关产业的产品与技术跟进，推动产业结构合理化进程。市场自由程度的提高有利于技术的交流以及相关产业信息的交互，可以降低企业的信息搜寻成本，对于技术密集型行业来说，其对于产业升级的作用要明显大于对传统制造业行业和垄断性行业的作用。对于新产品销售额来说，可以发现纺织服装、服饰业，铁路、船舶、航空航天和其他运输设备制造业，计算机、通信和其他电子设备制造业的系数要高于农副食品加工业、烟草制造业等行业。这是由于对于要求紧密贴近社会时尚潮流的服装纺织品而言，新产品的出货速度对于行业发展至关重要；对于技术要求较高的行业，特别是与信息技术紧密相关的行业而言，产品的更新必然要与日新月异的信息技术的更新速度相匹配，而创新产品销售额的提升，有助于行业资金回笼后立刻投入新的创新周期，进而促进产业不断升级发展。从政府扶持力度的角度看，其对农副食品加工业以及高技术行业的影响要大于一般制造业与垄断性行业，这是由于农副食品加工业的发展离不开政府的农业补贴政策，通过政策补贴可以有效地促进产业转型升级发展。而高技术行业本身由于创新投入非常大，政府对相关行业的补贴可以有效地提升创新速度与质量，有助于产业技术在创新链中的大规模应用并扩散发展，从而优化不同产业间的配置结构，推动产业结构合理化进程。

（2）模型检验

① 模型稳健性检验。为了保证估计结果的稳健性，本部分采用不与人力资本及信息水平相乘的技术矩阵进行重新估计，得到的估计结果见表6-11。

表6-11 减少变量后的回归结果（稳健性检验1）

变量	制造业	农副食品加工业	烟草制造业	纺织服装服饰业	有色金属冶炼和压延加工业	铁路、船舶、航空航天和其他运输设备制造业	计算机、通信和其他电子设备制造业
$\ln DIFI$	0.253* (1.038)	0.183** (1.455)	0.160 (0.732)	0.195*** (3.322)	0.313** (2.016)	0.439** (1.749)	0.388* (1.307)
$\ln MARK$	0.214* (1.116)	0.183** (1.673)	0.151 (0.299)	0.207** (1.943)	0.225 (0.104)	0.307 (0.084)	0.342** (1.906)
$\ln NPS$	0.083* (1.022)	0.012 (0.086)	0.009 (0.109)	0.105*** (2.879)	-0.078 (-0.257)	0.098** (2.013)	0.132 (0.242)
$\ln GSD$	0.386** (1.887)	0.403** (1.940)	-0.187* (-1.324)	0.264 (0.092)	0.366** (1.745)	0.412 (0.028)	0.399** (2.175)

续表

变量	制造业	农副食品加工业	烟草制造业	纺织服装服饰业	有色金属冶炼和压延加工业	铁路、船舶、航空航天和其他运输设备制造业	计算机、通信和其他电子设备制造业
$W^{T} \times \ln ISR$	0.231 (0.452)	-0.175** (-1.522)	0.098* (1.138)	-0.267** (-2.037)	0.224* (1.094)	0.382** (2.254)	0.357** (2.007)
$\log L$	-638.665	-167.253	-118.934	-345.183	-601.349	-510.822	-193.104
R^2	0.823	0.822	0.831	0.939	0.802	0.861	0.924
σ^2	1.327	1.108	0.824	0.655	0.301	0.294	0.158

注：限于篇幅，仅展示部分代表性行业的回归结果；*、**、***分别表示在10%、5%、1%的显著水平下通过显著性检验，括号内为 t 值。

虽然表6-11中的估计结果与前述估计结果有所区别，但两者的趋势和符号基本一致。相比之下，该结果中各解释变量对于产业结构合理化的作用效果显著性较弱，且部分结果与实际情况有所出入，这说明本小节前面构建的基于技术矩阵与人力资本及信息化水平相乘后的矩阵更符合实际情况。总体而言，上述结论验证了利用本部分构建的空间自回归模型研究"发散型"产业创新驱动产业结构合理化结果的稳健性。

为了保证本部分构建的空间自回归模型的稳健性，通过变换模型的形式进一步检验实证结果的稳健性，选择构建空间动态面板数据模型（SDPD）进行实证检验。

$$\ln ISR_{kt} = \lambda \boldsymbol{W}^{DIF} \ln ISR_{jt} + \gamma \ln ISR_{j,t-1} + \rho \boldsymbol{W}^{DIF} \ln ISR_{j,t-1} + \beta_1 \ln DIFI_{kt} + \beta_2 \ln MARK_{kt} + \beta_3 NPS_{kt} + \beta_4 GSD_{kt} + c_n + \mu_n + \varepsilon_{nt} \quad (6-47)$$

式中，λ、γ、ρ、β_1、β_2、β_3、β_4 为各变量的参数；c_n 为个体固定效应的 $n \times 1$ 的列向量；μ_n 为随机效应；ε_{nt} 为空间关联误差。以此模型进行估计，得到的结果见表6-12。

表 6-12 空间动态面板数据模型回归结果（稳健性检验 2）

变量	制造业	农副食品加工业	烟草制造业	纺织服装服饰业	有色金属冶炼和压延加工业	铁路、船舶、航空航天和其他运输设备制造业	计算机、通信和其他电子设备制造业
$W^{DIF}\ln ISR_{jt}$	0.441 * (2.032)	0.353 ** (2.414)	0.209 ** (2.588)	0.647 ** (2.675)	0.559 ** (2.407)	0.896 * (2.025)	0.913 *** (4.219)
$\ln ISR_{j,t-1}$	0.683 (0.635)	0.557 ** (2.669)	0.585 *** (3.458)	0.642 ** (2.435)	0.763 ** (2.516)	0.881 ** (2.651)	0.827 (0.630)
$W^{DIF}\ln ISR_{j,t-1}$	-0.237 * (-2.155)	-0.276 ** (-2.530)	-0.322 (-0.811)	-0.175 ** (-2.643)	-0.239 * (-2.072)	-0.183 * (-2.001)	-0.166 (-0.711)
$\ln DIFI$	0.138 ** (2.668)	0.076 ** (2.398)	0.098 (0.409)	0.125 * (2.079)	0.167 (0.525)	0.184 (0.822)	0.207 *** (5.681)
$\ln MARK$	0.075 * (2.185)	0.021 (2.503)	0.039 (0.517)	0.088 *** (5.284)	0.121 (0.084)	0.154 * (2.144)	0.136 *** (6.145)
$\ln NPS$	0.102 *** (5.116)	0.069 (0.598)	0.107 (0.632)	0.093 *** (4.185)	0.125 * (2.168)	0.133 *** (6.922)	0.158 (0.416)
$\ln GSD$	0.018 (0.177)	0.037 ** (2.488)	0.129 ** (2.732)	0.065 (0.517)	0.098 (0.116)	0.116 ** (2.439)	0.139 (0.471)
常数项	3.125 * (2.022)	1.074 (0.908)	5.771 (0.847)	-1.386 (-0.183)	-6.990 * (-2.154)	7.213 (0.993)	-1.028 ** (-2.407)
R^2	0.884	0.796	0.907	0.828	0.846	0.913	0.851

注：*、**、*** 分别表示在 10%、5%、1% 的显著水平下通过显著性检验，括号内为 t 值。

表 6-12 中大多数变量的符号和趋势与表 6-10 趋于一致，即变换模型后得出的实证结果与原结果大致相同，说明本部分构建的空间自回归模型是稳健的。

② 模型内生性检验。参照黄莉芳等（2012）、谢子远和吴丽娟（2017）对制造业子行业进行分类，将制造业子行业中属于劳动力密集

型与资源密集型的行业归为传统资源密集型企业,将技术密集型行业归为新型资源密集型企业。采用系统 GMM 估计法进行模型内生性检验,估计结果见表 6-13。

表 6-13 模型内生性检验结果

变量	制造业	传统资源密集型产业	新型资源密集型产业
$L.ISR$	0.422*** (3.774)	0.281** (2.459)	0.575*** (4.172)
$D.\ln DIFI$	0.385* (1.326)	0.174 (0.385)	0.696* (1.187)
$D.\ln MARK$	-0.225 (-0.339)	0.184*** (3.898)	0.273* (1.676)
$D.\ln NPS$	0.374* (1.683)	0.081* (1.822)	-0.467 (-0.771)
$D.\ln GSD$	0.059 (0.882)	-0.071 (-0.708)	0.051** (2.262)
$AR(2)$	0.183	0.176	0.137
Sargan 检验	0.538	0.362	0.278

注:*、**、*** 分别表示在 10%、5%、1% 的显著水平下通过显著性检验,括号内为 t 值。

由上述结果可知,模型中的工具变量均通过了 Sargan 检验,验证了工具变量的有效性。同时,估计结果系数的正负性与原模型大体一致,进一步说明了"发散型"产业创新可以推动产业结构合理化进程。

6.4 本章小结

本章首先明晰了在产业集聚基础上形成的产业集群式创新的特征。依据产业创新传递演进方式的不同,将其划分为在同质行业中传递演进的"收敛型"产业创新以及在异质行业中传递演进的"发散型"产业创新。然后,在 D—S 垄断竞争框架的基础上,构建了产业创新促进产业升级的数量模型，解析产业创新促进产业升级的内在机理。最后，利用含有"互联网+"技术距离的空间权重矩阵，借助 SDM 模型分析了"收敛型"产业创新对产业结构高度化的影响，借助 SAR 模型分析了"发散型"产业创新对产业结构合理化的影响。主要得到如下结论：产业创新对产业结构有正向促进作用。"收敛型"产业创新对产业升级高度化存在显著的正向影响，从区域上看，东部地区"收敛型"产业创新促进产业结构高度化的作用要大于中部和西部地区。由于创新要素"回流效应"的存在，"收敛型"产业创新会降低本地区的技术溢出效应，抑制其他区域的产业结构高度化发展。"发散型"产业创新可以有效地促进产业结构合理化，且其空间效应显著为正，其在新型资源密集型产业中对产业结构合理化进程的推进作用要大于对传统资源密集型产业的作用。

第 7 章 研究的主要结论与展望

7.1 研究的主要结论

在经济高质量发展理念的指导下,本书首先通过对产业集聚、产业创新、产业升级的概念和内涵的界定以及其对制造业高质量发展的作用的梳理,明晰三者之间的内在联系,并在"互联网+"背景下,将三者纳入推动制造业高质量发展的完整体系中。然后从这个体系出发,以串联的形式,依照"产业集聚—产业创新—产业升级"这一推动制造业高质量发展的主要路径,依次研究"互联网+"对产业集聚的影响机制、产业集聚对产业创新水平的提升机制、产业创新对产业升级的促进机制。最后,基于上述理论与实证分析结果,从强化网络信息建设、促进产业集聚发展、提升产业创新水平、加快产业结构转型升级等方面提出推动制造业高质量发展的政策建议。

基于上述研究工作,本书得出如下主要结论。

① 我国区域"互联网+"发展水平呈现"东部—中部—西部"依次递减的发展格局。东部沿海地区的"互联网+"发展水平明显高于中部和西部地区,且西部省份的发展明显滞后。从时间变迁的维度看,2010—2017 年我国"互联网+"发展整体水平逐年上升,得益于东部沿海地区先进信息技术的外溢效应,与其相邻的中部省份"互联网+"发展水平有明显的提升,但西南、西北、东北地区的"互联网+"发展水平提升相对缓慢,整体发展水平依然偏低。

② 从整体上看,"互联网+"这一新兴信息技术对制造业产业集

聚发展有明显的促进作用，但就不同行业、不同地区以及不同集聚方式而言，结论不尽相同。从行业异质性的角度看，对于产品直接作用于市场，且对生产技术有一定要求的行业而言，"互联网+"技术对其产业集聚的作用表现为先抑制后促进。对于政策垄断性或技术壁垒较高的行业而言，"互联网+"技术对其集聚的影响程度相对较低。此外，对于部分高技术企业而言，"互联网+"技术对其产业集聚的作用表现为先促进后抑制。从空间异质性的角度看，由于"沉没成本"与"网络效应"的存在，东部地区"互联网+"发展水平对制造业集聚发展的作用呈现持续促进的趋势，而其他几个地区都呈现先抑制后促进的趋势，中部地区从抑制到促进的"拐点"较西部地区更早出现。从集聚模式异质性的角度看，"互联网+"技术对多样化集聚与专业化集聚均有明显的促进作用，但其对多样化集聚的影响较对专业化集聚的影响大，且其对多样化集聚的作用表现为先抑制后促进，而对专业化集聚则始终表现为促进作用。

③ 制造业产业集聚对产业创新发展具有明显的促进作用，而且这种促进作用存在空间效应。不同的集聚模式对产业创新效率的内在影响不同，专业化集聚对于由产业规模变动带来的创新规模效率的作用要大于其对由技术、管理改进带来的创新纯技术效率的作用，而多样化集聚对两者的作用则与专业化集聚相反。从空间异质性角度看，本地区产业多样化集聚与专业化集聚对产业创新效率的影响均呈现"东部—中部—西部"依次递减的态势。东部、中部地区产业多样化集聚对产业创新的促进作用大于专业化集聚，而西部地区则相反。从行业异质性角度看，新型资源密集型行业的产业集聚对产业创新的影响要大于传统资源密集型行业，且传统资源密集型产业的专业化集聚对产业创新的影响要大于多样化集聚，新型资源密集型行业则与之相反。

④ 制造业产业创新对产业升级有正向促进作用。"收敛型"产业创新对产业结构高度化存在显著的正向影响，从区域上看，东部地区"收敛型"产业创新促进产业结构高度化的作用要大于中部和西部地区。由于创新要素"回流效应"的存在，"收敛型"产业创新会抑制本地区技术外溢，从而阻碍其他地区的产业结构高度化发展。"发散

型"产业创新可以有效地促进产业结构合理化,且本地区"发散型"产业创新可以有效地促进周边地区的产业结构合理化进程。同时,从行业异质性的角度看,新型资源密集型产业的"发散型"产业创新对产业结构合理化进程的推进作用要大于传统资源密集型产业。

7.2 相关政策建议

7.2.1 促进"互联网+"与制造业融合发展的政策建议

① 深入实施"宽带中国"工程。推进互联网主干网络的扩容升级,提升不同网络间的互联互通水平,优化互联网硬件平台资源。依据区际网络发展水平,加强中部和西部地区网络互联中心节点的建设工作,提升中部和西部地区的网络互联互通质量。加快高速光纤网络的建设,推进中部和西部落后省份光纤入企业、入家庭的比例,加快实现普遍性的区域光纤通达。

② 建设新一代通信网络与数据中心。在东部地区以及有条件的中部和西部地区率先建设新一代移动互联网络与通信网络,形成"技术强、规模大、速度快、安全性高"的互联网络体系,实现"多网络、深层次、宽覆盖"的网络服务。推进工业园区网络的优化提升工程,确保信息化与工业化融合的硬件基础。在我国东部、中部、西部地区的重要节点城市合理布局建设基于开发架构的云数据中心,通过将制造业产业与云数据中心进行通信互联,实现制造业集成数据的云计算,促进制造业内工业设计、生产、管理等环节的全面集成。

③ 建设完善新一代信息网络支撑平台。通过实施"互联网+"、大数据以及区块链等相关技术来支撑平台建设工程,强化中部和西部地区信息化服务平台建设,以此推动中部和西部地区借助新一代信息技术实现工业产业"弯道超车"。建立新一代信息技术公共开发与公共应用的实验室以及技术服务推广平台,大力促进相关技术的研发与应用。建立多平台协调中心,集中、科学地调度各产业数据中心、研发平台、技术联盟之间的数据资源,实现整合共享。

④ 培育建设工业互联网平台。以"层层递进、多维并举"的方式,依据传统资源密集型行业与新型资源密集型行业不同的行业发展特点,从行业龙头、发达区域两个维度,同时推进其建立适合不同区域的多类型工业互联数据平台,支持通信运营机构、工业企业、研发机构等工业网络参与主体开发具有集成作用的综合性数字平台,推动各参与主体实现互联互通、协同发展。

7.2.2 "互联网+"背景下推动制造业集聚发展的政策建议

① 科学规划引导产业集聚。中部和西部地区应积极组织产业规划人员到东部发达省份学习交流。通过借鉴和学习发达地区的先进经验,结合本地区的资源禀赋与产业发展特色,科学地编制本地区产业规划。根据产业是否属于垄断性产业、产品是否直接面向市场、技术密集程度等进行分类管理,科学地利用"互联网+"技术对不同类型产业的作用规律,强化"互联网+"技术对产业集聚的促进作用。

② 提升集聚区域的产业层次。各地区应紧抓产业机构调整与产业转移的机遇,坚持以工业园区为产业集聚的主要载体,通过引进产业龙头、树立行业标杆,打造品牌工业园,以此强化工业园区对于产业集聚的承载力。紧密围绕区域主导产业与特色产业,拓展产品发展链条,推动特色园区的形成。创新园区管理体系,突破行政区域限制,加快主导产业"点、线、面"三维立体发展,以此构筑主导产业集聚带,带动区域经济高质量发展。

③ 整合强化产业集聚区的创新资源。利用现代信息技术,依据不同产业的发展特点,推进制造业产业平台数字化、智能化、集成化转型,由原有的产业服务平台逐步转向创新平台,进而有利于促进劳动力、资本、技术等生产与创新要素的集聚。加快设立科创要素中介服务平台,促进要素交易与转化效率,强化知识对产业发展的支撑能力。以平台促创新,并通过产业集聚区创新能力的提升,扩大产业集聚所带来的技术溢出效应、规模经济效应,以此强化产业集聚区域对外来企业的吸引力,提升区域整体产业集聚能力。

④ 重视信息技术对产业集聚的作用。依据"互联网+"对不同类

型产业的作用特点,有条件地分类、分步推动"互联网+"、物联网、5G等新一代通信技术与区域产业互动,强化"互联网+"技术对产业集聚的促进作用。基于"互联网+"技术,大力推进现代服务业,坚持制造业和服务业互动并进,突出发展金融、物流、科学研发、商务服务、信息咨询等服务业,以此促进制造业产业集聚力度。

7.2.3 "互联网+"背景下制造业集聚促进产业创新的政策建议

① 建设高水平新型企业创新载体。依据同类企业的专业化集聚与不同类企业的多样化集聚对于不同产业的发展作用关系的异质性,分类建设多样化的企业技术与创新联盟。梳理产业集聚区内主导产业与特色产业集群中产业链的关键环节、薄弱环节,利用企业、高校、科研机构、中介机构等形成的集群创新网络进行集中攻关。鼓励集聚区内主导产业生产链关键环节中的各龙头企业组建以产业链为导向的创新联盟,通过"企业+联盟+研发中心"进行协调创新,采取政府支持、股权合作、成果共享的市场化运作模式,解决相关产业链中的关键共性难题。

② 创新产业集群的技术发展模式。针对区域主导产业与特色产业集群创新,政府应建立多部门联动机制,定期举行联席会议,交流推进集群创新过程中存在的问题与经验。改进集群技术创新的帮扶模式,将产业规划政策与财政补贴政策相结合,通过"事前规划、事中监督、事后反馈",制定产业创新帮扶与引导标准。强化前端产品研制部门与技术应用部门的联动,推动智能化工业装备的首台(套)示范应用项目,通过政府、产业基金、保险等多部门的参与,完善技术创新的风险补偿机制,促进区域产业集群的技术创新。

③ 建立完善产业集聚区的创新服务体系。分别建立基于同质产业集聚的纵向产业技术联盟与基于异质企业集聚的横向技术联盟,针对不同产业集聚模式下形成的产业技术联盟的内在发展特点,成立不同类型的产业创新发展服务中介机构,形成"覆盖广、维度多、层次高"的产业创新服务体系。利用"互联网+"、5G、大数据、区块链等新

一代信息技术，建立基于产业集聚区主导产业与特色产业创新需求的要素供给对接数字化平台，提升科创要素供需的对接效率。

④ 重点培育集群龙头骨干企业，提升集群创新水平。利用产业集聚产生的合作效应、技术溢出效应、规模效应等外部效应，深入分析各类集聚外部效应与产业集聚区内主导产业的作用关系，有层次、有重点地利用产业集聚所带来的正向外部效应，提升区域产业创新能力。利用集聚正向外部效应，提升产业集聚区对于产业链头部企业的吸附力度，推动建立集聚区龙头企业、骨干企业、新兴企业培育数据库，"科学化、有序化"地梯次培育集聚区内的相关企业，做好产业集聚区内技术创新力量的梯队培育工作。

7.2.4 "互联网+"背景下制造业创新促进产业升级的政策建议

① 创建制造业技术创新特色基地。坚持"先进技术+先进产业"的培育模式，依托各地国家级高新技术开发区的支撑，打造以新一代信息技术为引领的先进制造业基地，并以此为产业发展的核心地带，强化集群区核心产业的对外辐射力。围绕产业集聚区内的制造业基地，持续引导相关产业技术发展亟需的人力、资本、技术要素"入园入区"，推动建设各类公共技术服务平台与生产性服务机构，建立并完善制造业基地中产业技术创新的支撑体系。

② 加快利用工业云平台建设，利用"收敛型"创新促进产业升级。优化和推广工业智能化云平台，推动工业设计、生产、管理、销售、服务等生产链关键的"模块化、智能化、数字化"转型。建立同质企业技术联盟内各企业"上网上云"工作，通过产业生产与研发数据共享，提升企业协同研发、生产和一体化经营能力，以此推进集聚区内主导产业与特色产业转型升级中的高度化进程。

③ 推动异质产业融合发展，利用"发散型"创新促进产业升级。积极推进异质产业以生产链、创新链为桥梁，建立跨界产业发展联盟，推动新型产业模式与产业业态的孕育。以生产需求为导向，在异质产业联盟内试点推进网络化的协同制造模式，利用新一代信息技术推动

不同产业制造设备与流程的互联互通。建立跨产业柔性制造技术创新与服务平台，以制造业协同化研发、设计、生产强化"发散型"创新对于不同产业链间融合发展的作用，推动产业集聚区内的多产业协同发展，促进整体区域产业结构优化升级。

7.3 研究的不足与展望

7.3.1 研究的不足之处

首先，由于数据的可获得性，本书构建的"互联网+"发展评价指标体系对于"互联网+"在制造业产业设计、生产、服务等微观化的应用考虑得不够，并没有完整地体现"互联网+"与制造业的融合发展状况。其次，在探讨"互联网+"对不同行业、不同区域产业集聚作用的过程中，尽管对其作用方向进行了分类探讨，但对于该作用关系存在的潜在"拐点"却并未进行详细的分析，因此"互联网+"对产业集聚影响具体分析的完整度有所欠缺。最后，在制造业产业创新作用于产业结构优化升级的探讨中，产业创新在同质行业与异质行业中的演进形式除了产业内的演进、产业间的演进，还存在两者并行的演进，而本书并未就该种形式展开详细的探讨，可能导致关于制造业的产业创新促进产业结构优化升级的分析有失完整性。

7.3.2 研究的展望

本书的研究目标是从定性分析和定量研究的角度，在"互联网+"背景下，以串联的框架，探讨信息技术对产业集聚的影响机制、产业集聚对产业创新水平的提升机制、产业创新对产业升级的促进机制，并利用计量方法对其进行实证分析。但在实际研究中，存在一些方法、技术以及数据搜集方面的问题，使得上述各个机制分析中对部分问题的探讨并不能更为深入地推进。随着知识结构和科研手段的进步，希望今后能就下列问题进行深入的研究。

① 更为深入、系统地了解产业集聚、产业创新与产业升级之间的

内在联系，建立更为全面的理论假设，从更为广阔的研究视角得出更为新颖的研究结论。

② 依据最新"互联网+"信息技术的发展趋势，构建更为系统、合理的"互联网+"评价指标体系，对我国"互联网+"发展水平进行测度。鉴于信息技术对于不同产业的集聚可能产生不同的正负效应，可以尝试利用门槛模型深入地探讨信息技术对于产业集聚促进作用的拐点所在。

③ 产业创新在同质行业与异质行业中的演进形式尽管有产业内与产业间的演进模式，但也可能存在同时并行的演进模式。随着知识储备的增加，可以尝试探讨这种综合型演进的产业创新对产业升级的具体影响。

综上，本书旨在通过理论与实证相结合的方法，对产业集聚、产业创新、产业升级的内涵和概念的界定，以及其对于制造业高质量发展的作用的梳理，明晰三者之间的内在联系。在"互联网+"背景下，探讨信息技术对产业集聚的影响机制、产业集聚对产业创新水平的提升机制、产业创新对产业升级的促进机制，并针对实证结果提出政策建议。在实证研究过程中，笔者深刻意识到还需要通过引入多学科交叉知识、最新计量模型与软件处理方法，以丰富和充实相关的研究内容。

参考文献

[1] 李平,李晓华.中国制造业发展的成就、经验与问题研究[J].中国工程科学,2015,17(7):41-40.

[2] 江飞涛,武鹏,李晓萍,等.中国工业经济增长动力机制转换[J].中国工业经济,2014,12(5):5-17.

[3] 蔡昉,王德文,曲玥.中国产业升级的大国雁阵模型分析[J].经济研究,2009,4(9):4-14.

[4] TIMMER M, INKLAAR R, MAHONY M, et al. Productivity and economic growth in europe: A comparative industry perspective [J]. International Productivity Monitor, 2011, 21(5): 3-23.

[5] 朱高峰,王迪.当前中国制造业发展情况分析与展望:基于制造强国评价指标体系[J].管理工程学报,2017,31(4):1-7.

[6] 余菲菲,高霞.产业互联网下中国制造企业战略转型路径探究[J].科学学研究,2018,36(10):1770-1778.

[7] 黄群慧,贺俊.中国制造业的核心能力、功能定位与发展战略:兼评《中国制造2025》[J].中国工业经济,2015(6):5-17.

[8] 刘明,王思文.β收敛、空间依赖与中国制造业发展[J].数量经济技术经济研究,2018,35(2):3-23.

[9] 张虎,韩爱华,杨青龙.中国制造业与生产性服务业协同集聚的空间效应分析[J].数量经济技术经济研究,2017,34(2):3-20.

[10] 胡安俊,孙久文,江蕾.中国制造业转移的机制、次序与空间模式[J].经济学(季刊),2014,13(4):1533-1556.

[11] 王岚.融入全球价值链对中国制造业国际分工地位的影响[J].统计研究,2014,31(5):17-23.

[12] 赵玉林,谷军健.中美制造业发展质量的测度与比较研究[J].数量经济技

术经济研究, 2018, 35 (12): 116-133.

[13] 贺正楚, 曹德, 吴艳. 中国制造业发展质量与国际竞争力的互动路径 [J]. 当代财经, 2018 (11): 88-99.

[14] TSO S K, LAU H, HO J K L. Coordination and monitoring in an intelligent global manufacturing service system [J]. Computers in Industry, 2000, 43 (1): 83-95.

[15] FRANKOWIAK M, GROSVENOR R, PRICKETT P W. A review of the evolution of micro controller based machine and process monitoring [J]. International Journal of Machine Tool Sand Manufacture, 2005, 45 (4): 573-582.

[16] RUIZ N, GIRET A, BOTTI V, et al. An intelligent simulation environment for manufacturing systems [J]. Computers & Industrial Engineering, 2014, 76 (3): 148-168.

[17] 孟炯, 郭春霞. 3D打印分布式智能制造模式创新 [J]. 软科学, 2017, 31 (1): 39-43.

[18] CHASE R B, GARVIN D A. The service factory [J]. Harvard Business Review, 1989, 67 (4): 61-69.

[19] 刘斌, 魏倩, 吕越, 等. 制造业服务化与价值链升级 [J]. 经济研究, 2016, 51 (3): 151-162.

[20] HOBO M, WATABE C, CHEN C J. Double spiral trajectory between retail, manufacturing and customers leads away to service oriented manufacturing [J]. Technovation, 2006, 26 (7): 873-890.

[21] 简兆权, 伍卓深. 制造业服务化的路径选择研究: 基于微笑曲线理论的观点 [J]. 科学学与科学技术管理, 2011, 32 (12): 137-143.

[22] POON T. Beyond the global production network [J]. Technology and Innovation, 2004, 1 (1): 130-145.

[23] 陶长琪, 彭永樟. 经济集聚下技术创新强度对产业结构升级的空间效应分析 [J]. 产业经济研究, 2017, 34 (3): 91-103.

[24] CURRIE G, KERRIN M. Human resource management and knowledge management: Enhancing knowledge sharing in a pharmaceutical company [J]. International Journal of Human Resource Management, 2003, 14 (6): 1027-1045.

[25] 戴翔. 中国制造业国际竞争力: 基于贸易附加值的测算 [J]. 中国工业经济, 2015, 18 (1): 78-88.

[26] 李廉水, 程中华, 刘军. 中国制造业"新型化"及其评价研究 [J]. 中国工业经济, 2015, 32 (2): 63-75.

[27] 王可,李连燕."互联网+"对中国制造业发展影响的实证研究[J].数量经济技术经济研究,2018,35(6):3-20.

[28] ENG T Y, SPICKETT-JONES J G, An investigation of marketing capabilities and upgrading performance of manufacturers in mainland China and Hong Kong [J]. Journal of World Business, 2009, 4 (44), 1021-1039.

[29] CECCOBELLI M, GITT S, MANCUSO P. ICT capital and labour productivity growth: A non-parametric analysis of 14 OECD countries [J]. Telecommunications Policy, 2012, 36 (4): 282-292.

[30] LIU S M, KIM Y. Special issue on internet plus government: New opportunities to solve public problems? [J]. Government Information Quarterly, 2018, 6 (10), 12-57.

[31] 赵振."互联网+"跨界经营:创造性破坏视角[J].中国工业经济,2015(10):146-160.

[32] 朱富强.深刻理解互联网经济:特征、瓶颈和困境[J].福建论坛(人文社会科学版),2016(5):22-30.

[33] 李雪锋,丛威,徐东.互联网经济思维模式下能源企业体制机制创新研究[J].石油科技论坛,2016,35(6):11-15.

[34] 方燕.互联网经济、竞争多层性和福利损失初探[J].竞争政策研究,2017(3):32-41.

[35] ALLEE V. Value network analysis and value conversion of tangible and intangible assets [J]. Journal of Intellectual Capital, 2008, 9 (1): 325-341.

[36] RICHTER H, SLOWINSKI P R. The data sharing economy: On the emergence of new intermediaries [J]. IIC International Review of Intellectual Property and Competition Law, 2019, 50 (1): 4-29.

[37] TEIGLAND R, HOLMBERG H, FELLÄNDER A. The importance of trust in a digital europe: Reflections on the sharing economy and blockchains [J]. Journal of Intellectual Capital, 2019, 2 (6): 207-231.

[38] 程立茹.互联网经济下企业价值网络创新研究[J].中国工业经济,2013(9):82-94.

[39] 田光宁,王德.互联网经济的金融创新分析[J].宏观经济管理,2014(2):58-59.

[40] 何勤,程雅馨,邹建刚.互联网经济下灵活雇佣关系的治理创新[J].中国人力资源开发,2015(24):91-97.

[41] 郑小碧."+互联网""互联网+"与经济发展:超边际一般均衡分析[J]. 经济学动态,2017(6):32-44.

[42] TIWANA A. Platform Ecosystems:Aligning Architecture, Governance and Strategy [M]. Waltham:Elsevier,2013,28(2).

[43] EMILIANO S,ABUSAYEED S,SONG H,et al. Industrial internet of things: Challenges,opportunities,and directions[J]. IEEE Transactions on Industrial Informatics,2018,17(9):131-151.

[44] 赵立昌.互联网经济与我国产业转型升级[J]. 当代经济管理,2015,37(12):54-59.

[45] 张雷,史倩姿,李雪锋.山东省与广东省FDI与环境污染比较研究[J]. 青岛科技大学学报(社会科学版),2017,33(1):62-68.

[46] 朱富强.共享经济的现代发展及其潜在问题:以共享单车为例的分析[J]. 南方经济,2017(7):37-50.

[47] 辛晖.基于电商平台的"互联网+"农业经济模式质疑与建议[J]. 农业经济,2017,15(6):131-132.

[48] 邵安菊.互联网与制造业融合发展的几个关键问题[J]. 经济纵横,2017,8(1):74-77.

[49] 黄群慧,余泳泽,张松林.互联网发展与制造业生产率提升:内在机制与中国经验[J]. 中国工业经济,2019(8):5-23.

[50] 潘文文.制造业信息化测评指标体系实证研究:以江苏省为例[J]. 工业技术经济,2011,30(4):132-137.

[51] 张劼圻,郑建明.信息化与工业化融合测度理论体系[J]. 情报科学,2013,31(1):36-49.

[52] 杜传忠."互联网+"提升全要素生产率[N]. 中国社会科学报,2015,11(4):15-31.

[53] 郭家堂,骆品亮.互联网对中国全要素生产率有促进作用吗?[J]. 管理世界,2016(10):34-49.

[54] 纪玉俊,张彦彦.互联网+背景下的制造业升级:机理及测度[J]. 中国科技论坛,2017,21(3):50-57.

[55] WEBER A. Ueber Den Standort Der Industrien[M]. Рипол Классик,1909.

[56] THOMPSON M W. The energy spectrum of ejected atoms during the high energy sputtering of gold[J]. Philosophical Magazine,1968,18(152):377-414.

[57] STORPER M,WALKER R. The Capitalist Imperative[M]. Oxford:Blackwell,1989.

[58] OKADA S, SAWA S, EGASHIRA M, et al. Cathode properties of phospho – olivine LiMPO4 for lithium secondary batteries [J]. Journal of Power Sources, 2001, 97 (121): 430 – 432.

[59] 梁琦. 论资源空间配置观 [J]. 中国经济问题, 2007, 15 (3): 10 – 15.

[60] 严含, 葛伟民. "产业集群群": 产业集群理论的进阶 [J]. 上海经济研究, 2017, 21 (5): 34 – 43.

[61] 阎川, 雷婕. 财政分权对产业集聚影响的实证分析 [J]. 经济评论, 2019, 10 (3): 104 – 122.

[62] CICCONE A, HALL R E. Productivity and the density of economic activity [J]. National Bureau, 1996, 26 (5): 128 – 151.

[63] OTTAVIANO G I P, PINELLI D. Market potential and productivity: Evidence from Finnish regions [J]. Regional Science and Urban Economics, 2006, 36 (5): 636 – 657.

[64] BRAUNERHJELM P, BORGMAN B. Agglomeration, diversity and regional growth: The effects of industrial versus mono – industrial agglomerations [J]. Regional Science and Urban Economics, 2006, 13 (4): 392 – 421.

[65] CARLINO G A. Increasing returns to scale in metropolitan manufacturing [J]. Journal of Regional Science, 1979, 19 (3): 363 – 372.

[66] CRISI G, SANTAMBROGIO L, HOCHWALD G M, et al. Staphylococcal enterotoxin B and tumor – necrosis factor – α – induced relapses of experimental allergic encephalomyelitis: Protection by transforming growth factor – β and interleukin [J]. European journal of immunology, 1995, 25 (11): 3035 – 3040.

[67] HENDERSON J V. Efficiency of resource usage and city size [J]. Journal of Urban economics, 1986, 19 (1): 47 – 70.

[68] HENDERSON J V. Marshall's scale economies [J]. Journal of Urban Economics, 2003, 53 (1): 1 – 28.

[69] FUTAGAMI K, OHKUSA Y. The quality ladder and product variety: Larger economies may not grow faster [J]. The Japanese Economic Review, 2003, 54 (3): 336 – 351.

[70] AU C C, HENDERSON J V. How migration restrictions limit agglomeration and productivity in China [J]. Journal of Development Economics, 2006, 80 (2): 350 – 388.

[71] CHEN J S, GURSOY D. An investigation of tourists' destination loyalty and prefer-

ences [J]. International Journal of Contemporary Hospitality Management, 2001, 13 (2): 79-85.

[72] MUKKALA K. Agglomeration economies in the Finnish manufacturing sector [J]. Applied Economics, 2004, 36 (21): 2419-2427.

[73] Crozet M, Koenig P. The Cohesion vs Growth Tradeoff – Evidence from EU Regions (1980—2000) [J]. Journal of Development Economics, 2005, 13 (5): 429-468.

[74] ARUP M, HAJIME S. Agglomeration economies in Japan: Technical efficiency, growth and unemployment [R]. Institute of Developing Economies, Japan External Trade Organization, 2006, 18 (21): 352-369.

[75] BAPTISTA R, SWANN P. Do firms in clusters innovate more? [J]. Research policy, 1998, 27 (5): 525-540.

[76] VAN DER PANNE G, VAN BEERS C. On the Marshall – Jacobs controversy: it takes two to tango [J]. Industrial and Corporate Change, 2006, 15 (5): 877-890.

[77] GLAESER E L, KALLAL H D, SCHEINKMAN J A, et al. Growth in cities [J]. Journal of political economy, 1992, 100 (6): 1126-1152.

[78] PACI R, USAI S. Externalities, knowledge spillovers and the spatial distribution of innovation [J]. Geo Journal, 1999, 49 (14): 381-390.

[79] NEFFKE F, HENNING M, BOSCHMA R. How do regions diversify over time? Industry relatedness and the development of new growth paths in regions [J]. Economic geography, 2011, 87 (3): 237-265.

[80] ROSENFELD S A. Bringing business clusters into the mainstream of economic development [J]. European planning studies, 1997, 5 (12): 3-23.

[81] KRUGMAN P. Increasing returns and economic geography [J]. Journal of Political Economy, 1991, 99 (3): 483-499.

[82] 陈建军, 陈菁菁. 生产性服务业与制造业的协同定位研究: 以浙江省69个城市和地区为例 [J]. 中国工业经济, 2011, 15 (6): 141-150.

[83] 王硕, 曾克峰, 童洁, 等. 黄金周风景名胜区旅游客流量与网络关注度相关性分析: 以庐山、华山、八达岭长城风景名胜区为例 [J]. 经济地理, 2013, 33 (11): 182-186.

[84] 江曼琦, 席强敏. 中国主要城市化地区测度: 基于人口聚集视角 [J]. 中国社会科学, 2015 (8): 26-46.

[85] 豆建民, 刘叶. 生产性服务业与制造业协同集聚是否能促进经济增长: 基于

中国 285 个地级市的面板数据[J]. 现代财经：天津财经学院学报, 2016, 9 (4): 92-102.

[86] SCHUMPETER J. The fundamental phenomenon of economic development [J]. American Journal of Economics and Sociology, 1912, 61 (2): 405-437.

[87] CUNNINGHAM N J. Industrial innovation [J]. Review of Economic Studies, 1960, 127 (7): 495-497.

[88] FREEMAN C. The economics of industrial innovation [M]. Harmondsworth: Penguin Books, 1974.

[89] BRECHI S, MALERBA F. Sectoral innovation systems: Technological regimes Schumpeterian dynamics, and spatial boundaries [C]. Lund: Charles Edquist. 1997: 130-156.

[90] TURKENBURG WC. The innovation Chain: Polices to PROMOTE ENERGY INNOVATION [M]. New York: The UN Publications, 2002.

[91] FOXON T J. Inducing Innovation for a Low Carbon Future: Driver, Barriers and Policies [R]. London: Carbon Trust, 2003: 1-56.

[92] 余泳泽, 武鹏, 林建兵. 价值链视角下的我国高技术产业细分行业研发效率研究 [J]. 科学学与科学技术管理, 2010, 31 (5): 60-65.

[93] 姜南. 专利密集型产业创新效率体系评估研究 [J]. 科学学研究, 2014, 32 (7): 1003-1011.

[94] 余泳泽, 刘大勇. 创新价值链视角下的我国区域创新效率提升路径研究 [J]. 科研管理, 2014, 35 (5): 27-37.

[95] 王黎萤, 王佳敏, 虞微佳. 区域专利密集型产业创新效率评价及提升路径研究：以浙江省为例 [J]. 科研管理, 2017, 38 (3): 29-37.

[96] FREEMAN C. Networks of innovators: A synthesis of research issues [J]. Research Policy, 1991, 20 (5): 499-514.

[97] 高霞, 陈凯华. 合作创新网络结构演化特征的复杂网络分析 [J]. 科研管理, 2015, 6 (6): 28-36.

[98] 王月琴, 许治. 产业创新网络中企业技术学习研究 [J]. 中国软科学, 2012, 18 (6): 120-128.

[99] 彭华涛. 开放式创新网络形成及演化的探索性案例研究 [J]. 科研管理, 2014, 35 (8): 51-58.

[100] 于明洁, 郭鹏, 张果. 区域创新网络结构对区域创新效率的影响研究 [J]. 科学学与科学技术管理, 2013, 34 (8): 56-63.

[101] 曹霞, 刘国巍. 产学研合作创新网络规模、连接机制与创新绩效的关系研究: 基于多主体仿真和动态系统论视角 [J]. 运筹与管理, 2015, 24 (2): 246-254.

[102] 洪志生, 薛澜, 周源. 战略性新兴产业运营模式创新类型及策略研究 [J]. 科技进步与对策, 2015, 32 (13): 52-58.

[103] 李玥, 王宏起, 王雪. 区域科技资源共享平台服务需求识别与集成研究 [J]. 科技管理研究, 2015 (14): 79-88.

[104] 王静, 王海龙, 丁堃, 等. 新能源汽车产业政策工具与产业创新需求要素关联分析 [J]. 科学学与科学技术管理, 2018, 39 (5): 28-38.

[105] 李佳, 王宏起, 李玥, 等. 大数据时代区域创新服务平台间科技资源共享行为的演化博弈研究 [J]. 情报科学, 2018, 36 (1): 38-44.

[106] FURMAN J L, PORTER M E, STERN S. The determinants of national innovative capacity [J]. Research Policy, 2002, 31 (6): 899-933.

[107] COWAN R, ZINOVYEVA N. University effects on regional innovation [J]. Research Policy, 2013, 42 (3): 788-800.

[108] 曹勇, 苏凤娇. 高技术产业技术创新投入对创新绩效影响的实证研究: 基于全产业及其下属五大行业面板数据的比较分析 [J]. 科研管理, 2012, 33 (9): 22-31.

[109] 周喜君, 郭淑芬, 张变玲, 等. 中国煤炭产业技术创新能力与效率关系研究 [J]. 经济问题, 2017, 32 (12): 92-99.

[110] 陶永, 王田苗, 李秋实, 等. 基于"互联网+"的制造业全生命周期设计、制造、服务一体化 [J]. 科技导报, 2016, 34 (4): 45-49.

[111] 邱东, 王维才, 谢宗晓. R&D投入对地区创新绩效的影响: 企业R&D投入的中介效应 [J]. 科技进步与对策, 2016, 33 (8): 41-48.

[112] 俞立平, 章美娇, 王作功. 中国地区高技术产业政策评估及影响因素研究 [J]. 科学学研究, 2018, 36 (1): 28-36.

[113] MARSHALL A. Principles of Economics: An Introductory Volume [M]. London: Macmillan. 1980.

[114] ARROW K J. The economic implications of learning by doing [J]. Review of Economic Studies, 1962, 29 (3): 155-173.

[115] ROMER P M. Increasing returns and long-run growth [J]. Journal of Political Economy, 1986, 94 (5): 1002-1037.

[116] GEO J E. Buzz: Face-to-face contact and the urban economy [J]. CEP dis-

cussion Papers, 2003, 4 (4): 351 - 370.

[117] DOGAN E. External scale economies in turkish manufacturing industries [J]. International Review of Applied Economics, 2010, 15 (4): 429 - 446.

[118] BOIX R, HERVAS - OLIVER J L, MIGUEL - MOLIAN B D. Micro - geographies of creative industries clusters in Europe: From hot spots to assemblages [J]. Papers in Regional Science, 2015, 94 (4): 753 - 772.

[119] DRIVAS K, ECONOMIDOU C, KARKALAKOS S. Spatial aspects of innovation activity in the US [J]. Journal of the Knowledge Economy, 2014, 15 (3): 464 - 480.

[120] JANG S, KIM J, VON ZEDTWITZ M. The importance of spatial agglomeration in product innovation: A microgeography perspective [J]. Journal of Business Research, 2017, 78 (9): 143 - 154.

[121] NEVES P C, SEQUEIRA T N. Spillovers in the production of knowledge: Ameta - regression analysis [J]. Research Policy, 2018, 47 (12): 750 - 767.

[122] 刘军, 李廉水, 王忠. 产业聚集对区域创新能力的影响及其行业差异 [J]. 科研管理, 2010, 31 (6): 191 - 198.

[123] 王丽丽. 集聚、贸易开放与全要素生产率增长: 基于中国制造业行业的门槛效应检验 [J]. 产业经济研究, 2012 (1): 26 - 34.

[124] 杨浩昌, 李廉水, 刘军. 高技术产业聚集对技术创新的影响及区域比较 [J]. 科学学研究, 2016, 34 (2): 212 - 219.

[125] MARTIN P, MAYER T, MAYNERIS F. Public support to clusters: A firm level study of French local productive system [J]. Regional Science and Urban Economics, 2011, 15 (41): 108 - 123.

[126] 王亮. 中国新能源装备产业集聚对技术创新的影响研究 [J]. 科学管理研究, 2015, 33 (6): 60 - 63.

[127] CHESBROUGH H. Business model innovation: It is not just about technology anymore [J]. Strategy and Leadership, 2007, 35 (6): 12 - 17.

[128] VRANDE, et al. Open Innovation in SMEs: Trends, Motives and Management Challenges [J]. Technovation, 2009, 29 (7): 423 - 437.

[129] LEE S, et al. Open innovation in SMEs: An intermediated network model [J]. Research Policy, 2010, 39 (2): 290 - 300.

[130] 刘继兵, 王琪, 马环宇. 制度环境对战略性新兴产业创新能力的影响 [J]. 科技进步与对策, 2015, 32 (23): 54 - 61.

[131] 肖远飞,李瑁,侯璐萍. 全球生产网络嵌入对我国西部制造业创新能力的影响[J]. 科技进步与对策,2017,34(22):41-46.

[132] SAMPSON R C. R&D alliances and firm performance:The impact of technological diversity and alliance organization on innovation[J]. Academy of Management Journal,2007,50(2):364-386.

[133] NOOTEBOOM B,et al. Optimal cognitive distance and absorptive capacity[J]. Research Policy,2007,36(7):1016-1034.

[134] 沙文兵,李桂香. FDI知识溢出、自主R&D投入与内资高技术企业创新能力:基于中国高技术产业分行业动态面板数据模型的检验[J]. 世界经济研究,2011(5):51-56.

[135] 孙晓华,李传杰. 有效需求规模、双重需求结构与产业创新能力:来自中国装备制造业的证据[J]. 科研管理,2010,31(1):93-103.

[136] 潘菁,张家榕. 跨国公司在华R&D投资对我国高技术产业创新能力影响的实证分析[J]. 中国科技论坛,2012,25(1):30-36.

[137] 龚轶,王铮,顾高翔. 技术创新与产业结构优化:一个基于自主体的模拟[J]. 科研管理,2015,36(8):44-51.

[138] 林春艳,孔凡超. 技术创新、模仿创新及技术引进与产业结构转型升级:基于动态空间Durbin模型的研究[J]. 宏观经济研究,2016,12(5):106-118.

[139] BAKSI A K. Exploring the relationship between entrepreneurship,innovation and economic progress:A case of India with evidences from GEM data and world bank enterprise surveys[J]. Journal of Entrepreneurship & Management,2014,34(2):143-173.

[140] WAHAB A B,LAWAL A F. An evaluation of waste control measures in construction industry in Nigeria[J]. African Journal of Environmental Science & Technology,2011,5(3):531-553.

[141] MONTOBBIO F. An evolutionary model of industrial growth and structural change[J]. Structural Change & Economic Dynamics,2002,13(4):387-414.

[142] HUMPHREY J,SCHMITZ H. How does insertion in global value chains affect upgrading in industrial clusters?[J]. Regional studies,2005,36(9):1017-1027.

[143] LI Y,ZAHRA S A. Formal institutions,culture,and venture capital activity:A cross-country analysis[J]. Journal of Business Venturing,2010,27(1):95-111.

[144] 葛秋萍,李梅. 我国创新驱动型产业升级政策研究[J]. 科技进步与对策,

2013, 30 (16): 102 – 106.

[145] 刘志彪. 理清六大关系, 建立四位协同的现代产业体系 [N]. 新华日报, 2018 – 01 – 03 (13).

[146] SOLOW R M. A contribution to the theory of economic growth [J]. Quarterly Journal of Economics, 1956, 70 (1): 65 – 94.

[147] CUMBERS A, CHAPMAN K, MACKINNON D. Learning, innovation and regional development: A critical appraisal of recent debates [J]. Progress in Human Geography, 2002, 26 (3): 293 – 311.

[148] MORALES M F. Research policy and endogenous growth [J]. Spanish Economic Review, 2004, (6): 179 – 209.

[149] CHEN Y J. Agglomeration and location of foreign direct investment: The case of China [J]. China Economic Review, 2009, 20 (3): 549 – 557.

[150] IYIGUN M. Clusters of invention, life cycle of technologies and endogenous growth [J]. Journal of Economic Dynamics & Control, 2017, 30 (4): 687 – 719.

[151] 戴魁早. 中国自主创新与经济增长关系的实证研究: 基于技术吸收能力的视角 [J]. 科学学研究, 2008, 26 (3): 626 – 632.

[152] 徐维祥, 方亮. 华东地区高新技术园区创新对区域经济增长影响的实证研究 [J]. 经济地理, 2015, 35 (2): 30 – 36.

[153] 芮明杰. 构建现代产业体系的战略思路、目标与路径 [J]. 中国工业经济, 2018, 12 (9): 24 – 40.

[154] WANG E C. R&D efficiency and economic performance: A cross – country analysis using the stochastic frontier approach [J]. Journal of Policy Modeling, 2007, 29 (2): 345 – 360.

[155] 范德成, 杜明月. 基于 TOPSIS 灰色关联投影法的高技术产业技术创新能力动态综合评价: 以京津冀一体化为视角 [J]. 运筹与管理, 2017, 26 (7): 154 – 163.

[156] JUNG U, SEO D W. An approach for R&D project evaluation based on interdependencies between research objectives and evaluation criteria [J]. Decision Support Systems, 2010, 49 (3): 335 – 342.

[157] CALIK E, BARDUDEEN F. A Measurement scale to evaluate sustainable innovation performance in manufacturing organizations [J]. Procedia CIRP, 2016, 40 (2): 449 – 454.

[158] 吴忠涛, 张丹, 龚艳. 西安高新区战略性新兴产业创新能力评价研究 [J].

统计与信息论坛, 2014, 29（11）: 84 - 90.

[159] 王洪庆, 侯毅. 中国高技术产业技术创新能力评价研究［J］. 中国科技论坛, 2017（3）: 58 - 63.

[160] 张治河, 潘晶晶, 李鹏. 战略性新兴产业创新能力评价、演化及规律探索［J］. 科研管理, 2015, 36（3）: 1 - 12.

[161] HU J L, YANG C H, CHEN C P. R&D efficiency and the national innovation system: An international comparison using the distance function approach［J］. Bulletin of Economic Research, 2014, 66（1）: 55 - 71.

[162] PORTER M E. The Competitive Advantage of Nations［M］. London: Macmillan Press, 1990.

[163] HIRSCHMAN A O. The strategy of economic development［J］. Giornale Degli Economisti E Annali Di Economia, 1958, 17（11）: 675 - 701.

[164] 韩永辉, 黄亮雄, 王贤彬. 产业政策推动地方产业结构升级了吗?: 基于发展型地方政府的理论解释与实证检验［J］. 经济研究, 2017（8）: 33 - 48.

[165] 徐朝阳, 林毅夫. 发展战略与经济增长［J］. 中国社会科学, 2010, 12（3）: 94 - 108.

[166] 刘国晖, 张如庆. 论困境倒逼下的我国对外贸易发展方式转变［J］. 经济学家, 2014（2）: 59 - 66.

[167] Gereffi G. International trade and industrial upgrading in the apparel commodity chain［J］. Journal of International Economics, 1999, 48（1）: 37 - 70.

[168] 戴翔, 李洲. 全球价值链上的中国产业: 地位变迁及国际比较［J］. 财经科学, 2017（7）: 77 - 89.

[169] JEAN R J. What makes export manufacturers pursue functional upgrading in an emerging market? A study of Chinese technology new ventures［J］. International Business Review, 2014, 23（4）: 741 - 749.

[170] MRABET Z, CHARFEDDINE L. Trade liberalization, technology import and skill upgrading in Tunisian manufacturing industries: A dynamic estimation［J］. African Journal of Economic and Management Studies, 2013, 14（3）: 338 - 357.

[171] 薛继亮. 技术选择与产业结构转型升级［J］. 产业经济研究, 2013（6）: 29 - 37.

[172] 吴爱东, 王娟. 技术创新, 还是结构升级效率?: 推动高质量发展的主导动能分析［J］. 科技管理研究, 2019（14）: 210 - 217.

[173] 丁莹莹, 李铮. 基于Grey - DEMATEL的产业升级制约因素识别［J］. 统计

与决策,2019(16):67-70.

[174] 赵云鹏,叶娇. 对外直接投资对中国产业结构影响研究[J]. 数量经济技术经济研究,2018(3):78-95.

[175] 李勇刚,罗海艳. 土地资源错配阻碍了产业结构升级吗?:来自中国35个大中城市的经验证据[J]. 财经研究,2017(9):110-121.

[176] 苏杭,郑磊,牟逸飞. 要素禀赋与中国制造业产业升级:基于WIOD和中国工业企业数据库的分析[J]. 管理世界,2017(4):70-79.

[177] 符瑛. 全球价值链视角下我国产业集群转型升级影响因素研究[J]. 科学管理研究,2016(3):56-59.

[178] GIULIANI E, PIETROBELLI C, RABELLOTTI R. Upgrading in global value chains: Lessons from Latin American clusters[J]. World Development, 2012, 17(4): 255-293.

[179] MARROCU E, PACI R, USAI S. Productivity growth in the old and new Europe: The role of agglomeration externalities[J]. Journal of Regional Science, 2013, 53(5): 1211-1235.

[180] KAPLINSKY R, READMAN J. Globalization and upgrading: What can (and cannot) be learnt from international trade statistics in the wood furniture sector?[J]. Industrial and Corporate Change, 2005, 14(4): 679-703.

[181] PAVLÍNEK P, ŽENKA J. Upgrading in the automotive industry: Firm-level evidence from central Europe[J]. Journal of Economic Geography, 2011, 11(3): 559-586.

[182] 周茂,陆毅,李雨浓. 地区产业升级与劳动收入份额:基于合成工具变量的估计[J]. 经济研究,2018(11):132-147.

[183] 马洪福,郝寿义. 产业转型升级水平测度及其对劳动生产率的影响:以长江中游城市群26个城市为例[J]. 经济地理,2017,37(10):116-125.

[184] 夏业领,何刚. 中国科技创新—产业升级协同度综合测度[J]. 科技管理研究,2018(8):27-33.

[185] HIRSCHMAN A O. The Strategy of Economic Development[M]. New Haven: Yale Univ Press, 1958.

[186] DIXIT A K, STIGLITZ J E. Monopolistic competition and optimum product diversity[J]. American Economic Review, 1977, 67(3): 297-308.

[187] ROMER P M. Endogenous technological change[J]. Journal of Political Economy, 1989, 14(98): 71-102.

[188] 韩峰,柯善咨. 追踪我国制造业集聚的空间来源:基于马歇尔外部性与新经济地理的综合视角[J]. 管理世界,2012(10):55-70.

[189] 张慧明,蔡银寅. 中国制造业如何走出"低端锁定":基于面板数据的实证研究[J]. 国际经贸探索,2015,31(1):52-65.

[190] 童有好. "互联网+制造业服务化"融合发展研究[J]. 经济纵横,2015(10):62-67.

[191] 郭朝先. 产业融合创新与制造业高质量发展[J]. 北京工业大学学报(社会科学版),2019,19(4):49-60.

[192] 辛国斌. 推动制造业高质量发展[J]. 宏观经济管理,2019,14(2):5-17.

[193] 赵冉冉,沈春苗. 资本流动、产业集聚与产业结构升级:基于长三角16个中心城市面板数据的经验分析[J]. 经济问题探索,2019,11(6):135-142.

[194] 梁琦,李晓萍,吕大国. 市场一体化、企业异质性与地区补贴:一个解释中国地区差距的新视角[J]. 中国工业经济,2012,21(2):16-25.

[195] 范剑勇,冯猛,李方文. 产业集聚与企业全要素生产率[J]. 世界经济,2014,37(5):51-73.

[196] 李世杰,胡国柳,高健. 转轨期中国的产业集聚演化:理论回顾、研究进展及探索性思考[J]. 管理世界,2014,12(4):165-170.

[197] 王如玉,梁琦,李广乾. 虚拟集聚:新一代信息技术与实体经济深度融合的空间组织新形态[J]. 管理世界,2018,34(2):13-21.

[198] 李广乾,陶涛. 电子商务平台生态化与平台治理政策[J]. 管理世界,2018,34(6):104-109.

[199] 杨善林,周开乐,张强,等. 互联网的资源观[J]. 管理科学学报,2016,19(1):1-11.

[200] 崔向林,罗芳. "互联网+"背景下上海市生产性服务业与制造业协调发展研究[J]. 上海经济研究,2017,11(2):68-74.

[201] 李君,成雨,窦克勤,等. 互联网时代制造业转型升级的新模式现状与制约因素[J]. 中国科技论坛,2019,24(4):59-77.

[202] 吴阳芬. "互联网+"时代制造业转型升级新模式、路径与对策研究[J]. 特区经济,2016,11(7):139-141.

[203] 吕大国,耿强,简泽,等. 市场规模、劳动力成本与异质性企业区位选择:中国地区经济差距与生产率差距之谜的一个解释[J]. 经济研究,2019,

54(2): 36-53.

[204] 施炳展. 互联网与国际贸易: 基于双边双向网址链接数据的经验分析 [J]. 经济研究, 2016, 51 (5): 172-187.

[205] 吕明元, 陈磊. "互联网+"对产业结构生态化转型影响的实证分析: 基于上海市 2000—2013 年数据 [J]. 上海经济研究, 2016, 34 (9): 110-121.

[206] 白骏骄, 李芮. 互联网创新对宏观经济及金融波动的影响研究 [J]. 科学学研究, 2015, 33 (9): 1415-1423.

[207] 彭向, 蒋传海. 产业集聚、知识溢出与地区创新: 基于中国工业行业的实证检验 [J]. 经济学 (季刊), 2011, 10 (3): 913-934.

[208] 张长征, 黄德春, 马昭洁. 产业集聚与产业创新效率: 金融市场的联结和推动: 以高新技术产业集聚和创新为例 [J]. 产业经济研究, 2012, 21 (6): 17-25.

[209] 霍春辉, 杨锐. 集聚外部性对产业创新绩效的影响 [J]. 经济管理, 2016, 38 (3): 20-32.

[210] 于树江, 戴大双, 王云峰. 集群式产业创新的空间集聚效应分析 [J]. 科技进步与对策, 2004, 33 (12): 13-14.

[211] 周明, 李宗植. 基于产业集聚的高技术产业创新能力研究 [J]. 科研管理, 2011, 32 (1): 15-21.

[212] 吕承超, 商圆月. 高技术产业集聚模式与创新产出的时空效应研究 [J]. 管理科学, 2017, 30 (2): 64-79.

[213] 石璋铭, 徐道宣. 集聚促进战略性新兴产业创新生态系统发展的实证分析 [J]. 科技进步与对策, 2018, 35 (23): 92-98.

[214] 陆立军, 于斌斌. 产业集聚、创新网络与集群企业技术能力: 基于绍兴市 14262 份问卷的调查与分析 [J]. 中国科技论坛, 2010, 12 (3): 67-72.

[215] 王春萌, 谷人旭, 高士博, 等. 长三角经济圈产业分工及经济合作潜力研究 [J]. 上海经济研究, 2016, 12 (5): 84-93.

[216] 王志莉, 叶青. 我国产业集群发展问题的现实探讨 [J]. 特区经济, 2006, 21 (5): 239-241.

[217] 苏丹妮, 盛斌, 邵朝对. 产业集聚与企业出口产品质量升级 [J]. 中国工业经济, 2018, 34 (11): 117-135.

[218] 张诚, 韩帅. 全球价值链分工条件下产业高度与产业集聚关系研究: 基于工业与服务业动态比较分析 [J]. 现代财经 (天津财经大学学报), 2013, 33 (4): 111-120.

[219] 卢飞, 刘明辉, 孙元元. 集聚、全要素生产率与产业增长 [J]. 科学学研究, 2018, 6 (9): 1575 - 1584.

[220] PITT M M, LEE L F. The measurement and sources of technical inefficiency in the Indonesian weaving industry [J]. Journal of Development Economics, 1981, 9 (1): 43 - 64.

[221] KUMBHAKAR S C. Production frontiers, panel data, and time - varying technical inefficiency [J]. Journal of Econometrics, 1990, 46 (1): 201 - 211.

[222] BATTESE G E, CORRA G S. Estimation of a production frontier model: With application to the pastoral zone of Eastern Australia [J]. Australian Journal of Agricultural Economics, 1977, 21 (3): 169 - 179.

[223] FRIED H O, LOVELL C K, SCHMIDT S, et al. Accounting for environmental effects and statistical noise in data envelopment analysis [J]. Journal of product Analysis, 2002, 17 (1): 157 - 174.

[224] 白俊红, 蒋伏心. 考虑环境因素的区域创新效率研究: 基于三阶段 DEA 方法 [J]. 财贸经济, 2011, 26 (10): 104 - 112.

[225] 储德银, 建克成. 财政政策与产业结构调整: 基于总量与结构效应双重视角的实证分析 [J]. 经济学家, 2014, 15 (2): 80 - 91.

[226] 刘乃全, 吴友, 赵国振. 专业化集聚、多样化集聚对区域创新效率的影响: 基于空间杜宾模型的实证分析 [J]. 经济问题探索, 2016, 34 (2): 89 - 96.

[227] 吴传清, 董旭. 环境约束下长江经济带全要素能源效率研究 [J]. 中国软科学, 2016, 17 (3): 73 - 83.

[228] JAFFE A B, TRAJTENBERG M, HENDERSON R. Geographic localization of knowledge spillovers as evidenced by patent citations [J]. The Quarterly Journal of Economics, 1993, 108 (3): 577 - 598.

[229] 裴长洪. 经济新常态下中国扩大开放的绩效评价 [J]. 经济研究, 2015, 50 (4): 4 - 20.

[230] 袁航, 茶洪旺, 郑婷婷. 创新数量、创新质量与中国产业结构转型互动关系研究: 基于 PVAR 模型的实证分析 [J]. 经济与管理, 2019, 33 (2): 78 - 85.

[231] 周璇, 陶长琪. 含空间自回归误差项的空间动态面板模型的检验与模拟 [J]. 数量经济技术经济研究, 2017, 34 (9): 93 - 110.

[232] 肖仁桥, 钱丽, 陈忠卫. 中国高技术产业创新效率及其影响因素研究 [J]. 管理科学, 2012, 25 (5): 85 - 98.

[233] 洪银兴. 产业结构转型升级的方向和动力 [J]. 求是学刊, 2014, 41 (1): 57-62.

[234] 徐晔, 陶长琪, 丁晖. 区域产业创新与产业升级耦合的实证研究: 以珠三角地区为例 [J]. 科研管理, 2015, 36 (4): 109-117.

[235] 金京, 戴翔, 张二震. 全球要素分工背景下的中国产业转型升级 [J]. 中国工业经济, 2013, 18 (11): 57-69.

[236] 胡秋阳. 产业分工与劳动报酬份额 [J]. 经济研究, 2016, 51 (2): 82-96.

[237] 赵珏. 自主创新、新兴产业与新经济增长点 [J]. 科学管理研究, 2015, 33 (4): 54-57.

[238] 张然. 创新驱动与中国产业转型升级战略探析 [J]. 改革与战略, 2016, 9 (8): 55-58.

[239] 李绍华. 基于创新型经济视野下的高新区产业布局研究 [J]. 改革与战略, 2012, 28 (3): 111-114.

[240] 李伟庆, 聂献忠. 产业升级与自主创新: 机理分析与实证研究 [J]. 科学学研究, 2015, 33 (7): 1008-1016.

[241] 韩永辉, 黄亮雄, 王贤彬. 产业结构优化升级改进生态效率了吗? [J]. 数量经济技术经济研究, 2016, 33 (4): 40-59.

[242] 干春晖, 郑若谷, 余典范. 中国产业结构变迁对经济增长和波动的影响 [J]. 经济研究, 2011, 46 (5): 4-16.

[243] 高远东, 张卫国, 阳琴. 中国产业结构高级化的影响因素研究 [J]. 经济地理, 2015, 35 (6): 96-101.

[244] 余泳泽, 刘大勇. 我国区域创新效率的空间外溢效应与价值链外溢效应: 创新价值链视角下的多维空间面板模型研究 [J]. 管理世界, 2013, 27 (7): 6-20.

[245] 查华超, 裴平. 中国金融市场化水平及测度 [J]. 经济与管理研究, 2016, 3 (9): 22-30.

[246] 徐银良, 王慧艳. 中国省域科技创新驱动产业升级绩效评价研究 [J]. 宏观经济研究, 2018, 21 (8): 101-114.

[247] 黄莉芳, 黄良文, 郭玮. 生产性服务业提升制造业效率的传导机制检验: 基于成本和规模中介效应的实证分析 [J]. 财贸研究, 2012, 23 (3): 22-30.

[248] 谢子远, 吴丽娟. 产业集聚水平与中国工业企业创新效率: 基于20个工业行业2000—2012年面板数据的实证研究 [J]. 科研管理, 2017, 38 (1): 91-99.